UTB

W0369432

**Eine Arbeitsgemeinschaft der Verlage**

Böhlau Verlag · Wien · Köln · Weimar
Verlag Barbara Budrich · Opladen · Toronto
facultas.wuv · Wien
Wilhelm Fink · München
A. Francke Verlag · Tübingen und Basel
Haupt Verlag · Bern · Stuttgart · Wien
Julius Klinkhardt Verlagsbuchhandlung · Bad Heilbrunn
Mohr Siebeck · Tübingen
Nomos Verlagsgesellschaft · Baden-Baden
Ernst Reinhardt Verlag · München · Basel
Ferdinand Schöningh · Paderborn · München · Wien · Zürich
Eugen Ulmer Verlag · Stuttgart
UVK Verlagsgesellschaft · Konstanz, mit UVK/Lucius · München
Vandenhoeck & Ruprecht · Göttingen · Bristol
vdf Hochschulverlag AG an der ETH Zürich

# Vorwort

"We shall not cease from exploration.
And the end of all our exploring
Will be to arrive where we started
And know the place for the first time."

T.S. Eliot

Seit meiner Beschäftigung mit Interkulturalität ab den 1990er Jahren wurde ich immer wieder von Menschen angesprochen, die nach einem übersichtlichen und handlichen Nachschlagewerk fragten, das wichtige Grundbegriffe, Konzepte und Modelle der Interkulturellen Kommunikation erläutert. Begriffe geben Orientierung, die benötigt wird, um sich in komplexen – interkulturellen – Welten zurechtzufinden. Insbesondere meine langjährige Kollegin Yan Xiong hat mich dazu motiviert, komprimiertes Basiswissen in Form eines Nachschlagewerks einem interessierten Publikum zugänglich zu machen.

Ein solches Nachschlagewerk liegt nun als Taschenlexikon vor.

Das Lexikon präsentiert zentrale Begriffe und Konzepte von Interkulturalität, insbesondere der Interkulturellen Kommunikation und des interkulturellen Lernens in prägnanter und verständlicher, interdisziplinärer und zugleich wissenschaftlich fundierter Weise. Wenn sich Interkulturelle Kommunikation als Schnittstellendisziplin versteht, können die erklärten Begriffe verständlicherweise nicht nur aus einer Disziplin, wie etwa der Psychologie oder der Linguistik, stammen, sondern haben ihren Ursprung in verschiedenen Forschungstraditionen und Disziplinen. Ein interdisziplinärer Blick, wie er seit langem an der Universität Passau – ausgehend von dem im Jahre 1989 eingerichteten Studiengang *Diplom-Kulturwirt/International Cultural and Business Studies* – Tradition hat, hilft der Erfassung und Einordnung interkultureller Phänomene.

Zentrales Anliegen der Forschung und Praxis ist es, interkulturelle Beziehungen zu beschreiben, zu analysieren, zu verstehen und damit Interkulturalität bewusst *konstruktiv* zu gestalten. Dabei findet zunehmend eine Entwicklung von einem problemorientierten zu einem lösungsorientierten Ansatz statt.

Auf diese Weise kann kulturelle Unterschiedlichkeit nicht nur als Defizit, sondern auch als Bereicherung des beruflichen und privaten Alltags verstanden werden.

Das Lexikon legt daher bewusst, auch in Abgrenzung zu anderen Werken der Interkulturellen Kommunikation, einen Schwerpunkt auf Organisationen und Arbeitskontexte. Eine Organisation wird hier verstanden als Kollektiv von Akteuren mit spezifischen Ressourcen und Kompetenzen, die als soziales System unter bestimmten strukturellen und stategischen Voraussetzungen zur Erreichung bestimmter Ziele beitragen. Somit sind Organisationen zentrale Orte zwischenmenschlichen und beruflichen Handelns. Insofern umschließt der Begriff „Organisation" nicht nur Unternehmen, die eine Gewinnabsicht verfolgen, sondern auch andere soziale Systeme wie Schulen und Hochschulen, Krankenhäuser, Behörden und Verwaltungen oder internationale Organisationen. Alle diese Organisationen sind zunehmend von Interkulturalität betroffen und ihre Akteure wirken und handeln zunehmend *interkulturell.*

Das Taschenlexikon richtet sich vor allem an Studierende und Lehrende, aber auch an Berater und Personalverantwortliche, die sich mit grundlegenden Phänomenen und Begrifflichkeiten der Interkulturalität auseinandersetzen möchten. Die weiterführende Literatur nach jedem Stichwort ermöglicht es, Themen zu vertiefen.

Das Taschenlexikon ist auch Ergebnis jahrelanger gemeinsamer Arbeit am Lehrstuhl für Interkulturelle Kommunikation der Universität Passau. Insbesondere Barbara Agha-Alikhani, Sebastian Öttl, aber auch Susanne Gather, Katharina Jochem und Anna-Victoria Benedikt sei an dieser Stelle für ihre Unterstützung durch Ideen, Kritik und Ergänzungen und das Verfassen einiger Stichworte sowie Ulrike Buchheit, Jenny Eberhardt und Stephan Höller für Korrekturarbeiten herzlich gedankt. Ebenso möchte ich Prof. Dr. Volker Stein, Universität Siegen, für wertvolle Anregungen danken.

Über Anregungen sowie Vorschläge für Verbesserungen freuen wir uns!

Passau im September 2012 Univ.-Prof. Dr. Christoph Barmeyer

# Inhalt

# Abbildungen und Tabellen

# Historische und disziplinäre Grundlagen interkultureller Kommunikationsforschung

Interkulturelle Kommunikationsforschung beschäftigt sich generell mit →*Kultur*, Kulturunterschieden und →*Interkulturalität* und verfolgt das Ziel, Beschreibungen, Analysen und Orientierungen zu liefern, die zum Verstehen kultureller Systeme (*soziales* →*System*), Menschen in interkulturellen Interaktionssituationen und zur Entwicklung *interkultureller* →*Kompetenz* beitragen.

Als Gegenstand wissenschaftlicher Forschung und Lehre hat sich die Interkulturelle Kommunikation i.e.S. ausgehend von den USA in den 1960er Jahren, seit den 1980er Jahren auch in Japan und Westeuropa entwickelt und etabliert, insbesondere in Deutschland, Frankreich, Großbritannien und den skandinavischen Ländern. Ein erster Impuls erfolgte in den 1960er Jahren durch die Praxis vor allem durch die steigende Anzahl im Ausland studierender und arbeitender US-Amerikaner und Westeuropäer als Fach- und Führungskräfte, z.B. im Entwicklungs- oder diplomatischen Dienst.

Kulturelle Dominanz, Anpassung und →*Integration* werden zunehmend zentrale Herausforderungen in interkulturellen Begegnungen. Sie führen zu Publikationen wie *Variations in Value Orientations* (Kluckhohn/Strodbeck 1961) und *The Silent Language* (Hall 1990 [1959]) die sich mit eigen- und anderskulturellen Werten, Verhaltensweisen und Interkulturalität beschäftigen. Hall gilt als der (Mit-)Begründer der Disziplin, hat er doch den Begriff ‚Intercultural Communication' 1954 (Trager/Hall 1954) zum ersten Mal explizit benutzt und das Fach in den folgenden Jahrzehnten maßgeblich geprägt (Rogers et al 2002). Eine erste kommunikationswissenschaftliche Veröffentlichung stammt von A. Smith: *Communication and Culture* (1966).

In den 1970er Jahren treten Themen zu Immigration und multikulturellen Gesellschaften, ausgehend von Nordamerika, in den Vordergrund. Tausende von US-Amerikanern arbeiten in humanitären Projekten (Peace Corps) auf der ganzen Welt und sind mit kultureller Andersartigkeit konfrontiert. Um für kulturelle Unterschiede zu sensibilisieren und ihren Einsatz im Ausland besser vorzubereiten, werden die ersten interkulturellen Seminare (Intercultural Communication Workshops, IWC) angeboten. Ebenso finden die ersten akademischen Kurse zur Interkulturellen Kommunikation an US-amerikanischen Universitäten wie der University of Pittsburgh statt.

Samovar und Porter publizieren einen Sammelband *Intercultural Communication. A reader* (1972). Forschungsprogramme von Universitäten und Beratungsgesellschaften entwickeln sich. 1974 entsteht die weltgrößte interkulturelle Vereinigung aus Forschern und Praktikern, →*SIETAR* (Society for Intercultural Education, Trainig and Research). Seit 1977 erscheint die wissenschaftliche Zeitschrift *International Journal of Intercultural Relations.*

Unternehmen internationalisieren sich, werden zum Global Player und suchen Ratschläge für das Management kultureller Unterschiedlichkeit. Harris und Moran publizieren daraufhin das erste Buch, das interkulturelle Aspekte im Management behandelt: *Managing Cultural Differences* (1979). Langsam wird auch Europa von der Thematik erfasst. Multinationale Unternehmen erhoffen sich von einer weltweit einheitlich gestalteten →*Organisationskultur* Erfolg in aller Welt. Dieser – bis heute teils anhaltende Irrglaube – wird durch die Studie *Culture's Consequences* von Hofstede (1980) widerlegt (→*Kulturdimension*). Berry entwickelt 1990 aufbauend auf der Frage der Anpassung in individuellen oder kollektiven interkulturellen Kontaktsituationen ein Modell der Akkulturationsstrategien (→*Akkulturation*).

In den 1990er Jahren gewinnt die Entwicklung und Vermittlung interkultureller Kompetenzen an Bedeutung: Bennett veröffentlicht zu diesem Thema *A Developmental Model of Intercultural Sensitivity* (1993) und Landis/Bhagat das *Handbook of Intercultural Training* (1996). Weltweite Migration und multikulturelle Gesellschaften rücken zunehmend in den Mittelpunkt europäischer Forschung und Praxis. Multikulturelle Teams, insbesondere virtuelle, die interkulturelle und technologische Herausforderungen kombinieren, sind zu Beginn des 21. Jahrhunderts Forschungsgegenstand, genauso wie interkulturelles Wissensmanagement und soziale Verantwortung.

Die Entwicklung betreffend ist zusammenfassend feststellbar, dass sich die interkulturelle Kommunikationsforschung im eigentlichen, engeren Sinne – d.h. die prozess- und interaktionsorientierte – anfangs stark aus den Fragen der Praxis und den Antworten von Wissenschaften wie Psychologie, Kommunikationswissenschaft und Pädagogik entwickelt hat. Interessanterweise sind, wie so oft in den letzten Jahrzehnten in den Wissenschaftsdisziplinen, die USA – insbesondere sogar US-amerikanische Diplomaten und Militärs – die Keimzelle von interkultureller Praxis und Forschung. Eine Verbreitung fand vor allem über westeuropäische Länder durch Publikationen in englischer Sprache statt. Dieses Faktum mag eine Erklärung bieten, warum interkulturelle Forschung dort seit Jahrzehnten präsent ist, nicht aber in romanischen, osteuropäischen oder asiatischen Ländern.

Neben den beschriebenen wichtigen Entwicklungsschritten ist hervorzuheben – auch für das Verständnis dieses Taschenlexikons – dass interkulturelle Forschung auf einer Vielzahl von Wissenschaftsdisziplinen basiert, also interdisziplinär ausgerichtet ist. Forschung zu →*Interkulturalität* und →*Kulturvergleich* wird vor allem von Vertretern der Psychologie, Soziologie, Kulturanthropologie/Ethnologie, Kommunikationswissenschaft, Pädagogik, der Betriebswirtschaftslehre und Kulturwissenschaft – aber auch zunehmend von weiteren Disziplinen – aus unterschiedlichsten Blickwinkeln betrieben (Genkova et al. 2011).

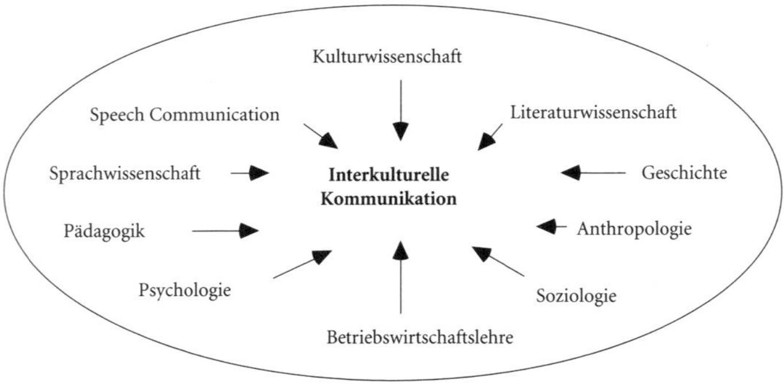


**Abb. 1:** Wissenschaftsdisziplinen und Interkulturelle Kommunikation (Barmeyer 2000, 54).

Die Psychologie erforscht in erster Linie kulturgeprägte Werte und Verhaltensweisen des Individuums und spezifische Ausprägungen; die Soziologie untersucht →*Institutionen*, größere Gemeinschaften oder Kategorien von Menschen als *soziale* →*Systeme*; die Kulturanthropologie/Ethnologie beschäftigt sich mit kulturellen Praktiken, Ausdrucksformen und →*Artefakten* bestimmter – früher isolierter – Gemeinschaften; die Kommunikationswissenschaft (samt Linguistik und *Speach Communication*) betrachtet die verbalen und nonverbalen Kommunikationsformen zwischen Angehörigen unterschiedlicher Kulturen; die Literaturwissenschaft beschäftigt sich mit Wahrnehmungsmustern, Stereotypen, inneren Reflexionsprozessen und medialen Darstellungen; die Pädagogik interessiert sich für interkulturelle Lernprozesse und Vermittlungspraktiken; die Geschichtswissenschaft zeigt, dass kulturelle Systeme und Interkulturalität in Beziehung stehen zu spezifischen historischen Kontexten und sowohl Stabilität als auch Dynamik erfahren; die Betriebswirtschaftslehre beobachtet den monetär-quantifizierbaren Einfluss von Kultur im Rahmen wertschöpfender Prozesse, z.B. bei Unternehmenskulturen oder im internationalen Management; die Kulturwissenschaft schließlich versucht, bei der Untersuchung kultureller und mentaler Eigenarten von Gesellschaften Methoden und Konzepte der oben erwähnten Disziplinen aufzugreifen und sinnvoll zu integrieren.

Per se ist interkulturelle Forschung also interdisziplinär ausgerichtet. Ein systemisch-ganzheitlicher Ansatz (→*Kontextualisierung*) basiert auf der Auffassung, dass Untersuchungsobjekte wie Kultur und Interkulturalität in ihrer ganzen Bandbreite nur begriffen werden können, wenn Theorien, Themen, Fragestellungen, Forschungsansätze, Methoden und Ergebnisinterpretationen verschiedener Disziplinen zusammenfließen (Barmeyer 2004). Diese Interdisziplinarität lässt sich auch in der deutschen Wissenschaftslandschaft der interkulturellen Forschung seit Ende der 1990er Jahre in zunehmendem Maße feststellen. Zahlreiche Publikationen belegen diesen Forschungspluralismus und Erweiterungen der einzelnen wissenschaftlichen Disziplinen (Sackmann/Phillips 2004).

Barmeyer, C. (2000): Interkulturelles Management und Lernstile. Frankfurt/Main, Campus.

Barmeyer, C. (2004): Interkulturelle Kommunikation im deutsch-französischen Management – Entwicklungen, Methodik und Forschungsperspektiven. In: Deutsch-Französisches Institut (Hg.): Frankreich Jahrbuch 2003. Kulturelle Vielfalt gestalten. Wiesbaden, VS, 79–99.

Bennett, M. (1993): Towards Ethnorelativism: A Developmental Model of Intercultural Sensitivity. In: Paige, M. (Hg.): Education for the Intercultural Experience. Yarmouth, Intercultural Press, 21–71.

Berry, J. (1990): Psychology of acculturation: Understanding individuals moving between cultures. In: Brislin, R. (Hg.): Applied Cross-Cultural Psychology. Newbury Park, Sage, 232–253.

Genkova, P./Barmeyer, C./Scheffer, J. (2011): Methodologische Probleme interkultureller und kulturvergleichender Forschung. In: Barmeyer, C./Genkova, P./Scheffer, J. (Hg.): Interkulturelle Kommunikation und Kulturwissenschaft. Grundbegriffe, Wissenschaftsdisziplinen, Kulturräume. Passau, Stutz, 129–154.

Hall, E. (1990): The Silent Language. New York, Anchor Books.

Harris, P./Moran, R. (1979): Managing cultural differences. Houston, Gulf Publishing.

Hofstede, G. (1980): Culture's Consequences. International Differences in Work-Related Values, Beverly Hills u.a., Sage.

Kluckhohn, F./Strodtbeck, F. (1961): Variations in Value Orientations. Evanston/New York, Row, Peterson and Company.

Landis, D./Bhagat, R. (1996) (Hg.): Handbook of Intercultural Training. Thousand Oaks, Sage, 17–34.

Rogers, E./Hart, W./Miike, Y. (2002): Edward T. Hall and The History of Intercultural Communication: The United States and Japan. In: Keio Communication Review, 24, 3–26.
Sackmann, S./Phillips, M. (2004): Contextual Influences on Culture Research. Shifting Assumptions for New Workplace Realities. In: International Journal of Cross Cultural Management, 4 (3), 370–390.
Samovar, L./Porter, R. (1972) (Hg.): Intercultural Communication. A Reader. Belmont, Wadsworth.
Traeger, G. L./Hall, E. (1954): Culture and Communication: A Model and an Analysis. In: Explorations. Studies in Culture and Communication. 3, 137–149.

# Stichworte

**Achievement/Ascription** →*Leistung/Herkunft*

**Adaptation, interkulturelle** →*Akkulturation,* →*Assimilation,* →*Auslandsentsendung,* →*Kulturtransfer*

**Ähnlichkeitsannahme**
Phänomen, das bestimmte Akteure glauben lässt, die anderskulturellen Partner würden ihnen im Denken, Fühlen und Verhalten ähneln und ähnliche kulturelle →*Werte* und Praktiken aufweisen (Barmeyer 1996, Ladmiral/Lipiansky 1989). Insofern basiert die Ähnlichkeitsannahme – die eine inhaltliche Nähe zur Normalitätserwartung hat – auf →*Ethnozentrismus.* Dabei kann die Fehleinschätzung zu nicht intendierten Kommunikationsverkettungen und Handlungsinterferenzen führen (Greshoff et al. 2003). Die Ähnlichkeitsannahme trifft vor allem auf Personen von Gesellschaften zu, die eine geographische Nähe – etwa Deutschland und Frankreich – und nicht zielgebundene, nicht arbeitsbezogene Kontakte aufweisen (Demorgon 1999). Bei grenzüberschreitenden internationalen Kooperationen von Nachbargesellschaften, wie in Europa, aber auch im Rahmen interkultureller Beziehungen mit Migranten innerhalb eines sozialen Systems (Leenen et al. 2006) wird häufig Ähnlichkeit oder Normalität vorausgesetzt, was dazu führt, dass Unterschiede unterschätzt werden und es zu Irritationen, Enttäuschungen und interkulturellen Missverständnisse kommt (→*Crictical incidents*), weil eigenkulturelle Erwartungen und Maßstäbe nicht erfüllt werden (→*Interkulturalität*). Durch reflektierte intensive Beschäftigung mit der Eigen- und Fremdkultur (→*interkulturelle* →Kompetenz) aber auch durch die →*Empathie*-Fähigkeit entsteht ein ausgeprägteres Bewusstsein für Eigenarten und Unterschiedlichkeit (→*Ethnorelativismus*), das hilft, sich über divergierende Erwartungen auszutauschen (→*Meta-Ebene,* →*Meta-Kommunikation*) und somit Interkulturalität aktiv zu gestalten.

Barmeyer, C. (1996): Interkulturelle Qualifikationen im deutsch-französischen Management kleiner und mittelständischer Unternehmen. St. Ingbert, Röhrig.
Demorgon, J. (1999): Interkulturelle Erkundungen. Möglichkeiten und Grenzen einer internationalen Pädagogik. Frankfurt/Main, Campus.
Greshoff, R./Kneer, G./Schimank, U. (2003): Die Transintentionalität des Sozialen: eine vergleichende Betrachtung klassischer und moderner Sozialtheorien. Opladen, Westdeutscher Verlag.

Ladmiral, J.-R./Lipiansky, E. (1989): La communication interculturelle. Paris, Armand Colin.
Leenen, W./Scheitza, A./Wiedemeyer, M. (2006): „Diversität nutzen!". München, Waxmann.

**Akkulturation**

Kulturpsychologischer Begriff zur Bezeichnung der ergebnisoffenen individuellen oder kollektiven Reaktion auf eine langfristige Kontaktsituation von Angehörigen verschiedener kultureller Systeme (*soziales →System*) und die Veränderungen, die dieser Kontakt für die Beteiligten zur Folge hat. Dieser Begegnungsprozess erfordert eine Positionierung in Bezug auf die dominante Kultur sowie die Neubestimmung des Verhältnisses zur „eigenen" Kultur (Weidemann 2007). Häufig ist dies ein (unbewusster) Aushandlungsprozess (*interkulturelles →Lernen*) in der Auseinandersetzung einer Minderheits- mit einer Mehrheitskultur, während eines längeren Aufenthalts in anderskultureller Umgebung, etwa im Rahmen von *→Auslandsentsendung* oder Migration. Auf der Mikroebene (*→Drei-Ebenen-Modell*) betrifft Akkulturation individuelle und damit vor allem innere Anpassungsprozesse. Auf Gruppenebene betrifft Akkulturation den Veränderungsprozess eines Kollektivs, also einer ganzen Gruppe durch den Kontakt mit einer anderen Kultur (Berry/Sam 1996).

Während Akkulturation in der Vergangenheit als einseitiger Anpassungsprozess der Minderheitenkultur an die Mehrheitskultur verstanden wurde, betont Berry (1990, 2005), dass sich Akkulturation als gegenseitiger, zweidimensionaler Prozess von *→Assimilation* unterscheidet. Das bekannteste zweidimensionale Akkulturationsmodell stammt von Berry (1990) und unterscheidet vier Akkulturationsstrategien auf der Basis zweier Fragen:

- Will das Individuum/Kollektiv die eigene kulturelle Herkunfts- (Minderheits-) Identität behalten? (*Cultural Maintainance*)
- Will das Individuum/Kollektiv positiven interkulturellen Kontakt zur dominanten Aufnahme- (Mehrheits-) Gesellschaft herstellen? (*Contact and Participation*)

Je nach Beantwortung dieser beiden Fragen ergeben sich vier Akkulturationsstrategien:

| | | Erhalt der eigenen kulturellen Identität | |
|---|---|---|---|
| | | Ja | Nein |
| Positive Beziehung zur Mehrheitskultur | Ja | Integration | Assimilation |
| | Nein | Separation | Marginalisierung |

**Abb. 2:** Akkulturationsstrategien (eigene Darstellung nach Berry 1990, Thomas 2005, 80).

Entwickelt eine kulturelle Gruppe ein positives Verhältnis zur Mehrheitsgesellschaft, kann dies die teilweise oder vollkommene Aneignung des fremdkulturellen Systems von Werten und Praktiken zur Folge haben. Im Gegensatz zum erstmaligen Erlernen eines kulturellen Referenzsystems (→*Enkulturation*) läuft Akkulturation in diesem Fall auf den Erwerb zusätzlicher kultureller Referenzsysteme sowie die (teilweise) Überlagerung der durch Primärsozialisation erworbenen Muster hinaus. Bleiben dabei eigenkulturelle Eigenschaften erhalten, spricht man von →*Integration*; werden diese zugunsten des neuen kulturellen Referenzsystems weitestgehend aufgegeben, dagegen von →*Assimilation*.

Ergibt sich durch diese Kontaktsituation keine positive Beziehung zur dominanten Kultur, werden also fremdkulturelle Werte, Denk- und Verhaltensmuster abgelehnt, spricht man von →*Resistenz*. Je nachdem, in welchem Maße die eigene *kulturelle* →*Identität* beibehalten wird, liegt Separation bzw. →*Marginalisierung* vor.

Berry, J. (1990): Psychology of acculturation: Understanding individuals moving between cultures. In: Brislin, R. (Hg.): Applied Cross-Cultural Psychology. Newbury Park, Sage, 232–253.

Berry, J./Sam, D. (1996): Acculturation and adaptation. In: Berry, J./Segall, M./Kagitcibasi, C. (Hg.): Handbook of cross-cultural psychology. Bd. 3: Social behavior and applications. Needham Heigths, Allyn & Bacon, 291–326.

Berry, J. (2005): Acculturation: Living successfully in two cultures. In: International Journal of Intercultural Relations, 29, 697–712.

Thomas, A. (2005): Grundlagen der interkulturellen Psychologie. Nordhausen, Traugott Bautz.

Weidemann, D. (2007): Akkulturation und interkulturelles Lernen. In: Straub, J./Weidemann, A./Weidemann, D. (Hg.): Handbuch Interkulturelle Kommunikation und Kompetenz. Grundbegriffe, Theorien, Anwendungsfelder. Stuttgart/Weimar, Metzler, 488–498.

Mit S.Ö.

**Aktionskette** →*Handlungskette*

**Ambiguitätstoleranz**

Fähigkeit und Bereitschaft, Mehrdeutigkeiten, Widersprüche und Ambivalenz in ungewissen Situationen und Handlungsweisen zu ertragen, ohne sich unwohl zu fühlen oder aggressiv zu reagieren (Reis 1997). Die betroffene Person bleibt – obwohl sie ein anderskulturelles Verhalten oder eine interkulturelle Situation nicht versteht – handlungs- und arbeitsfähig. Ambiguitätstoleranz wird als eine wesentliche Eigenschaft *interkultureller* →*Kompetenz* angesehen (Landis/Bhagat 1997). Ambiguitätstoleranz ist eine Grundhaltung, die hilft, interkulturelle Irritationen in produktiver, zielführender Weise auszuhalten. Fehlende Ambiguitätstoleranz kann bei Anpassungsprozessen an anderskulturelle Situationen zu Unwohlsein und Konfusionen führen.

Landis, D./Bhagat, R. (1996) (Hg.): Handbook of Intercultural Training. Thousand Oaks, Sage.

Reis, J. (1997): Ambiguitätstoleranz. Beiträge zur Entwicklung eines Persönlichkeitskonstrukts. Heidelberg, Asanger.

**Artefakte**

Von Menschen geschaffene Objekte und Ausdrucksformen, die sich z.B. in Symbolen oder symbolischen Handlungen manifestieren (Harris 1989). Bezogen auf →*Organisationskulturen* finden sich Artefakte z.B. in Logos, Broschüren, der farblichen Gestaltung von Büros, Architektur der Gebäude, Kleidungskonventionen, Umgangsformen, Ritualen, Geschichten und Anekdoten (Schein 2004). Interkulturell bedeutend ist, dass Artefakte häufig eine kulturspezifische symbolische Bedeutung tragen, ihre eindeutige Entschlüsselung und Interpretation (*interkulturelle* →*Hermeneutik*) jedoch für einen anderskulturellen Mitarbeiter schwierig ist. Besonders deutlich wird dies an der Interpretation von Farben: Schwarz wird in vielen westeuropäischen Ländern als Farbe der Trauer verstanden, in vielen ostasiatischen Ländern symbolisiert schwarz jedoch Freude, weiß dagegen Trauer. Als Ausdrucksformen von Kultur sind *Artefakte* in weiten Teilen mit →*Symbolen* deckungsgleich.

Harris, M. (1989): Kulturanthropologie. Ein Lehrbuch. Frankfurt/Main, Campus.
Schein, E.H. (2004): Organizational Culture and Leadership. San Francisco, Jossey-Bass.

**Assessment Center, interkulturelles**

Methode zur Auswahl und Entwicklung von Fach- und Führungskräften, die internationale Tätigkeiten übernehmen sollen (Stumpf 2007). Da bei Auswahlentscheidungen für die →*Auslandsentsendung* in erster Linie auf fachliche Kompetenzen der Mitarbeiter geachtet wird und Einstellungen und Fertigkeiten, die für den Umgang mit fremden Lebens- und Arbeitsbedingungen (*interkulturelle →Kompetenz*) dagegen wenig Beachtung finden, können hohe Abbrecherquoten von Auslandseinsätzen die Folge sein. Das Interkulturelle Assessment Center (IAC) basiert auf einem ganzheitlichen Konzept eines interaktionistischen Ansatzes und weist eine höhere Prognose-Qualität auf, als ein klassisches Auswahlgespräch (Kühlmann/Stahl 1998). Im Falle des Auswahl-IAC wird geprüft, inwieweit die für den internationalen Auslandseinsatz nötige interkulturelle Kompetenz vorhanden ist, im Falle des Entwicklungs-IAC soll interkulturelle Kompetenz anhand von Übungen gefördert und weiterentwickelt werden (Waxin/Barmeyer 2008).

Kritisch zu beleuchten ist, inwieweit die am Markt angebotenen IAC tatsächlich interkulturell ausgerichtet sind. Sollen valide Ergebnisse erreicht werden, sollten Inhalt (*interkulturelle →Kompetenz*), Durchführung (Methoden und Instrumente) und Evaluation einen interkulturellen Fokus haben (Deller 2000). Auch ist es wichtig, dass die Assessoren aus unterschiedlichen, die Zielkulturen betreffenden Ländern stammen und selbst ausgeprägte Fremdsprachen- und Kulturkenntnisse aufweisen.

Deller, J. (2000): Interkulturelle Eignungsdiagnostik. Zur Verwendbarkeit von Persönlichkeitsskalen. Waldsteinberg, Popp.
Kühlmann, T./Stahl, G. (1998): Diagnose interkultureller Kompetenz: Entwicklung und Evaluierung eines Assessment Centers. In: Barmeyer, C./Bolten, J. (Hg.): Interkulturelle Personalorganisation. Sternenfels, Wissenschaft & Praxis, 213–224.
Stumpf, S. (2007): Assessment Center für den Internationalen Personenaustausch. In: Otten, M./Scheitza, A./Cnyrim, A. (Hg.): Interkulturelle Kompetenz im Wandel, Bd. 1. Frankfurt/Main, IKO, 197–215.
Waxin, M.-F./Barmeyer, C. (2008) (Hg.): Gestion des Ressources Humaines Internationales. Paris, Les Editions de Liaisons.

**Assimilation**

Anpassung eines Individuums oder einer Gruppe an die Aufnahme- bzw. Mehrheitskultur und einhergehende Geringschätzung oder gar Ablehnung der Eigenkultur (Berry 2005, Berry/Sam 1996). Personen oder

Gruppen versuchen durch bewusste Übernahme von Normen, Bedeutungen, Verhaltensweisen und Sprache des anderskulturellen Systems, sich an die (Mehrheits-)Kultur anzupassen und ihr eigenkulturelles Orientierungssystem abzulegen. Dadurch werden zusätzliche kulturelle Referenzsysteme erworben und eigenkulturelle, durch Primärsozialisation (→*Enkulturation*) erworbene Muster weitestgehend überlagert. Dieses positive Verhältnis zur Aufnahmekultur bei gleichzeitigem Nicht-Festhalten an der primären eigenen *kulturellen →Identität* ist nach Berry (2005) eine der vier möglichen Strategien der →*Akkulturation.*

Im populärwissenschaftlichen Gebrauch bezeichnet *Assimilation* auch den kulturellen Anpassungsdruck, der von der Mehrheitsgesellschaft auf aufgenommene Individuen und Gruppen ausgeübt wird, und damit auch den einseitigen Anpassungsprozess einer Minderheits- an eine Mehrheitskultur.

Berry, J./Sam, D. (1996): Acculturation and adaptation. In: Berry, J./Segall, M./Kagitcibasi, C. (Hg.): Handbook of cross-cultural psychology. Bd. 3: Social behavior and applications. Needham Heigths, Allyn & Bacon, 291–326.

Berry, J. (2005): Acculturation: Living successfully in two cultures. In: International Journal of Intercultural Relations, 29, 697–712.

Mit S.Ö.

**Attribution**

Sowohl Ursachen- und Wirkungszuschreibung von Handlungen und Vorgängen als auch die daraus resultierenden Konsequenzen für menschliches Erleben und Verhalten (Heider 1958, Triandis 1976). Zuschreibungen gegenüber der Wirklichkeit dienen der Ereigniserklärung im Alltag, geben also Orientierung und ersetzen häufig überprüfbares Wissen.

In intrakulturellen Interaktionssituationen treffen die Zuschreibungen der Individuen meistens zu, sodass auch die eigenen Reaktionen im Normalfall den Erwartungen des Gegenübers entsprechen. Die Zuschreibungen erfolgen also reziprok, sodass die verhaltensbezogene Selbstwahrnehmung der Fremdwahrnehmung entspricht und umgekehrt. Diese Passung von Aktion und Reaktion sowie gegenseitigen zutreffenden Interpretationen innerhalb einer kulturellen →*In-Group* ist aufgrund geteilter Interpretations-, Denk- und Verhaltensmuster möglich (→*Kultur*). Dieses konsistente Verhältnis von wechselseitig zugeschriebenen und tatsächlichen Handlungsgründen wird als „isomorphe Attribution" (Triandis 1975, 41) bezeichnet.

In interkulturellen Interaktionssituationen dagegen sind diese Zuschreibungen nicht immer zutreffend (Shuang et al. 2011, 82), weil sie auf der eigenkulturellen Interpretation basieren (→*Ethnozentrismus,* →*In-*

*terkulturalität*). So wird häufig im Kontext von Interkulturalität das Verhalten einer anderskulturellen Person aus der eigenkulturellen Perspektive erklärt (→*D.I.E.*, →*Perspektivwechsel*), jedoch werden Normen und Regeln, unter denen die anderskulturelle Person sozialisiert (→*Sozialisation*) wurde, ignoriert und unterbewertet, was zu fundamentalen Attributionsfehlern und Fehlinterpretationen führt (→*Critical Incident*) (Brislin 1990, Genkova 2011). Die Herausforderung interkulturellen Handelns besteht also darin, dass die für korrekt und angemessenen gehaltenen Verhaltensnormen der eigenen Kultur in einer anderen Kultur nicht mit denselben – positiv – konnotierten Attributionen versehen werden. *Interkulturelle* →*Kompetenzentwicklung* und die Verwendung von →*Kultur-Assimilatoren* können dabei helfen, Attributionsfehler zu verringern (Brislin 2008).

Brislin, R. (2008): Working with Cultural Differences – Dealing effectively with Diversity in the Workplace. Westport, Praeger.
Brislin, R. (1990): Applied Cross-Cultural Psychology: An introduction. In: Brislin, R.: Applied Cross-Cultural Psychology. Newbury Park, Sage, 9–33.
Genkova, P. (2011): Psychologische Aspekte der Interkulturellen Kommunikation. In: Barmeyer, C./Genkova, A./Scheffer, J. (Hg.): Interkulturelle Kommunikation und Kulturwissenschaft. Grundbegriffe, Wissenschaftsdisziplinen, Kulturräume. Passau, Stutz, 325–364.
Heider, F. (1958): The Psychology of Interpersonal Relations. New York, Wiley.
Shuang, L./Volcic, Z./Gallois, C. (2011): Introducing Intercultural Communication. Los Angeles, Sage.
Triandis, H. (1976): Interpersonal Behavior. Monterry, Brooks/Cole.

## Auslandsentsendung

Prozess der mehrjährigen Entsendung von Mitarbeitern (→*Expatriates*) ins Ausland. Häufig finden diese Entsendeprozesse zwischen Mutter- und Tochtergesellschaft statt, jedoch entsenden auch Internationale Organisationen Fach- und Führungskräfte ins Ausland. Aus Perspektive der aufnehmenden Organisationen wird von *Impatriates* gesprochen. Im Zusammenhang mit der Auslandsentsendung entstehen weltweit *Relocation Services*, die Unternehmen und Mitarbeiter in allen Belangen der Umsiedlung unterstützen.

Die Gründe für Auslandsentsendungen sind zahlreich (Stahl et al. 2005) und divergieren nach den Zielen, die Unternehmen mit der Entsendung verfolgen. So kann zum Beispiel die Verbesserung der Kommunikation zwischen Mutter und Tochtergesellschaft oder der Wunsch nach größerer Kontrolle eine Rolle spielen. In der Literatur existieren verschiedene Phasenmodelle zur Beschreibung des Prozesses der Auslandsentsendung (z.B. Adler/Gundersen 2008, Black et al. 1999, Stahl 1998). Diese stellen Auslandsentsendungen exemplarisch dar, jedoch ist keines *das* Best-Practice-Modell, vielmehr muss jedes Unternehmen den Prozess für sich gestalten. Zunehmend bereiten Unternehmen ihre Expatriates interkulturell auf die Auslandsentsendung vor *(interkulturelle →Auslandsvorbereitung)*.

„Traditionelle" Auslandsentsendungen werden inzwischen vermehrt durch alternative Formen ergänzt (Bonache et al. 2002; Meyskensa et al. 2009), wie beispielsweise Kurzzeitentsendungen, selbstinitiierte Entsendungen, Commuter-Entsendungen, Rückkehrer-Entsendungen, rotationale Entsendungen und virtuelle Entsendungen (Evans et al. 2011, 158).

In den meisten Modellen ist jedoch der Prozess der Wiedereingliederung und des *interkulturellen →Wissensmanagements* unterrepräsentiert. Dabei ist gerade der Aspekt des Wissensmanagements ein wichtiger Punkt, da die Entsandten verschiedene Arten von Wissen mitbringen (Lazarova/Tarique 2005). Die Herausforderung für internationale Organisationen ist, dieses Wissen nutzbar zu machen.

Nach Adler/Gundersen (2008) sollen Auslandentsendungen nicht als unidirektionale Migration betrachtet werden, sondern als zirkulärer Prozess, der die Auswahl der Mitarbeiter, die Begleitung über den Auslandsaufenthalt hinweg sowie die Rückkehr des Mitarbeiters umfasst (*→Kulturschock*). Zurückgekehrte Entsandte werden als *→Repatriates* bezeichnet.

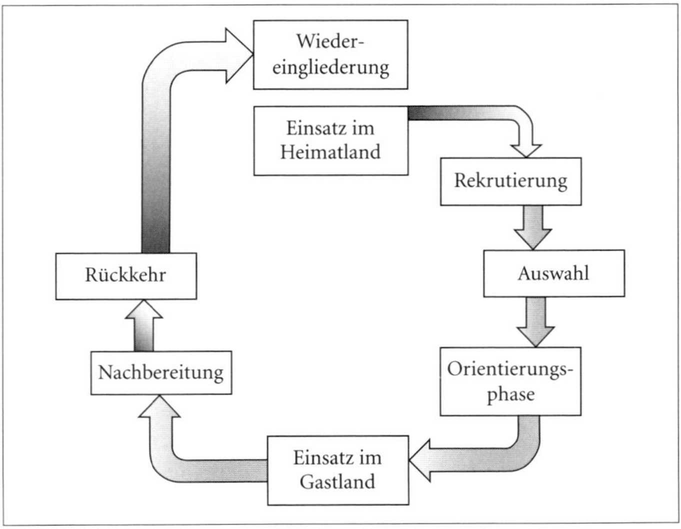


**Abb. 3:** Der Entsendezyklus (eigene Darstellung nach Adler/Gundersen 2008, 276).

Adler, N./Gundersen, A. (2008): International Dimensions of Organizational Behaviour. Mason, Thomson.
Black, S.J./Gregersen, H.B./Mendenhall, M.E./Stroh, L.K. (1999): Globalizing People through International Assignments. New York, Addison-Wesley/Longman.
Bonache, J./Brewster, C./Suutari, V./Saá, P.D. (2010). Expatriation: Traditional Criticism and International Careers: Introducing the Special Issue. Thunderbird International Business Review, 52 (4), 263–274.
Evans, P./Pucik, V./Barsoux, J. (2002): The Global Challenge. Frameworks for International Human Resource Management. Boston, McGraw-Hill.
Lazarova, M./Tarique, I. (2005): Knowledge transfer upon repatriation. Journal of World Business, 40 (4), 361–373.
Meyskensa, M./Glinowa, M.A. von/Werther, W.B., Jr./Clarke, L. (2009). The paradox of international talent: alternative forms of international assignments. The International Journal of Human Resource Management, 20 (6), 1439–1450.
Stahl, G.K. (1998): Internationaler Einsatz von Führungskräften. München, Oldenbourg.
Stahl, G.K./Mayrhofer, W./Kühlmann, T.M. (2005): Internationales Personalmanagement – neue Aufgaben, neue Lösungen. München/Mering, Hampp.

B.A.

## Auslandsvorbereitung, interkulturelle

Vorbereitung von Fach- und Führungskräften (→ *Expatriates*) auf die Kultur des Gastlandes und die möglichen dort stattfindenden interkulturellen Interaktionsprozesse (Stahl 1998). Hierdurch soll eine Steigerung des Integrationserfolgs im Gastland bewirkt werden; ebenso die Vermeidung einer vorzeitigen Rückkehr ins Heimatland, die erhebliche persönliche, organisatorische und finanzielle Belastungen darstellt (Black et al. 1999). Im Rahmen der interkulturellen Auslandsvorbereitung in internationalen Organisationen werden *interkulturelle* →*Trainings* für die Ausreisenden angeboten – zunehmend auch für Ehepartner und Kinder, da die familiäre Situation maßgeblich zum Erfolg oder Misserfolg der Auslandsentsendung beiträgt. In diesem Zusammenhang sind für Kinder verfasste Publikationen hilfreich, die die Verarbeitung von familiären und geographischen Veränderungen (*interkulturelle* →*Transition*) sowie interkulturellen Erfahrungen speziell für diese Zielgruppe unterstützen (Swol-Ulbrich/Kaltenhäuser 2003).

Die interkulturelle Auslandsvorbereitung, die sich häufig auf Großunternehmen beschränkt, berücksichtigt nicht nur die fachlichen und strategischen Kompetenzen des Ausreisenden, sondern auch seine soziale und *interkulturelle* →*Kompetenz* und hat zum Ziel, das kulturelle Bewusstsein der Entsandten zu stärken (Dowling et al. 1999). Dies ist besonders im Hinblick auf Projekterfolge und Aufgabenerfüllung des Ausreisenden in der Zielkultur von Bedeutung. Mittels Interviews, →*Kulturprofilen* oder *Interkulturellen* →*Assessment Centers* können geforderte Kompetenzen abgeprüft und entwickelt werden.

Interkulturelle Trainings, an denen mehrere Ausreisende teilnehmen, oder Einzelvorbereitungen, bei denen ein Ausreisender auf seine Tätigkeit in einer Zielkultur vorbereitet wird, sind die am häufigsten anzutreffenden Maßnahmen interkultureller Auslandsvorbereitung. Inhaltlich geht es neben landeskundlichen und administrativen Informationen zu →*Kulturdimensionen* (Umgang mit Macht, Unsicherheit, Zeit) auch um *kommunikative* →*Stile* oder *interkulturelle* →*Führung* (Erwartungen an Führungssituationen). Im Dialog mit einem interkulturellen Trainer und Berater, der auf die Zielkultur spezialisiert ist oder aus ihr stammt, wird ein Verständnis für kulturelle Unterschiedlichkeit und den Umgang mit ihr entwickelt, damit Ausreisende eine höhere Handlungssicherheit erhalten.

Black, J./Gregersen, H./Mendenhall, M./Stroh, L. (1999): Globalizing People Through International Assignments. New York, Addison-Wesley.
Dowling, P./Welch, D./Schuler, R. (1999): International Human Resource Management – Managing People in a Multinational Context. Cincinnati, South Western College Publishing.
Stahl, G. (1998): Internationaler Einsatz von Führungskräften. München, Oldenbourg.
Swol-Ulbrich, H. v./Kaltenhäuser, B. (2003): Andere Länder, andere Kinder. Dein Auslandsumzug mit Ori. Hofheim, Vas-Verlag.

**Berufskultur**

Spezifische und relativ stabile Merkmalskombination aus Selbstbild und Rollenverständnis, professionellem Wissen, Kompetenzen, Erfahrung und Praktiken einer Gruppe von Menschen bezüglich ihrer Arbeit, die sich in bestimmten Arbeitskontexten über einen gewissen Zeitraum herausgebildet hat und die identitätsbildend ist („Wir Ingenieure"; „Wir Informatiker"; „Wir Journalisten"). Diese Merkmalskombination entwickelt sich durch (hoch)schulische und berufliche Sozialisation und führt zu Spezialisierung und Identitätsstiftung (*kulturelle*→*Identität*) und Kulturbildung (→*Kultur*).

Angehörigen einer bestimmten Berufskultur ist es möglich, aufgrund dieser gemeinsamen Basis implizit zu kommunizieren und effektiv zu kooperieren (Malin 2000). Dies betrifft auch die →*Interkulturalität*: Weil Berufskulturen nicht an Nationen, Sektoren, Organisationen oder Personen gebunden sind, stellen sie ein verbindendes Verstehenselement über „Kulturgrenzen" hinweg dar (Mahadevan 2008). Bezogen auf multikulturelle Teams zeigt Chevrier (2003), dass, trotz kultureller Unterschiedlichkeit und dem Einsatz von Fremdsprachen, die Berufskulturen – und damit verbundene spezifische geteilte Einstellungen, Interessen, Denkweisen, Kompetenzen, Erfahrungen, Verfahren und Fachausdrücke – ein zentrales verbindendes Element sind, um erfolgreich interkulturell zu kommunizieren und zu kooperieren.

Auch wenn sich naturwissenschaftlich und technisch geprägte Berufskulturen (wie Ingenieure) landesübergreifend scheinbar ähnlicher sind als geistes- und sozialwissenschaftlich geprägte, deutet nichts darauf hin, dass die meisten Berufskulturen länderübergreifend homogen sind (D'Iribarne 2001). Zu verschieden sind, trotz der oben genannten Gemeinsamkeiten, die – national geprägten – Institutionen beruflicher Sozialisation (Maurice et al. 1986), die ihrerseits Werte und Praktiken widerspiegeln (Pateau 1998).

Chevrier, S. (2003): Le management des équipes interculturelles. Paris, PUF.
D'Iribarne, P. (2001): Ehre, Vertrag, Konsens. Unternehmensmanagement und Nationalkulturen. Frankfurt/Main, Campus.
Mahadevan, J. (2008): Globale Ingenieurskultur – Mythos oder Realität? In: Rösch, O. (Hg.): Technik und Kultur. Berlin, Verlag News & Media, 84–102.
Malin, N. (2000) (Hg.): Professionalism, Boundaries and the Workplace. Oxford, Blackwell.
Maurice, M./Selier, F./Silvestre, J.-J. (1986): The Social Foundations of Industrial Power. A Comparison of France and Germany. Cambridge, MIT Press.
Pateau, J. (1998): Ingenieure und Techniker: Bildungssysteme und ihre Auswirkungen auf deutsch-französische Industriekooperationen. In: Barmeyer, C./Bolten, J. (Hg.): Interkulturelle Personalorganisation. Sternenfels/Berlin, Wissenschaft & Praxis, 11–31.

**Bikulturalität**

Konzept, das sich auf Personen bezieht, die unter dem Einfluss zweier Kulturen aufgewachsen sind (Varro 1997, Frieben-Blum/Jacobs 2000) und die unterschiedlichen Bedeutungs- und Wertesysteme dieser beiden Kulturen verinnerlicht haben. Bikulturalität kann dabei verschiedene Hintergründe haben, beispielsweise →*Migration* oder →*Expatriation.* Häufig haben bikulturell aufgewachsene Personen sowohl die kulturelle Prägung ihrer – aus einer Kultur stammenden – Eltern als auch die des Landes, in dem sie geboren und aufgewachsen sind. Jedoch ist dies nicht automatisch gegeben, sondern kommt stets darauf an, wie stark die Primärsozialisation wirkt, denn nach dieser Definition ist Bikulturalität nicht automatisch durch Geburt gegeben – und bezieht sich somit nicht alleine auf äußere Umstände (Nationalität/en) – sondern auf Einstellungen und Haltungen (Varro/Lesbet 1997). Nach dieser Definition ist Bikulturalität als Ergebnis von →*Enkulturation* zu sehen. Viele Menschen mit Migrationshintergrund sind bikulturell sozialisiert. Einerseits wird Bikultualität von den betroffenen Personen ungerechtfertigterweise als Defizit empfunden, weil es ihnen – ähnlich wie auch →*Third Culture Kids* – an kultureller Zugehörigkeit fehlen kann – im Sinne kultureller Marginalität. Anderseits weisen bikulturelle Menschen eine ausgeprägte Interkulturelle Kompetenz auf, wie sie zunehmend in internationalen Organsiationen gefordert wird (Mahadevan 2010): Sie zeigen aufgrund ihrer bikulturellen Sozialisation ausgeprägte Empathiefähigkeit und Ethnorelativismus, sind offen, flexibel und mehrsprachig.

Brimm, L. (2010): Global Cosmopolitans: The Creative Edge of Difference. Houndmills/Basingstoke/Hampshire, Palgrave Macmillan.

Frieben-Blum, E./Jacobs, K. (2000): Vom Oder zum Und: Zur Konstruktion von Bindestrich-Identitäten. In: Frieben-Blum, E./Jacobs, C./Wießmaier, B. (Hg.): Wer ist fremd? Ethnische Herkunft, Familie und Gesellschaft. Opladen, Leske+Budrich.

Mahadevan, J. (2010): Chance für Bi-Kulturelle. In: PERSONAL, 12, 26-28.

Varro, G. (1997): Das „bikulturelle" Kind. In: Varro, G./Gebauer, G. (Hg.): Zwei Kulturen – eine Familie. Paare aus verschiedenen Kulturen und ihre Kinder am Beispiel Frankreichs und Deutschlands. Opladen, Leske+Budrich, 125–134.

Varro, G./Lesbet, D. (1997): Einführung. In: Varro, G./Gebauer, G. (Hg.): Zwei Kulturen – eine Familie. Paare aus verschiedenen Kulturen und ihre Kinder am Beispiel Frankreichs und Deutschlands. Opladen, Leske+Budrich, 13–20.

B.A.

## Business System

Institutionsanalytischer Ansatz (→*Institutionen*) zur Beschreibung des soziokulturellen Umfelds von Unternehmen (→*Kontextualisierung*). Im Gegensatz zu vielen makro- und mikroökonomischen Analysen abstrahiert der *Business System*-Ansatz eben nicht von nationalen Spezifika der Unternehmensumgebung, sondern versucht gerade diese einer systematischen Untersuchung zugänglich zu machen, um (nationale) Besonderheiten von Wirtschaftssystemen zu erklären (Barmeyer et al. 2007). Dabei bezeichnet der Begriff Business System das für ein spezifisches kulturelles System (*soziales →System*) typische, weil institutionalisierte und sich reproduzierende Strukturmuster von Beziehungen zwischen dem Unternehmen und seinem gesellschaftlichen Umfeld. Whitley (1992, 1999) spricht dabei einerseits von *background social institutions*, also Regeln und Normen bzw. gesellschaftlich vorgeschriebenen Verhaltensweisen und Handlungen, die von allen Mitgliedern einer sozialen Gruppe geteilt werden (→*Kultur*, →*Werte*) und die generelle Muster von Vertrauen, Kooperation, Identität und Hierarchie abbilden. Auf der anderen Seite bestimmen auch und gerade die *proximate social institutions*, der allgemeine politische, ökonomische und soziale Rahmen einer Gesellschaft (wie Staat, Bildungssystem, Rechtssystem, Verbände), die alltägliche Ausprägung von Business Systems. Während Erstere sich durch ein hohes Maß an Kontinuität auszeichnen, vor allem durch Familie, Religion und das Bildungssystem reproduziert werden (→*Enkulturation*, →*Sozialisation* ), sind die *proximate social institutions* veränderlicher und häufig das Ergebnis aktuellerer Ereignisse (Krieg, Revolution, Staatenbildung etc.). *Background social institutions* beeinflussen dabei deren Ausprägungen ebenso wie externe Einflüsse (→*Kulturtransfer*). Der Business System-Ansatz gilt in gewisser Hinsicht als europäische Richtung des →*Neoinstitutionalismus* (Walgenbach/Meyer 2008) und schreibt der Rolle soziokultureller Unterschiede in Wirtschaftssystemen sowie deren Kontinuität größere Bedeutung zu als vermeintlich globalen Konvergenzen und Angleichungsprozessen (→*Kultur-Konvergenz*).

Barmeyer, C./Schlierer, H.-J./Seidel, F. (2007): Wirtschaftsmodell Frankreich. Märkte, Unternehmen, Manager. Frankfurt/Main, Campus.
Walgenbach, P./Meyer, R. (2008): Neoinstutionalistische Organisationstheorie. Stuttgart, Kohlhammer.
Whitley, R. (1992) (Hg.): European Business Systems. Firms and markets in their national contexts. London, Sage.
Whitley, R. (1999) (Hg.): Divergent Capitalisms: The Social Structuring and Change of Business Systems. Oxford, Oxford University Press.

S.Ö.

**Coaching, interkulturelles**

Prozesshafte und individualisierte Maßnahme zur *interkulturellen* →*Kompetenzentwicklung* durch einen Coach mit dem Ziel, eine Person (Coachee) zur Selbstreflexion anzuregen, für Kulturunterschiede zu sensibilisieren und Kenntnisse über Zielkulturen zu vermitteln, um adäquates und zielführendes Handeln in interkulturellen Situationen zu ermöglichen (Barmeyer 2002). Der Coachee kann somit in zukünftigen interkulturellen beruflichen oder privaten Lebenssituationen *proaktiv* und *wirklichkeitsgestaltend* handeln (Barmeyer/Haupt 2007, Kinast 2003).

Interkulturelles Coaching kann vorbereitend, begleitend – etwa in Krisensituationen als problem- und emotionsorientierte Beratung – oder nachbereitend erfolgen. Im Vordergrund stehen die Verarbeitung von Erfahrungen und die *dialogische, interaktive* Erarbeitung von sinnvollen Handlungsstrategien. Dabei gibt der Coach keine konkreten Handlungsempfehlungen, sondern hilft beim Verständnisprozess strukturierend und beratend. Lösungen hat der Coachee – entsprechend seiner Persönlichkeit und den spezifischen Situationskontexten – selbst zu finden.

Coaching als Form beratender Intervention international arbeitender Führungskräfte gewinnt zunehmend an Bedeutung, weil es ermöglicht, dass Coachees in diskreter und vertraulicher Weise mit neutralen und fachkundigen Coachs an neutralen Orten über nicht verarbeitete und oft ‚unverständliche' interkulturelle Erfahrungen reflektieren. Anlässe sind häufig Stress, Unzufriedenheit oder Krisen, ausgelöst durch Sprachprobleme oder divergierende Denk- und Arbeitsstile anderskultureller Mitarbeiter und Kollegen (→*Critical Incidents*) oder die Motivation, einen bisherigen Zustand zu verbessern (Rosinski 2003). Interkulturelles Coaching kann auch als Personalentwicklungsmaßnahme genutzt werden, um dem Coachee seine Entwicklungsperspektiven in interkulturellen Kontexten aufzuzeigen und ihn dementsprechend zu unterstützen.

Zu unterscheiden sind *Inhaltscoaching* und *Prozesscoaching* (Haupt/Barmeyer 2007). *Inhaltscoaching*, auch Expertencoaching und Fachcoaching genannt, zielt auf die Vermittlung von Wissen und Kenntnissen ab und betrifft damit die kognitive Komponente *interkultureller →Kompetenz*. Prozesscoaching dagegen hat zum Ziel, die Selbstreflexion des Coachees über Standpunkt und Perspektive zu fördern, aus denen sich die Beziehung zum anderskulturellen System verstehen bzw. entwickeln lässt (affektive Komponente interkultureller Kompetenz mit Eigenschaften wie →*Ambiguitätstoleranz*, →*Empathie*, Flexibilität, Kommunikationsfähigkeit, Offenheit). Inhaltscoaching und Prozesscoaching schließen sich nicht aus, sondern ergänzen sich.

Durch seine individualisierte und zugleich vertrauliche Form und ein kontinuierliches dialogisch-prozessorientiertes Vorgehen kann Coaching die arbeits- und personenbezogene Selbstreflexion einer Person besser fördern als ein punktuelles inhaltsorientiertes *interkulturelles →Training*. Allerdings beansprucht interkulturelles Coaching mehr Ressourcen (Zeit und Geld) als dieses.

Barmeyer, C. (2002): Interkulturelles Coaching. In: Rauen, C. (Hg.): Handbuch Coaching. Göttingen, Hogrefe, 199–231.

Barmeyer, C./Haupt, U. (2007): Interkulturelles Coaching. In: Straub, J./Weidemann, A./Weidemann, D. (Hg.): Handbuch Interkulturelle Kommunikation und Kompetenz. Stuttgart, Metzler, 784-793.

Kinast, E.-U. (2003): Interkulturelles Coaching. In: Thomas, A./Kinast, E.-U./Schroll-Machl, S. (Hg.): Handbuch Interkulturelle Kommunikation und Kooperation, Göttingen, Vandenhoeck & Ruprecht, 217–226.

Rosinski, P. (2003): Coaching across cultures. New Tools for Leveraging National, Corporate & Professional Differences. London/Boston, Nicholas Brealey.

## Context, High/Low

→*Kulturdimension* nach Hall (1981). Menge und Anteil gespeicherter Informationen (Vorwissen, Wissensvorrat, Bezugsrahmen) in interpersonalen und medialen Kommunikationssituationen, von denen der Sender annimmt, dass der Empfänger über sie verfügt. Hall betont die Beziehung zwischen dem *gespeichertem* Wissensvorrat, dem Kontext, und der übermittelten Information: Bestimmte Menschen verfügen über wenige Informationsnetze und eine geringe Informationsdichte („Low Context“), zum Verständnis brauchen sie zusätzliche Detailinformationen. Diese Menschen erwarten, dass *explizit* inhaltsbezogen kommuniziert wird, Informationen werden als Bringschuld angesehen. Andere Menschen hingegen benötigen wenig zusätzliche Informationen, um eine Botschaft zu verstehen. Weil sie ständig umfassend informiert sind und auch non-verbale Signale und Informationen berücksichtigen, verfügen sie über eine hohe Informationsdichte („High Context”), d.h. es kann implizit kommuniziert werden. Informationen sind Holschuld und zirkulieren über informelle Netzwerke.

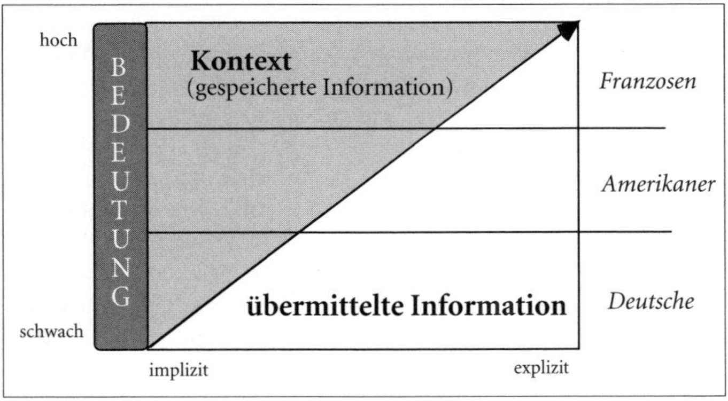


**Abb. 4:** Bedeutung, Kontext und übermittelte Information (eigene Darstellung nach Hall 1981, 102).

Nach Hall (1981) kommunizieren Personen aus romanischen und ostasiatischen Gesellschaften eher implizit, was das Verständnis für Personen, die aus „Low Context“-Gesellschaften stammen, erschwert. Personen aus germanophonen und anglophonen Gesellschaften dagegen tendieren zu einem expliziten Kommunikationsstil. Dadurch sind Aussagen klar verständlich, wirken jedoch auf Personen mit einem niedrigeren Informationsbedarf (wie Franzosen oder Italiener) belehrend, da von Letzteren die Informationsübermittlung als überflüssig und zeitintensiv empfunden wird.

Für →*Interkulturalität* ist also die Frage der Informationsweitergabe und des -verständnisses – auch unter Beachtung kulturtypischer kommunikativer Stile (→*kultureller Stil*) – bedeutend: Wie viel Information (Menge) muss in welcher Form (schriftlich/mündlich) auf welche Weise (explizit/implizit) von wem (Sender) an wen (Empfänger) in welcher

Sprache weitergegeben werden, um sicherzustellen, dass die Information verstanden, akzeptiert und in Aktionen umgesetzt wird?

Um keine monokausalen oder stereotypen Rückschlüsse auf bestimmte Gesellschaften oder deren Angehörige zu ziehen, darf eine →*Kulturdimension* nicht isoliert betrachtet werden, sondern immer in Verbindung mit weiteren.

Hall, E.T. (1981): Beyond Culture. New York, Anchor Books.

**Critical Incident**

Bedeutsames Ereignis, auch „kritische Interaktionssituation" (Flanagan 1954), während dem es zu typischen Missverständnissen und Konflikten im Rahmen interkultureller Begegnungssituationen kommt (Batchelder 1993). Diese werden ausgelöst durch kulturelle Unterschiedlichkeit (z.B. divergierende Normen und Wertsysteme oder miteinander nicht kompatible kulturelle Regeln) und Fehlinterpretationen (→*Attribution*) des Verhaltens der Interaktionspartner (Barmeyer 2000). Das Verhalten des anderskulturellen Partners wird als merkwürdig, irritierend oder gar verletzend wahrgenommen (*Interkulturelle →Kommunikation*) und lässt die Interagierenden emotional reagieren. Dabei entstehen interkulturelle Missverständnisse und Konflikte unbeabsichtigt aus zunächst unerfindlichen Gründen; in der Regel sind nämlich der Wille und die Bereitschaft für eine gelingende Kommunikation und Kooperation vorhanden. Dies unterscheidet den *inter*kulturellen Konflikt maßgeblich vom *intra*kulturellen Konflikt (z.B. Zielkonflikt, Machtkonflikt, Interessenkonflikt, Personenkonflikt).

Forschung und Praxis fokussieren bei Critical Incidents vor allem auf konfliktreiche Elemente. Einige wenige Forscher vertreten jedoch folgende abweichende Meinung: Da dem Begriff durch das Wort „critical" etwas Negatives anhaftet, interkulturelle Situationen aber nicht zwangsläufig negativ ablaufen müssen, sondern auch positiv oder neutral, ersetzen sie ihn durch neutral konnotierte Begriffe wie „Cultural Analyses" oder „Awareness Episodes" (Batchelder 1993, 102).

Die Critical Incident-Methode wird in Forschung und Training häufig verwendet, um interkulturelle Begegnungssituationen zu illustrieren (→*Kultur-Assimilator*, →*Kulturstandards*). Allerdings wird die Critical Incident-Methode in der Forschung aufgrund ihres theoretischen Mangels kritisiert (Layes 2007). Es besteht die Gefahr, mit der Betrachtung eines Teilausschnitts der Wirklichkeit die Merkmale einer gesamten Gesellschaft verstehen zu wollen, d.h. vom Einzelfall auf die Gesamtheit zu schließen – inwieweit bilden Critical Incidents tatsächlich verlässlich und repräsentativ die interkulturelle Wirklichkeit ab?

Barmeyer, C. (2000): Interkulturelles Management und Lernstile. Frankfurt/Main, Campus.
Batchelder, D. (1993): Using Critical Incidents. In: Gochenour, T. (Hg.): Beyond Experience. The Experiential Approach to Cross-Cultural Education. Yarmouth, Intercultural Press, 101–112.
Flanagan, J. (1954): The critical incident technique. In: Psychological Bulletin, 51 (4), 327–358.
Layes, G. (2007): Kritische Interaktionen. In: Straub, J./Weidemann, A./Weidemann, D. (Hg.): Handbuch Interkulturelle Kommunikation und Kompetenz. Stuttgart, Metzler, 384–39.

**Cross Cultural Competence** →*Kompetenz, interkulturelle*

**Cross Cultural Management** →*Management, interkulturelles*

**Culture Assimilator** →*Kultur-Assimilator*

**Cultural Awareness**

Bewusstsein für die eigene Kultur (Self-Awareness) und für andere Kulturen und deren spezifische →*Werte* und →*Praktiken*. Nach Hall (1976) sind Self-Awareness und Cultural-Awareness eng miteinander verknüpft: Erst durch Infragestellen und Reflexion eigener Ansichten, kann das Andere akzeptiert und integriert werden; erst durch eigene persönliche Entwicklung kann eine Entwicklung interkultureller Kompetenz stattfinden (→*Metakommunikation*).

Im Rahmen *interkultureller* →*Trainings* wird Cultural-Awareness als eine Trainingsmethode verstanden, die nicht zum Ziel hat, auf bestimmte Kulturen vorzubereiten, sondern eine generelle Sensibilisierung für eigen- und/oder anderskulturelle Wertesysteme (→*Werte*), Wahrnehmungsmuster, Kommunikationsformen sowie Denk- und Verhaltensweisen zu bewirken (→*Ethnorelativismus*, →*Perspektivwechsel*). Im Vordergrund steht die interkulturelle Sensibilisierung der Trainingsteilnehmer, die durch eine Vielzahl aktivierender Methoden (Diskussionen, interaktive Simulationen, Rollenspiele) erreicht werden kann. Bekannte Cultural-Awareness-Simulationen (*interkulturelle* →*Simulation*), die mit fiktiven Kulturen arbeiten, sind etwa *Bafa'Bafa', Barnga, Derdiane* oder *Econtonos*. Durch divergierende Kommunikations- und Verhaltensregeln erfahren die Teilnehmer interkulturelle Irritationen und reflektieren ihre Erfahrung im Anschluss an die Simulation.

Diese Trainingsform ermöglicht vor allem affektive (→*Ambiguitätstoleranz*, →*Empathie*) und Verhaltens-Komponenten (*interkulturelle* →*Kompetenz*) bei den Teilnehmern zu aktivieren und ermöglicht ebenso eine kultur*unspezifische* Erfahrung interkultureller Situationen. Jedoch ist es schwierig zu beurteilen, wie die Erfahrungen, die anhand von fiktiven Kulturen und anhand fiktiver Situationen gemacht werden, bei realen Begegnungen mit Angehörigen anderer Kulturen wirklich zur Entwicklung interkultureller Handlungskompetenz beitragen.

Hall E.T. (1976): Beyond Culture. New York, Doubleday.
Landis, D./Bhagat, R.S. (Hg.) (1996): Handbook of Intercultural Training. Thousand Oaks, Sage.

**Cultural Diversity** →*Vielfalt, kulturelle*

**Cultural Intelligence** →*Intelligenz, kulturelle*

**Diaspora**

(Kulturelle) Minderheitsgruppe, die sich – häufig im Ausland lebend (Connor 1986) – durch geteilte Wertvorstellungen oder Lebensumstände von der Mehrheitskultur abgrenzt und dadurch ein starkes Zusammengehörigkeitsgefühl entwickelt (*kulturelle →Identität*). Der Begriff umschreibt somit sowohl terriotoriale als auch identifikatorische Aspekte (Moosmüller 2002, 11). Diaspora-Gemeinden (Safran 1999) können durch erzwungene aber auch freiwillige →*Migration* entstehen, also sowohl durch politische Verfolgung als auch bei →*Auslandsentsendungen* unter →*Expatriates.* Die erstere – erzwungene – Variante wird von Tölölyan (1996) als „altes", die zweite als „neues" Konzept von Diaspora bezeichnet.

Diasporas tragen zur Separation (→*Akkulturation*) bei, weil sich *kulturelle →Praktiken* und →*Werte* der Minderheitsgruppe von denen der Aufnahmegesellschaft unterscheiden können – weswegen in Bezug auf die Ausprägung *interkultureller →Kompetenz* zu beachten ist, dass beispielsweise Expatriates trotz mehrjähriger Auslandserfahrung nicht zwingend über ausgeprägte interkulturelle Kompetenz verfügen müssen (→*Erfahrungslernen*). Dies liegt daran, dass der Kontakt zu Einheimischen durch das Leben in Diasporas stark begrenzt ist, dieser jedoch eine wichtige Variable bei der Erlangung interkultureller Kompetenz spielen kann (→*Kontakthypothese*).

Connor W. (1986): The Impact of Homelands Upon Diasporas. In: Sheffer, G. (Hg.): Modern Diasporas in International Politics. New York, St. Martin's, 16–46.
Moosmüller, A. (2002): Einleitung: Diaspora – zwischen Reproduktion von „Heimat", Assimilation und transnationaler Identität. In: Moosmüller, A. (Hg.): Interkulturelle Kommunikation in der Diaspora: Die kulturelle Gestaltung von Lebens- und Arbeitswelten in der Ferne. Münster, Waxmann, 11–26.
Safran, W. (1999): Comparing Diasporas: A Review Essay. In: Diaspora: A Journal of Transnational Studies, 8(3), 255–291.

Tölölyan, K. (1996): Rethinking Diaspora(s): Stateless Power in the Transnational Movement. In: Diaspora (5)1, 3–36.

B.A.

**Didaktik, interkulturelle**

Theorie und Praxis des Lehrens und Lernens im interkulturellen Umfeld. Die interkulturelle Didaktik beschäftigt sich mit der Frage, wie Wissen kulturspezifisch vermittelt wird und wie gemeinsames Lernen von Angehörigen verschiedener →*Kulturen* möglich ist. Für interkulturell-didaktisches Handeln ist neben Kenntnissen über allgemeine Didaktik die Sensibilität für kulturelle Kontexte (→*Kontextualisierung*), landeskundliche und sprachliche Kenntnisse sowie das Wissen über spezifische Lernbedingungen und Lernvoraussetzungen (*interkulturelles* →*Lernen*, →*Lernstil*) der Zielgruppen ausschlaggebend (Flechsig 2001). Darunter fällt auch das Wissen über kulturspezifische Kommunikationsformen, zentrale Wertvorstellungen (→*Werte*), Zeit- und Raumvorstellungen (→*Proxemik*) und Autoritätsstrukturen (→*Machtdistanz*) der jeweiligen Kulturen.

Anwendungsfelder der interkulturellen Didaktik sind die Schul- und Unterrichtsgestaltung, Austauschinstitute oder international agierende Organisationen. Im internationalen Kontext sollten Fragen der interkulturellen Didaktik auch im Rahmen von *interkulturellen* →*Trainings* und *interkulturellen* →*Coachings* Berücksichtigung finden.

Flechsig, K.-H. (2001): Interkulturelle Didaktik. In: Roth, L.: Pädagogik – Handbuch für Studium und Praxis. München, Oldenburg, 1207–1217.

Mit A.B.

**D.I.E. (Describe, Interpret, Evaluate)**

Dreistufiger, aus der Ethnologie stammender Prozess (Emerson et al. 1995) zur Systematisierung (inter)kultureller Beschreibungen, mit den Phasen: 1. *Describe* (Beschreiben), 2. *Interpret* (Interpretieren) und 3. *Evaluate* (Bewerten).

Ziel ist, die wahrgenommenen Informationen und Zeichen in interkulturellen Situationen so zu strukturieren, dass Sachverhalte „richtiger" eingeordnet werden (→*Attribution*) und dass voreilige Schlüsse und Fehlinterpretationen weitgehend vermieden werden, die zu →*Critical Incidents* führen können. Anstatt der „destruktiven" Abfolge: Missverstehen – Fehlinterpretation – Irritation – Defensives Handeln, soll eine „konstruktive" Abfolge ermöglicht werden: Verstehen – adäquate Interpretation – konstruktives Handeln.

Die vorangehende Phase des Beschreibens (1.) von Sachverhalten soll bewirken, dass Interpretationen (2.) zurückgestellt werden und Werturteile (3.) erst am Ende gefällt werden. Personen mit wenig interkulturellem Bewusstsein (→*Ethnozentrismus*), neigen dazu, gleich zu interpretieren und vorschnell zu bewerten.

Emerson, R.M./Fretz, R.I./Shaw, L.L. (1995): Writing ethnographic fieldnotes. Chicago, University of Chicago Press.
Kohls, R.L. (1996): Survival kit for overseas living. Yarmouth, Intercultural Press.

**Differenzierung** →*Kulturdivergenz*

**Diffusion, kulturelle** →*Dynamik, kulturelle*, →*Kulturtransfer*, →*Neoinstitutionalismus*

**Diffusität** →*Spezifität/Diffusität*

**Dilemma-Theorie**
Sowohl theoretisches als auch praxisorientiertes Modell zur Entwicklung *interkultureller* →*Synergie*, das auf Hampden-Turner und Trompenaars (1990, 2000) zurückgeht. Ihre vielfältigen Ursprünge liegen u.a. in der griechischen Philosophie, dem Taoismus, der Psychologie, der Systemtheorie sowie der Anthropologie (Maslow 1964). Im Gegensatz zu einem oft konfrontativen Verständnis kultureller Unterschiedlichkeit begreift die Dilemma-Theorie diese als interkulturelle Bereicherung und (wirtschaftlich) nutzbare Ressource.

Ein Dilemma bezeichnet eine Zwangslage, in der sich ein Akteur für die Erreichung eines Ziels zwischen mehreren alternativen Lösungsvorschlägen entscheiden muss. Für *soziale* →*Systeme* sind meist bipolar angelegte →*Werte* Vorschläge zur Lösung gesellschaftlicher Probleme. Diese sind aber nicht zu verstehen als absolute Gegebenheiten, sondern als Tugenden, die in ein harmonisches Verhältnis gebracht werden können und – aus systemischer Sicht – sollen. Nachdem jedes soziale System spezifische Werte zur Steuerung seiner Umwelt entwickelt, ergibt sich für den interkulturellen Kontakt ein Spannungsfeld interkultureller Handlung zwischen komplementärer Kombination und synergetischer Entwicklung einerseits und oppositioneller Konfrontation und Krisen andererseits (Demorgon 1998, Hampden-Turner/Trompenaars 2000, 348). Mit der Formulierung dreier Schritte setzt hier der Nutzen der Dilemma-Theorie für →*Interkulturalität* an:

1. Beschreibung von Situation und Problem:
   Ausgehend von →*Critical Incidents*, müssen bestehende kulturelle Besonderheiten und Unterschiede wertfrei wahrgenommen und dargestellt werden. Kulturelle Spezifika und Unterschiede werden also nicht ignoriert (→*Kulturkonvergenz*) oder minimiert (→*Ethnozentrismus*), sondern bewusst thematisiert und als berechtigte Alternativen berücksichtigt.
2. Identifikation und Analyse von Dilemmata:
   Anhand der Anwendung und Integration von →*Kulturdimensionen*, wie z.B. →*Universalismus* versus *Partikularismus*, die zirkulär erfolgt, soll es durch gegenseitige Perspektivenübernahme gelingen, Dilemmata als solche zu identifizieren und Unterschiede wertschätzend zu integrieren (→*Interkultur*).
3. Lösung interkultureller Dilemmata:
   Die Erfolgsstrategie besteht in der Kombination der unterschiedlichen Potenziale, d.h. in der Kombination der jeweiligen Stärken eigentlich gegensätzlicher →*Wertorientierungen*. Auf diese Weise werden auch einseitige interkulturelle Anpassungsprozesse und asymmetrische Über- und Unterordnungen vermieden und dadurch Authentizität und Zufriedenheit der Akteure gesteigert. Eventuell kostspielige Konflikte werden so bereits in einem sehr frühen Stadium vermieden. Synergetisches Handeln wird möglich (*interkulturelle* →*Synergie*).

Anders als bei den Kulturdimensionen von Geert Hofstede versteht die Dilemma-Theorie Werte zwar als bipolar, vor allem aber als dynamisch-zirkulär. Durch Integration von Unterschieden (*reconciliation* = Versöhnung) trägt sie zu einer Dynamisierung und Entwicklung von Kulturdimensionen bei. Damit konkretisiert die Dilemma-Theorie eine Möglichkeit, *interkulturelle* →*Kompetenz* zu entwickeln und auf diese Weise Interkulturalität für alle Beteiligten gewinnbringend zu gestalten.

Demorgon, J. (1998): Histoires interculturelles des sociétés. Paris, Anthropos.
Hampden-Turner, C./Trompenaars, A. (2000): Building Cross-Cultural Competence. Chichester, Wiley.
Hampden-Turner, C. (1990): Charting the Corporate Mind. London, Free Press.
Hampden-Turner, C./Trompenaars, F. (1997): Response to Geert Hofstede. In: International Journal of Intercultural Relations, 21 (1), 149–159.
Maslow, A. (1964): Synergy in the society and the individual. In: Journal of Individual Psychology, 20 (2), 153–164.

**Divergenzthese** →*Kulturdivergenz*

**Diversity Management**

Aus den USA stammendes ganzheitliches Konzept, das die Heterogenität der Mitglieder in einer Organisation als Chance erkennt und das damit einhergehende Potenzial jedes einzelnen Mitarbeiters und des Organisationsumfelds wertschätzt und effektiv nutzen soll (Aretz/Hansen 2002). Cox (1993) verbindet mit einem konstruktiven Vielfaltsmanagement das Ziel, eine Organisation so zu führen, dass so viel Heterogenität wie möglich und so viel Homogenität wie nötig besteht. Dabei können die Ziele in Organisationen ökonomischer (Produktivitäterhöhung), sozialer (Chancengleichheit) oder ethischer (Anti-Diskriminierung) Art sein.

In den USA ist *Diversity Management* ein seit Beginn der 1990er Jahre viel diskutiertes Thema und in Organisationen angewandtes Modell, dessen Vorläufer sich seit der US-Menschrechtsbewegung der 1960er Jahre entwickelten. In Deutschland beschäftigen sich Wissenschaftler und Organisationen seit den 2000ern intensiv mit *Diversity Management*. Die Liste der Diversity-Dimensionen ist umfangreich, sie werden aber im von Loden und Rosener (1991) entworfenen und durch Gardenswartz und Rowe (2010) weiterentwickelten *Four Layers of Diversity*-Modell übersichtlich dargestellt.

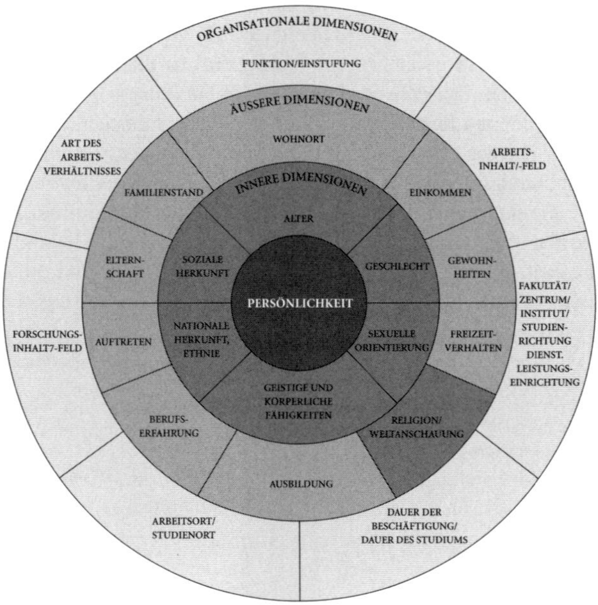


**Abb. 5:** Vier Dimensionen von Diversity (nach Gardenswartz/Rowe 2008).

Den Kern der Abbildung bildet die Persönlichkeit. Darum angeordnet liegen die unveränderbaren inneren (z.B. Geschlecht, Alter, Hautfarbe), veränderbaren äußeren (z.B. Familienstand, Einkommen) und organisationalen (z.B. Arbeitsinhalt, Managementstatus) Merkmale. In Deutschland beschäftigt sich das *Diversity Management* hauptsächlich mit den Merkmalen Kultur/Ethnie/Nation, Geschlecht und Alter, zunehmend jedoch auch mit religiösen Einstellungen. Die Einführung eines *Diversity Managements* in einer Organisation bedarf einer genauen Analyse der Ist-Situation, einer klaren Zieldefinition, der Bewusstseinsschaffung für das Potenzial des *Diversity Managements* sowie der Umsetzung von Implementierungsstrategien durch spezifische Maßnahmen: Bewusste Auswahl und Einstellung anderskultureller Mitarbeiter, Sensibilierung der Beschäftigten für das Thema Diversity, Bildung abteilungs- und kulturübergreifender Projektteams, Förderung von Mitarbeitern mit Migrationshintregrund anhand spezieller Weiterbildungsprogramme etc.

Im Einzelfall sollte kritisch hinterfragt werden, welche Maßnahmen sinnvoll sind oder welcher kontextuellen (→*Kontextualisierung*) und situativen Anpassungen das Modell bedarf. Offen ist bisher, mit welchen Instrumenten der ökonomische, soziale oder politische Erfolg von Diversity Management effektiv gemessen werden kann. Kritiker werfen Diversity Management vor, dass die Überbetonung von Besonderheiten und konstruierter Unterschiedlichkeit zu zunehmender Individualisierung, Untergruppenbildungen sowie Segretationstendenzen innerhalb von Organisationen führen kann. Ebenso kann es zur Instrumentalisierung von Unterschieden kommen.

Zunehmend wird auch Inklusion, als sozialethisch begründetes Konzept der Akzeptanz menschlicher Individualität (auch Behinderung) ins Diversity Management integriert. Inklusion soll die Teilnahme und Teilhabe aller Menschen an der Gemeinschaft ermöglichen und wie Diversity Management Exlusion – etwa institutionelle, soziale, räumliche oder kulturelle – durch →*Integration* aufheben. Inklusion bewirkt, dass individuell begründete Besonderheiten und Unterschiede in einer Gemeinschaft oder Gesellschaft zwar bewusst wahrgenommen werden, ihnen jedoch keine große Bedeutung beigemessen wird. Das Individuum hat nicht alle Normen der Gesellschaft zu erfüllen, kann aber im Sinne eines konstruktiven Verständnisses von →*Interkulturalität* wertvolle Leistungen für die Gesellschaft erbringen. →*Institutionen* können durch Maßnahmen oder Gesetze die Umsetzung von Diversity-Maßnahmen oder Maßnahmen zur Inklusion erleichtern.

Interessanterweise ist dem Diversity Management in kurzer Zeit gelungen, was der →*Interkulturalität* bzw. dem *Interkulturellen* →*Manage-*

*ment* nur ansatzweise geglückt ist, nämlich sich in Organisationen zu etablieren. Als mögliche Gründe können die institutionelle Verankerung anhand von Gesetzen oder freiwilligen Charta der Vielfalt angeführt werden, aber die zunehmende Einflussnahme der auf Gleichstellung bedachten Interessenvertretungen betroffenen Gruppen.

Aretz, H.-J./Hansen, K.(2002): Diversity und Diversity Management im Unternehmen – Eine Analyse aus systemtheoretischer Sicht. Münster, Lit Verlag.
Cox, T. (1993): Cultural Diversity in Organizations - Theory, Research and Practice. San Francisco, Berrett-Koehler Publishers.
Gardenswartz, L./Rowe, A. (2008): Diverse Teams at Work. Capitalizing on the Power of Diversity. Alexandria, Society for Human Resource Management.
Gardenswartz, L./Rowe, A. (2010): Managing Diversity: A Complete Desk Reference & Planning Guide. 3. Auflage. SHRM.
Loden, M./ Rosener, J. (1991): Workforce America! Business One. Irwin.

Mit K.J.

**DMIS – Developmental Model of Intercultural Sensitivity**

Konstruktivistisches Entwicklungsmodell zur Darstellung der Schritte geführten *interkulturellen →Lernens.* Das *DMIS* als Entwicklungsmodell interkultureller Sensibilität von Milton Bennett (1993, 2001) bietet hierfür einen Orientierungsrahmen, der auf der Annahme gründet, dass interkulturelle Sensibilität sich durch geführte Lernprozesse entwickeln lässt und eine Verhaltensänderung erreicht werden kann (*interkulturelle →Kompetenz*). Basis des Modells ist die subjektive Erfahrung einer Person mit *→Kultur*(en) und ihre Art, Wirklichkeit zu konstruieren und zu deuten (*→Konstruktivismus*). Das Modell stellt die emotionale Einstellung einer Person zur einer anderen Kultur und deren Unterschieden dar. In sechs Stadien wird die zunehmende Sensibilisierung einer Person dargestellt, ausgehend von der sehr auf die eigene Kultur bezogenen Grundhaltung des *→Ethnozentrismus*, hin zu einer toleranten, respektvollen Offenheit für andere Kulturen, dem *→Ethnorelativismus.* Je differenzierter die eigene Erfahrung mit kulturellen Unterschieden ist, desto ausgeprägter ist die interkulturelle Kompetenz. Diese Entwicklung kann durch *Interkulturelle →Kompetenzentwicklung* gefördert werden.

Experience of Difference →

| Denial | Defense | Minimization | Acceptance | Adaptation | Integration |
|---|---|---|---|---|---|
| Ethnocentric Stages | | | Ethnorelative Stages | | |

**Abb. 6:** Entwicklung interkultureller Sensibilität (Bennett 2001, 219).

Die ersten drei Hauptstadien des Ethnozentrismus stellen ein auf die eigene Kultur bezogenes Verhalten dar:

1. *Denial*, Leugnen, als offensichtlichste Form des Ethnozentrismus: Kulturelle Unterschiede werden geleugnet. In diesem Stadium befinden sich Personen, die wenig oder keine interkulturellen Kontakte erfahren, also auch über wenig Erfahrung mit divergierenden Werten, Denk- und Arbeitsweisen verfügen.
2. *Defense*, Abwehr, nimmt zwar kulturelle Unterschiede wahr, stuft diese aber (unbewusst) als bedrohlich für die eigene Kultur ein. Diese Abwehr manifestiert sich in Vorurteilen, z.B. gegenüber religiösen, ethnischen oder nationalen Gruppen.
3. *Minimization*, Bagatellisierung, Unterschiede werden erkannt, jedoch weder geleugnet noch abgewehrt, sondern als unbedeutend betrachtet. Gemeinsamkeiten werden betont, damit die eigene Gewissheit und Weltsicht nicht in Frage gestellt werden.

In den drei Stadien des Ethnozentrismus ist die interkulturelle Interaktionsfähigkeit und *interkulturelle →Kompetenz* begrenzt. Erst durch eine Haltung größerer Offenheit und Toleranz kann Ethnozentrismus vermindert werden und können die drei Hauptstadien des Ethnorelativismus folgen:

4. *Acceptance*, Anerkennung, leitet zum Ethnorelativismus über. Statt einer Wertung in negativ oder positiv erfolgt nun eine wertfreie Anerkennung kultureller Unterschiede im Verhalten von Individuen.
5. *Adaptation*, Anpassung. Während im Stadium der Anerkennung kulturelle Unterschiede akzeptiert werden, betrifft dieses Stadium die vorsichtige Änderung eigener Kommunikations- und Verhaltensweisen – unter Fortbestand der eigenen Identität.
6. *Integration*, Eingliederung, ermöglicht es einer Person, vorurteilsfrei, konstruktiv und kritisch mit kulturellen Unterschieden umzugehen. Dabei werden anderskulturelle Einstellungen und Praktiken in die eigene Persönlichkeitsbildung integriert.

Die wissenschaftliche Fundierung von Bennetts Entwicklungsmodell wurde durch empirische Studien unterschiedlichster Zielgruppen belegt (Paige et al. 2003). Die Abfolge der Stadien und die Kultur- und Kontextfreiheit (→*Kontextualisierung*) bezogen auf Zielgesellschaften und Handlungssituationen jedoch ist diskussionswürdig. Ebenso basiert die Idee individueller menschlicher Entwicklung samt der Darstellung des Modells als lineares (versus zirkuläres) Konstrukt ebenso wie die Thematisierung von und Bereitschaft zur Selbstreflexion (→*Meta-Ebene*) auf westlichen, eher positivistischen (→*Positivismus*) Grundannahmen. Zusammenfassend bietet das Modell jedoch erste Orientierungen, um herauszufinden, inwieweit interkulturelle Sensibilität bei bestimmten Personen (z.B. Schülern und Studierenden, Mitgliedern internationaler Projektteams, Expatriates etc.) entwickelt ist. Dies kann z.B. durch Instrumente (→*Kulturprofil*) wie das *Intercultural Development Inventory* (*IDI*) erfolgen, dessen Validität zur Messung interkultureller Kompetenz durch psychometrische Verfahren bestätigt wurde.

Bennett, M. (1993): Towards Ethnorelativism: A Developmental Model of Intercultural Sensitivity. In: Paige, M. (Hg.): Education for the Intercultural Experience. Yarmouth, Intercultural Press, 21–71.

Bennett, M. (2001): Developing Intercultural Competence for Global Leadership. In: Reineke, R.-D./Fussiger, C. (Hg): Interkulturelles Management: Konzeption, Beratung, Training. Wiesbaden, Gabler, 206–225.

Paige, R.M./Jacobs-Cassuto, M./Yershova, Y.A./DeJaeghere, J. (2003): Assessing intercultural sensitivity. An emprical analysis of the Hammer and Bennett Intercultural Development Inventory. In: International Journal of Intercultural Relations, 27 (4), 467–486.

## Drei-Ebenen-Modell

Strukturierungsmodell, das davon ausgeht, dass →*Interkulturalität* kontextualisiert (→*Kontextualisierung*) sowie zwischen sozialen Systemen stattfindet, die sich als drei zusammenhängende und einander beeinflussende systemische Ebenen darstellen lassen, nämlich Mikro-, Meso- und Makro-Ebene (Barmeyer 2010, Roth 2004). Diese Ebenen beinhalten erstens Ressourcen, Vorstellungen, Haltungen, Interessen und Strategien beteiligter Akteure (Mikro-Ebene), zweitens Organisationskulturen, -ziele, -strukturen, und -prozesse (Meso-Ebene) sowie drittens spezifische gesellschaftliche und kulturelle Institutionen, die historisch entstanden sind (Makro-Ebene). Das Modell dient zur Orientierung, auf welcher Ebene Interkulturalität – mit ihren spezifischen Herausforderungen und Fragestellungen – angesiedelt ist.

- Mikro-Ebene: Individuen erleben durch zwischenmenschlichen Austausch eine Zunahme von Kulturkontakten und interkultureller Interaktion, die Kulturspezifika und -unterschiede erst erfahrbar machen. Unterschiedliche kulturelle Orientierungs- und Referenzsysteme (→*Kultur*, →*Werte*) führen zu spezifischen Interpretations- und Verhaltensmustern. Der Interaktionserfolg der interkulturell Interagierenden hängt von der zutreffenden Interpretation anderskulturellen Verhaltens ab. Zu beachten sind auch individuelle Ressourcen der Akteure wie Wissen und Kompetenzen sowie deren Vorstellungen, Interessen und Strategien.

- Meso-Ebene: Organisationen, in denen Individuen kommunizieren und zusammenarbeiten, werden durch Kooperationen, Fusionen und die →*Integration* von Mitarbeitern aus unterschiedlichen Ländern immer internationaler – und damit interkultureller. Organisationen unterliegen organisationsspezifischen und finanziellen Zielen und Sachzwängen, weisen bestimmte Historien auf und nutzen bestimmte Strukturen und Prozesse, um zu funktionieren. Dies äußert sich in der Ausbildung organisationsspezifischer →*Organisationskulturen* mit Normen, Ritualen, Routinen und Regeln, die Identität stiften.
- Makro-Ebene: Gesellschaften erfahren nach außen eine wirtschaftliche Internationalisierung und nach innen eine gesellschaftliche Interkulturalisierung in Form von →*Multikulturalität* durch Migration. Das Gesellschafts- und Wirtschaftssystem bildet die historische Basis für Kulturbildung und -entwicklung. Sozialisationsinstanzen und -prozesse führen zum Erlernen kultureller Werte und Praktiken (→*Enkulturation*). Innerhalb dieses Systems existieren spezifische soziale, politische und ökonomische →*Institutionen*, wie Staat, Unternehmen, Interessengruppen und Bildungssysteme, sowie kulturelle Institutionen, wie z.B. →*Werte*, Normen und Verhaltensmuster, die als Orientierungs- und Referenzsystem zur Sinngebung und Interpretation der Individuen beitragen. →*Kulturspezifika* und →*Interkulturalität* sind von diesen Institutionen beeinflusst, etwa durch gesellschaftliche Regeln, Gesetze, Bildungsinstitutionen (→*Business System*, →*Neoinsitutionalismus*).

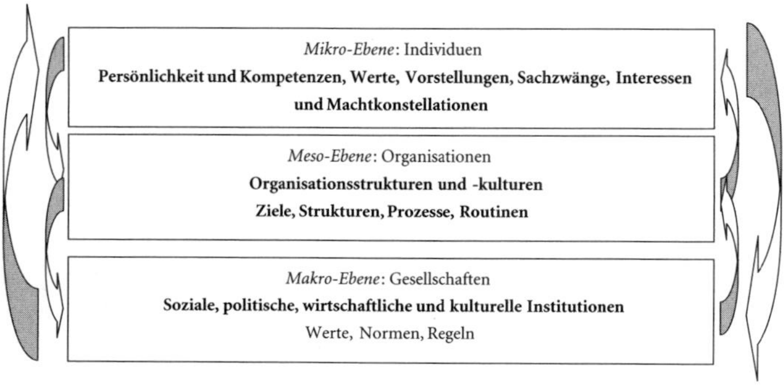


**Abb. 7:** Das Passauer 3-Ebenen-Modell (Barmeyer 2010, 43).

Auch die Foci von für die Interkulturalitätsforschung relevanten Wissenschaftsdisziplinen lassen sich tendenziell den drei Ebenen zuordnen: Psychologie und Linguistik betrachten vor allem die *Mikro-Ebene* (Individuen und deren Interaktionen), Soziologie, Ethnologie und Betriebswirtschaftslehre die *Meso-Ebene* (Gruppen und Organisationen) und Volkswirtschaftslehre und Landeskunde die *Makro-Ebene* (Gesellschaften).

Barmeyer, C. (2010): Das Passauer 3-Ebenen-Modell. Von Ethnozentrismus zu Ethnorelativismus durch kontextualisierte interkulturelle Organisationsentwicklung. In: Barmeyer, C./Bolten, J. (Hg.): Interkulturelle Personal- und Organisationsentwicklung. Sternenfels, Wissenschaft & Praxis, 31–56.

Roth, K. (2004): Kulturwissenschaften und Interkulturelle Kommunikation: der Beitrag der Volkskunde zur Untersuchung interkultureller Interaktionen. In: Lüsebrink, H.-J. (Hg.): Konzepte der Interkulturellen Kommunikation. Theorieansätze und Praxisbezüge in interdisziplinärer Perspektive. St.Ingbert, Röhrig, 115–143.

**Dreischritt, interkultureller**

Disziplinenübergreifende Strukturierungshilfe, um die Prozesse der (1) Beschreibungen eines Kultursystems, des (2) Kulturvergleichs und der (3) Interkulturalität vor allem aus analytischen und Verständnisgründen voneinander abzugrenzen. Dabei können einerseits die Untersuchungsansätze separat verfolgt werden, andererseits aber können sie auch als Dreischritt und damit als Prozessmodell interkulturellen Verstehens gesehen werden, bei dem die drei Schritte kulturalistischer Untersuchung zusammengenommen zu einem umfassenden Verständnis von Prozessen und Ergebnissen Interkulturellen Kontakts führen. Nach der Beschreibung und Analyse kultureller Merkmale eines Systems in einem ersten Schritt (→*Kulturspezifika*), werden in einem zweiten Schritt Besonderheiten kontrastiv gegenübergestellt (→*Kulturvergleich*), um in einem dritten Schritt zu interkulturellen Interaktionsprozessen zu gelangen (→*Interkulturalität*). Auf diese Weise werden Erkenntnisse auf verschiedenen Ebenen systematisiert und umfassendes Verstehen gefördert.

Barmeyer, C. (2011): Interkulturalität. In: Barmeyer, C./Genkova, P./Scheffer, J. (Hg.): Interkulturelle Kommunikation und Kulturwissenschaft. Grundbegriffe, Wissenschaftsdisziplinen, Kulturräume. Passau, Stutz, 37–77.

**Dritter Raum**

Durch Dynamik geprägter temporärer und hybrider Ort, in dem sich Angehörige unterschiedlicher Kulturen begegnen und durch →*Kommunikation* eine →*Interkultur* etablieren. Diese *third spaces* (Bhaba 1994) dienen somit als Kontaktzonen unterschiedlicher →*Kulturen*, in denen verschiedene Sozialisationssysteme aufeinandertreffen, sich Tradierungen vermischen und das dynamische Ergebnis der Interaktionssituation verbunden mit der „Deplatzierung und Dekontextualisierung von Personen und Gegenständen" (Bachmann-Medick 1994, 22) eventuell zu neuen Kommunikationsformen und Verhaltensweisen führt. Die bereits erwähnte Prägung durch Dynamik sowie Flüchtigkeit und Offenheit ermöglicht im Positiven eine große Flexibilität, kann sich andererseits jedoch auch als Unsicherheit auf die Agierenden im dritten Raum auswirken (→*Fremdheit*). Ob auf die eine oder andere Weise, stellen dritte Räume doch immer einen besonderen Ort interkultureller Interaktion dar (Tomas 1996, 21), in dem Transformation stattfindet.

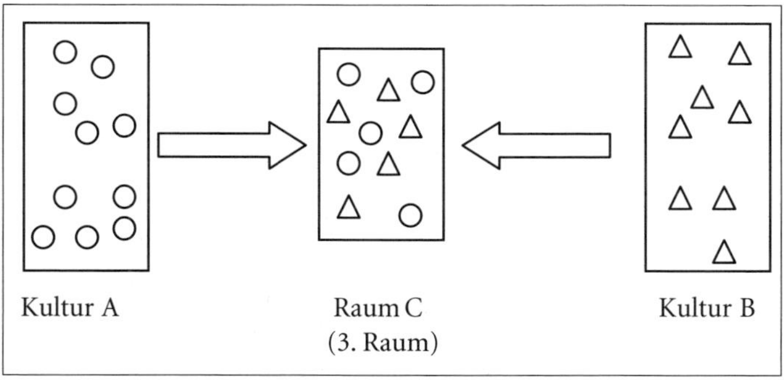


**Abb. 8:** Kommunikationsmodell für die interkulturelle Kommunikation (Dirscherl 2004, 13).

Dritte Räume können zum Beispiel Flughäfen, Hotels oder Botschaftsgebäude sein, die sich durch ständige Dynamik auszeichnen (Dirscherl 2004, 14). Auch Länder wie die Schweiz oder Kanada stellen dritte Räume dar (Dirscherl 2004, 15). Klassische Berufe des dritten Raums üben etwa Übersetzer aus, da sie mit den Agierenden des dritten Raums handeln und so zu gelungener Kommunikation beitragen, die die Etablierung einer Interkultur erleichtern kann (Breger/Döring 1994, 3).

Gadamer (1972, 279) interpretiert den Raum, in dem die →*Interkultur* gebildet wird, als „den wahren Ort der Hermeneutik" (→*Hermeneutik*). Die Hybridität und Dynamik dritter Räume lässt zum einen Freiheit in der Gestaltung des Umgangs miteinander, kann jedoch auch eine Unsicherheit bei den Beteiligten des dritten Raums auslösen, die in einer fehlenden *kulturellen* →*Identität* resultieren kann (Dirscherl 2004, 14) (→*Marginalisierung*). Hieraus ergibt sich jedoch der Mehrwert für interkulturelle Kommunikationssituationen, da eben diese kulturelle Unbestimmtheit Synergieeffekte ermöglicht und es so erlaubt, eine Interkultur zu etablieren, an der alle Beteiligten mitwirken können.

Bachmann-Medick, D. (1994): Dritter Raum. Annäherung an ein Medium kultureller Übersetzung und Kartierung. In: Breger, C./Döring, T. (Hg.): Figuren der/des Dritten, Amsterdam, Rodopi, 19–36.
Bhaba, H. (1994): The Location of Culture. London, Routledge.
Breger, C./Döring, T. (1994): Einleitung. In: Breger, C./Döring, T. (Hg.): Figuren der/des Dritten, Amsterdam, Rodopi, 1–18.
Dirscherl, K. (2004): Der Dritte Raum als Konzept der interkulturellen Kommunikation. Theorie und Vorschläge für die Praxis. In: Bolten, J. (Hg.): Interkulturelles Handeln in der Wirtschaft. Sternenfels, Wissenschaft und Praxis, 12–24.
Gadamer, H. G. (1972): Wahrheit und Methode. Grundzüge einer philosophischen Methode. Tübingen, Mohr.
Tomas, D. (1996): Transcultural Space and Transcultural Beings. Boulder, Wesview.

B.A.

**Dynamik, kulturelle**

Grundlegender Begriff zum Verständnis von Gesellschaften als offene, sich verändernde *soziale →Systeme*, der einem essenzialistischen Kulturbegriff mit der Vorstellung statischer kultureller Gemeinschaften relativer Homogenität (oft Nation, →*Nationalkultur*) die Idee kultureller Wandelbarkeit und Modernisierung entgegensetzt. Demnach finden in modernen Gesellschaften Entwicklungen statt, die auch ihre →*Kultur*(en) betreffen. Einerseits kann es sich dabei um institutionellen Wandel (→*Business System*, →*Institution*, →*Neoinstitutionalismus*) handeln. Andererseits betrifft kulturelle Dynamik im engeren Sinne aber nicht allein die Veränderung kulturell bedingter Institutionen und Praktiken, sondern auch die darunter liegende Ebene der →*Werte*. Weil sie aber meist als selbstverständliche Wahrheiten internalisiert sind, scheinen sich diese langsamer zu verändern als Institutionen und Strukturen und können eine hohe Kontinuität aufweisen (Inglehart/Welzel 2005). Jedoch findet Wertewandel statt, wie es Inglehart (1990, 2005) in seinen weltweiten Untersuchungen zu Werten →*World Values Survey* zeigt. Vektoren kultureller Dynamik sind häufig externe Einflüsse (→*Kulturtransfer*), die in Kombination mit gesellschaftsinterner Diversität und meist notwendigen Adaptationsprozessen zu Wandel und Modernisierungsprozessen führen.

Diesem Verständnis folgend können alle Aussagen zu Kultur und ihrer Bedeutung für die Beschreibung und Erklärung gesellschaftlicher Phänomene allenfalls zeitlich begrenzte Näherungswerte sein (*interkulturelle →Hermeneutik*), da sowohl die analysierten Phänomene als auch die zur Erklärung herangezogenen Kategorisierungen (Institutionen, Werte etc.) und sozialen Referenzrahmen (z.B. Nation) einem ständigen Prozess der Konstruktion und Dekonstruktion unterliegen. Dies heißt jedoch nicht, dass es nicht auch verstetigende Elemente gibt, die kulturelle Dynamik abschwächen und ihr entgegenwirken können.

Inglehart, R./Welzel, C. (2005): Modernization, Cultural Change and Democracy. New Jersey, Princeton University Press.
Inglehart, R. (1990): Culture shift in advanced industrial society. New Jersey, Princeton University Press.

**Embeddedness** →*Kontextualisierung*, →*System, soziales*

## Emic

Gegenteil von →*etic*. Ursprünglich aus der Ethnolinguistik stammender, von der Beschreibung der Lautstruktur (*phoneme* = spezifisch) ausgehender, methodischer kulturangepasster Strukturierungsansatz →*kulturvergleichender* und interkultureller Forschung, bei dem der Forscher einen Standpunkt innerhalb des Systems einnimmt (Pike 1954). Die untersuchten Ordnungsgesichtspunkte orientieren sich an systemimmanenten Merkmalen (Innenperspektive). Für die Erhebung nutzt der Forscher Konzepte und Messinstrumente, die aus Sicht der Angehörigen der untersuchten kulturellen Gruppe angemessen, relevant und sinnvoll erscheinen.

Aufgrund der Spezifik von Situationen und Verhaltensweisen (→*Kontextualisierung*) lässt der kulturspezifische Emic-Ansatz in den meisten Fällen einen kulturübergreifenden Vergleich nicht zu. Es herrscht die Überzeugung, dass „empathische" Messinstrumente, also solche, die der jeweiligen Kultur angepasst sind, verlässlichere Ergebnisse zum spezifischen Untersuchungsgegenstand liefern als kulturübergreifende Instrumente wie ein standardisierter Fragebogen (→*quantitative Forschungsmethode*). Allerdings sind diese Ergebnisse in nur sehr begrenztem Umfang generalisierbar (*interkulturelle* →*Epistemologie*).

Einige Forscher (Berry 1999, Triandis 1995) empfehlen für die kulturvergleichende und interkulturelle Forschung eine Kombination von Emic- und Etic-Ansatz, die innerhalb des Forschungsprozesses als komplementär angesehen werden kann, denn Vergleichsobjekte können sowohl Gemeinsamkeiten (etic) als auch Partikularitäten (emic) aufweisen.

Berry, J. (1999): Emics and Etics: A Symbiotic Conception. In: Culture & Psychology, 5 (2), 165–171.
Headland, T./Pike, K./Harris, M. (1990) (Hg.): Emic and Etic. The Insider/Outsider-Debate. Newbury Park, Sage.
Pike, K. (1954) (Hg.): Language in relation to a unified theory of the structure of human behavior. The Hague, Mouton.
Triandis, H. (1995): Individualism and collectivism. Boulder, Westview Press.

**Empathie**
Fähigkeit, sich in Gefühle, Gedanken und Absichten anderer Menschen hineinzuversetzen, um dadurch die Einstellungen und Verhaltensweisen des anderskulturellen Gegenübers folgerichtiger zu verstehen und zu interpretieren. Empathie erleichtert allgemein den Aufbau persönlicher Beziehungen und trägt zu Perspektivenübernahme bei. Für Interkulturalität ist bedeutend, dass Empathie zu →*Perspektivwechsel* führt, somit zu einer intensiven Beschäftigung mit dem anderskulturellen System beiträgt und dadurch erst ein angemessenes, vom Gegenüber akzeptiertes Verhalten ermöglicht. Insofern ist Empathie eine wichtige Eigenschaft sozialer und *interkultureller* →*Kompetenz.*

Zu unterscheiden ist die authentische Empathie von der funktionalen; Letztere kann manipulativ verwendet werden, um auch im interkulturellen Kontakt bestimmte, mitunter persönliche Ziele zu erreichen (→*Macht*).

Bennett (1998) grenzt Empathie von Sympathie ab: Sympathie als gefühlsmäßige Zuneigung geht von einer Ähnlichkeit des Gegenübers und Reziprozität aus und ist der Goldenen Regel („Golden Rule“) zuzuordnen. Diese findet sich als humanistisches und reziprokes Prinzip („Fair play“) und Grundsatz der praktischen Ethik in allen Religionen wieder. Sie postuliert, dass für das Gegenüber das gut und richtig ist, was für einen selbst gut ist („Behandle andere so, wie du von ihnen behandelt werden willst.“). Allen Menschen ist mit Respekt und Achtung zu begegnen, unabhängig davon, ob sie zur →*In-Group* gehören oder nicht (→*Universalismus*, →*Individualismus*). Dieser Grundsatz der Toleranz und Wertschätzung kann jedoch gerade in interkulturellen Situationen wenig hilfreich sein, weil ihm →*Ethnozentrismus* zugrunde liegt. Dagegen basiert Empathie auf →*Ethnorelativismus*, also der Annahme von und dem Respekt vor Differenz. Dies setzt Kenntnisse des Gegenübers voraus. Empathie folgt nach Bennett (1998) der Platin-Regel („Platinum Rule“): Diese besagt, dass das für den anderen gut und richtig ist, was für *ihn* gut ist („Behandle andere so, wie sie behandelt werden wollen.“).

Empathie kann sich unbewusst entwickeln, etwa durch Auslandsaufenthalte und -arbeitserfahrung, sie kann aber auch bewusst gefördert werden durch Kompetenzentwicklungsmaßnahmen (*interkulturelle* →*Kompetenzentwicklung*) wie *interkulturelles* →*Training* oder *interkulturelles* →*Coaching.*

Bennett, M. (1998): Overcoming the golden rule: sympathy and empathy. In: Bennett, M. (Hg.): Basic Concepts of Intercultural Communication. Yarmouth, Intercultural Press, 191–214.

**Enkulturation**

Bewusster oder unbewusster Prozess der Aneignung und Verinnerlichung von Werten und kulturellen Praktiken (Sprache, Fertigkeiten etc.) des heranwachsenden Individuums einer bestimmten kulturellen Gruppe oder Gesellschaft im Rahmen der Primärsozialisation (Goodenough 1980, Herskovits 1949). Diese findet in familiären und persönlichen (Eltern, Großeltern, Freunde) oder in öffentlichen →*Institutionen* statt. Diese Institutionen, die kurzfristigen Veränderungen gegenüber eine relative Kontinuität und Stabilität (*kulturelles* →*Gedächtnis*) aufweisen, vermitteln kulturelle →*Werte*, konkrete Normen und Verhaltensregeln sowie Einstellungen und Bedeutungen, die verinnerlicht und verhaltenswirksam werden (→*Kultur*) (Thomas 2005, 23). Auf diese Weise entwickeln und tradieren gesellschaftliche Kollektive ein gemeinsam geteiltes verbindliches System an bedeutungshaltigen Zeichen, das ihnen gegenseitiges Verständnis ermöglicht (Geertz 1994). Die Beherrschung des Zeichen- und Symbolsystems einer Gemeinschaft, das dazu dient, Gedanken, Gefühle und Intentionen auszudrücken und zu verstehen, ermöglicht Personen erst relativ konfliktfreie und effiziente Interaktionen. In der Regel ist sich das Individuum dieser seiner eigenkulturellen Prägung nicht bewusst (Barmeyer 2000) und agiert im interkulturellen Kontakt folglich häufig unbewusst →*ethnozentrisch.*

Als Prozess der individuellen Internalisierung kollektiver Verhaltensregeln und Wissensbestände steht Enkulturation in engem Zusammenhang mit dem Begriff der →*Sozialisation*, betont demgegenüber jedoch das kulturell Spezifische und Konkrete sowie die Kulturrelativität von Inhalten und Abläufen (→*Lernstil*, Bildungssystem etc.) sozialen Lernens (Hersokovitz 1949, Mead 1963). Erst dadurch wird aus einem *homo sociologicus* auch ein *homo culturalis.* Enkulturation als Prozess der Primärsozialisation ist nicht zu verwechseln mit dem Erwerb zusätzlicher gesellschaftlicher Orientierungs- und Referenzsysteme, wie dieser beispielsweise bei Prozessen der →*Akkulturation* auftreten kann.

Barmeyer, C. (2000): Interkulturelles Management und Lernstile. Frankfurt/Main, Campus.

Geertz, C. (1994): Dichte Beschreibung. Beiträge zum Verstehen kultureller Systeme. Frankfurt/Main, Suhrkamp.

Goodenough, W. (1980): Ethnographic field techniques. In: Triandis, H./Berry, J. (Hg.): Handbook of cross-cultural psychology (2). Methodology. Boston, Allyn&Bacon, 29–55.

Herskovits, M. (1949): Man and his Works. The Science of Cultural Anthropology. New York, Knopf.

Mead, M. (1963): Papers in Honor of Melville J. Herskovits. Socialization and Enculturation. In: Current Anthropology, 4 (2), 184–188.

Thomas, A. (2005): Grundlagen der interkulturellen Psychologie. Nordhausen, Traugott Bautz.

Mit S.Ö.

**Epistemologie, interkulturelle**

Bereich der angewandten Philosophie, der sich einerseits mit Art und Umfang von Wissen, v. a. aber mit dessen Quellen sowie mit Voraussetzungen und Grenzen des Wissenserwerbs und damit mit der Frage nach Erkenntnisgenerierung und -sicherung beschäftigt (Della Porta/Keating 2008). Damit steht die Epistemologie in engem Zusammenhang mit der Meta-Theorie der Wissenschaftstheorie, wonach Wissen – im Gegensatz zu Alltagswissen – wissenschaftlich, also methodisch kontrolliert erworben und hinterfragt werden muss, um vertrauenswürdig und zuverlässig zu sein (Detel 2007).

Zwar bewegt sich die *interkulturelle →Kommunikation* mit ihrer Lage zwischen Kultur- und Sozialwissenschaften in einem epistemologischen wie methodologischen Feld großer Heterogenität (Otten/Geppert 2009), doch stehen im Zentrum ihres Erkenntnisinteresses das Verstehen und die Rekonstruktion kulturell begründeter, semantischer Pluralitäten, deren Manifestation in sozialen Strukturen und Praktiken sowie ihr Wandel (Otten et al. 2009). Damit sucht die moderne Interkulturalitätsforschung (*→Interkulturalität*) im Gegensatz zu positivistisch-nomologisch orientierten Forschungsrichtungen (u.a. Teile der kulturvergleichenden Forschung) nicht nach Gesetzmäßigkeiten (*→Positivismus*), sondern nach Erklärungen und Verständnis für die interaktive (De-)Konstruktion kultureller Bedeutung und Unterschiede (Geertz 1994, Otten/Geppert 2009). Dieser Interpretivismus in der interkulturellen Epistemologie ist eine logische Folge der konstruktivistischen Perspektive (*→Konstruktivismus*) der Interkulturellen Kommunikation auf die Welt, wonach objektive Realität und subjektives Verständnis untrennbar miteinander verbunden sind (Della Porta/Keating 2008, 23). Das Verstehen selbst ist ein Akt der Konstruktion (Flick 2010, 153); Kultur liefert dafür zahlreiche Kategorisierungen, ist aber zugleich selbst Gegenstand kollektiver Konstruktion (Berger/Luckmann 1969). Weil damit die äußere Welt nicht direkt-deduktiv, sondern allein über interpretative Näherung zugänglich ist, ist die methodologische Konsequenz dieses epistemologischen Verständnisses ein hermeneutischer Ansatz (*interkulturelle →Hermeneutik*). Damit ist auf konstruktivistisch-interpretativer Basis gewonnenes Wissen immer auch kontextuell (*→Kontextualisierung*) bedingtes Wissen und mit der konkreten, meist emisch erschlossen (*→emic*) Erfahrungswelt eng verknüpft (Sackmann/Phillips 2004).

Diesem Verständnis von Erkenntnisgewinnung folgend, muss insbesondere auch das bei der Interkulturalitätsforschung zentrale Fremdverstehen als subjektiver, konstruktiver Vorgang verstanden werden (Soeffner 2010, 165). Eigene Erfahrungen und Erlebnisse bilden die Hintergrundfolien des Verstehens des Anderen – Erkenntnis für die Interkulturelle Kommunikation wird damit auch zu einer kulturell bedingten „Konstruktion zweiten Grades" (Schütz 1971, 7). Der darin angelegten und für die Interkulturelle Kommunikation verstärkt relevanten Problematik des Forscher-Bias und verstärkten →*Ethnozentrismus* (z.B. bei Methodenwahl, Datenerhebung und -auswertung) kann nur mit erhöhter Reflexivität und methodisch genau kontrolliertem Vorgehen begegnet werden (Otten/Geppert 2009).

Berger, P./Luckmann, T. (1969): Die gesellschaftliche Konstruktion der Wirklichkeit. Eine Theorie der Wissensoziologie. Frankfurt/Main, Fischer.

Della Porta, D./Keating, M. (2008): Approaches and Methodologies in the Social Sciences. A Pluralist Perspective. New York, Cambridge University Press.

Detel, W. (2007): Erkenntnis- und Wissenschaftstheorie. Stuttgart, Reclam.

Flick, U. (2010): Konstruktivismus. In: Flick, U./Kardoff, E. v./Steinke, I. (Hg.): Qualitative Forschung. Ein Handbuch. Reinbek bei Hamburg, Rowohlt, 150–164.

Geertz, C. (1994): Dichte Beschreibung. Beiträge zum Verstehen kultureller Systeme. Frankfurt/Main, Suhrkamp.

Otten, M./Geppert, J. (2009): Mapping the Landscape of Qualitative Research on Intercultural Communication. A Hitchhiker's Guide to the Methodological Galaxy. In: Forum Qualitative Sozialforschung, 10 (1).

Otten, M./Allwood, J./Assumpta Aneas, M./Busch, D./Hoffmann, D./Schweisfurth, M. (2009): Editorial: Qualitative Forschung und Interkulturelle Kommunikation. In: Forum Qualitative Sozialforschung, 10 (1).

Sackmann, S./Phillips, M. (2004): Contextual Influences on Culture Research. Shifting Assumptions for New Workplace Realities. In: International Journal of Cross Cultural Management, 4 (3), 370–390.

Schütz, A. (1971): Gesammelte Aufsätze Bd. 1 – das Problem der sozialen Wirklichkeit. Den Haag, Nijhoff.

Soeffner, H.-G. (2010): Sozialwissenschaftliche Hermeneutik. In: Flick, U./Kardoff, E. von/Steinke, I. (Hg.): Qualitative Forschung. Ein Handbuch. Reinbek. Rowohlt, 164–175.

S.Ö.

**Erfahrungslernen**

Theorie des erfahrungsorientierten Lernens nach Kolb (1984), basierend auf den Arbeiten von Dewey (1938), Lewin (1951) und Piaget (1970), die besagt, dass Wissen nicht nur kognitiv, sondern auch affektiv und verhaltensmäßig (etwa durch – interkulturelle – Alltagserfahrungen) erworben wird. Dabei ist sowohl auf intellektuelle als auch auf emotionale Weise erworbenes Wissen immer Wissen aus Erfahrung. Lernen ist nach dieser Theorie ein holistischer Prozess, der sich auf die persönlich gemachten

Erfahrungen des Individuums bezieht (→*Cultural Awareness*). Die Theorie des Experiential Learnings (ELT) ist für die Entwicklung *interkultureller →Kompetenz* und die Konzeption *interkultureller →Trainings* hilfreich (Barmeyer 2000). Mithilfe des Learning Style Inventory (LSI) kann der persönliche→*Lernstil* ermittelt und können Trainingsmethoden angepasst werden.

Barmeyer, C. (2000): Interkulturelles Management und Lernstile. Frankfurt/Main, Campus.
Dewey, J. (1938): Experience and Education. New York, Dover.
Kolb, D. (1984): Experiential Learning, New York, Prentice Hall.
Lewin, K. (1951): Field Theory in Social Sciences. New York, Harper&Row.
Piaget, J. (1970): The Place of the Sciences of Man in the System of Science. New York, Harper Touchbooks.

**Ethik, interkulturelle**

Bereich der Interkulturalitätsforschung, der sich sowohl mit der Frage nach Reichweite und Gültigkeit kulturell fundierter moralischer →*Werte* und Normen befasst als auch mit der Begründbarkeit moralischen Verhaltens im interkulturellen Kontakt. Dem moralischen Relativismus folgend, der Werte und Normen als relativ zu einer zeitlich veränderlichen, regional beschränkten Kultur versteht, widmet sich die deskriptive Variante dieses Forschungszweiges der Analyse und Beschreibung kulturell spezifischer Handlungskonventionen und -regeln. Damit grenzt sie sich klar gegen die Vorstellung eines objektiven, universell gültigen moralischen Standpunkts ab. Strittig ist dabei jedoch die Frage, ob tatsächlich alle Werte kulturrelativ sind; Donaldson und Dunfee (1999) beispielsweise gehen davon aus, dass es Hypernormen gibt, die breitere Akzeptanz erfahren als nur innerhalb des engeren kulturellen Kontexts.

Darauf aufbauend stellt sich aus normativ ethischer Sicht zugleich die Frage nach Kriterien der Begründbarkeit moralischen Handelns im internationalen Umfeld (→*Internationalisierung*). Insbesondere diskursethische Ansätze (u.a. Habermas 2001) spielen hierbei eine zunehmend wichtigere Rolle. Danach kann im internationalen Kontext nur moralisch bindend sein, was in einem Prozess diskursiver Aushandlung als Konsens vereinbart wird.

Allerdings setzt diese Verhandelbarkeit moralischer Konventionen auf individueller Ebene eine Abkehr vom (unbewussten) →*Ethnozentrismus* voraus, der meist mit der impliziten Annahme der Universalität oder gar Superiorität eigener moralischer Standards verbunden ist. Insbesondere die Herausbildung einer →*ethnorelativistischen* Grundhaltung, wie sie auch Ziel *interkultureller →Kompetenzentwicklung* ist, ist dabei dringend erforderlich. Entgegen den Vorwürfen zahlreicher Kritiker, hat dies jedoch nichts mit moralischer Beliebigkeit zu tun, sondern gründet das einzelne Werturteil vielmehr auf stärkerer Reflexion jenseits des ethnozentrischen Beharrens auf der eigenen Weltsicht (Bennett 1993, 46).

Im Zentrum interkultureller Ethik steht daher nicht allein die Ergründung existierender kultureller Moralstandards, sondern auch das (selbst normative) Bestreben, international gültige Moral anders zu begründen als beispielsweise durch Macht. Diese Fragen sind besonders dann relevant, wenn es um dezidiert ethische Fragestellungen wie in der politischen oder Wirtschaftsethik geht. Aber auch beim Transfer kulturell spezifischer Praktiken und Instrumente (→*Kulturtransfer*) werden ethische Aspekte relevant, wenn auch meist implizit.

Bennett, M. (1993): Towards Ethnorelativism: A Developmental Model of Intercultural Sensitivity. In: Paige, R.M. (Hg.): Education for the Intercultural Experience. Yarmouth, Intercultural Press, 21–71.

Donaldson, T./Dunfee, T. (1999): When Ethics Travel: The Promise And Peril Of Global Business Ethics. In: California Management Review, 41(4), 45–63.

Habermas, J. (2001): The Postnational Constellation. Cambridge, MIT Press.

S.Ö.

**Ethnorelativismus**

Gegenteil von →*Ethnozentrismus.* Haltung mit der Bereitschaft, die eigenen Normen und Auffassungen zu hinterfragen und zu relativieren und die Normen und Auffassungen anderer Gruppen oder Gesellschaften zu akzeptieren, zu verstehen und als ebenbürtig zu achten. Ethnorelativismus bildet die Basis für interkulturelle Lernprozesse und produktive interkulturelle Zusammenarbeit (→*DMIS, interkulturelle* →*Kompetenz*). Ethnorelativismus steht in begrifflicher Nähe zum →*Kulturrelativismus.*

Bennett, M. (1993): Towards Ethnorelativism: A developmental Model of intercultural Sensitivity. In: Paige, R. (Hg.): Education for the Intercultural Experience. Yarmouth, Intercultural Press, 21–71.

Bennett, M. (2001): Developing Intercultural Competence for Global Leadership. In: Reineke, R.-D./Fussiger, C. (Hg): Interkulturelles Management: Konzeption, Beratung, Training. Wiesbaden, Gabler, 206–225.

**Ethnozentrismus**

Gegenteil von →*Ethnorelativismus.* Haltung, die unreflektiert Normen und Auffassungen der eigenen Gruppe oder Gesellschaft auf andere Gruppen oder Gesellschaften überträgt. Ethnozentrismus ist häufig die erste spontane und natürliche Reaktion gegenüber unverstandener →*Fremdheit* und Differenz im interkulturellen Kontakt.

Das eigenkulturelle, durch Sozialisation entwickelte Referenzsystem von Werten und Praktiken (→*Kultur*) dient als Maßstab, um andere kulturelle Gruppen zu beurteilen und zu bewerten. Dies führt zu einer Verzerrung der Wirklichkeit und dazu, dass der eigene unreflektierte Standpunkt als normal angesehen wird, Abweichungen jedoch häufig als schlechter. Ethnozentrismus kann auf individueller Ebene durch Kenntnis anderer Kontexte und durch reflektierte interkulturelle Lernerfahrungen verringert und in →*Ethnorelativismus* entwickelt werden (*interkulturelle* →*Kompetenz,* →*DMIS*). Auch auf kollektiver Ebene, etwa in Organisationen und deren Strategien, existiert die Haltung des Ethnozentrismus (→*Kulturstrategien*).

Bennett, M. (1993): Towards Ethnorelativism: A developmental Model of intercultural Sensitivity. In: Paige, R. (Hg.), Education for the Intercultural Experience. Yarmouth, Intercultural Press, 21–71.

Bennett, M. (2001): Developing Intercultural Competence for Global Leadership. In: Reineke, R.-D./Fussiger, C. (Hg): Interkulturelles Management: Konzeption, Beratung, Training. Wiesbaden, Gabler, 206–225.

**Ethnozentrista**

Weibliche Figur aus dem Comic „The Culture Assimilator – Diversify today“ der von den beiden US-Amerikanern Jerry Siegel und Joe Shuster zur Unterstützung der amerikanischen Bürgerrechtsbewegung und anknüpfend an den großen Erfolg ihrer Superman-Comics erschaffen wurde.

Protagonisten dieser Comic-Serie sind der Superheld →*Kultur-Assimilator* und dessen gerissene Gegenspielerin Ethnozentrista. Während er für mehr Toleranz und Offenheit in der Gesellschaft kämpft, strebt sie danach, mit perfiden Tricks die Weltherrschaft an sich zu reißen. Ihre stärkste Waffe ist dabei die Eitelkeit, mit der sie es schafft, Überlegenheitsgefühle bei den Menschen zu verstärken, *kulturelle* →*Identitäten* gegeneinander einzusetzen und dadurch Zwietracht unter die verschiedenen kulturellen Gruppen zu säen. Durch ihre Attraktivität und ihr selbstsicheres Auftreten gelingt es ihr in einer Folge sogar, den Kultur-Assimilator in ihren Bann zu ziehen und die Welt an den Rand des Abgrunds zu bringen: verengte Perspektiven, übertriebene →*In-Group*-Favorisierung und mangelnde Kommunikation führen zu einem sprunghaften Anstieg an →*Critical Incidents.* Doch mit Hilfe ausgefeilter →*proxemischer* Nahkampftechniken, der Allzweckwaffe →*D.I.E.* und des →*DMIS* gelingt es ihm, sich und die Welt aus den Fängen von Ethnozentrista zu befreien. Der Kampf gipfelt in einem fulminanten Showdown mit den Worten „Hasta la vista, Ethnozentrista“, mit denen der Kultur-Assimilator dem →*Ethnozentrismus* den Garaus macht.

Trotz des innovativen Ansatzes und der gesellschaftlichen Relevanz der Thematik konnte sich „The Culture Assimilator – Diversify today" lediglich im Kreis einiger →*Interkulturalisten* durchsetzen. Dadurch war jedoch auch der von den Autoren angestrebte Lerneffekt (*interkulturelles* →*Lernen*) relativ gering. Durch aktuelle Forschung zur →*Interkulturalität* und praktische Maßnahmen der *interkulturellen* →*Kompetenzentwicklung* (*interkulturelle* →*Trainings*, *interkulturelle* →*Simulation*) wird jedoch auch diese Lücke mehr und mehr geschlossen.

Liebe LeserInnen, normalerweise fänden Sie an dieser Stelle in gewohnter Manier weiterführende Literaturhinweise. Allerdings wird es Ihnen nicht entgangen sein, dass es sich bei diesem – und nur bei diesem – Stichwort um einen Nihilartikel handelt, analog zu Loriots Steinlaus im medizinischen Lexikon Pschyrembel.

B.A., S.Ö.

**Etic**

Gegenteil von →*emic*. Methodischer, kulturübergreifender Strukturierungsansatz →*kulturvergleichender* und interkultureller Forschung, der ursprünglich aus der Ethnolinguistik stammt: Mit dem Begriff *phonetic* wird die Lautstruktur einer Sprache anhand universeller Kriterien beschrieben (Pike 1954). Da die verglichenen Kategorien und Ordnungsfaktoren universell, also kulturunabhängig, sind und Forscher somit einen Standpunkt außerhalb des Systems einnehmen, kann relative Objektivität im Forschungsprozess gewahrt werden. Für die Analyse einer Kultur aus der Außenperspektive werden Methoden und Messinstrumente angewandt, die den Forschern selbst angemessen und sinnvoll erscheinen (z.B. standardisierter Fragebogen →*World Values Survey*, →*GLOBE-Studie*). Ein Vergleich mehrerer Gesellschaften scheint möglich, weil hier davon ausgegangen wird, dass kulturfreie Messinstrumente existieren (→*Positivismus*, →*quantitative Forschung*). Allerdings ist diese Annahme nicht unproblematisch: In bestimmten Gesellschaften und Kontexten können Instrumente des Messens und Vergleichens, die vom Forscher vorgegeben sind, als unangemessen oder sinnlos erscheinen und somit den Erkenntnisgewinn erheblich beeinträchtigen. Auch kulturelle Besonderheiten müssen bei der Erhebung großteils vernachlässigt werden und können allenfalls im nachfolgenden Interpretationsprozess (*interkulturelle* →*Hermeneutik*) Berücksichtigung finden (Headland et al. 1990).

Einige Forscher (Berry 1999, Triandis 1995) empfehlen deshalb für die kulturvergleichende und interkulturelle Forschung eine Kombination von emic- und etic-Ansatz, die innerhalb des Forschungsprozesses als komplementär angesehen werden können. Damit können sowohl Gemeinsamkeiten (etic) als auch Partikularitäten (emic) der Vergleichsobjekte erfasst werden.

Berry, J.W. (1999): Emics and Etics: A Symbiotic Conception. In: Culture & Psychology, 5 (2), 165–171.
Headland, T.N./Pike, K. L./Harris, M. (1990) (Hg.): Emic and Etic. The Insider/Outsider-Debate. Newbury Park, Sage.
Pike, K. L. (1954) (Hg.): Language in relation to an unified theory of the structure of human behavior. The Hague, Mouton.
Triandis, H. (1995): Individualism and collectivism. San Francisco, Westview.

**Expatriate**

Person, die beruflich, also zur Augabenerfüllung und Zielerreichung, freiwillig für eine Organisation und für einen bestimmten Zeitraum in einem anderen kulturellen Kontext tätig ist und somit ihren Lebensmittelpunkt für einen begrenzten Zeitraum außerhalb ihres Heimatlandes legt. Expatriates werden dabei häufig für einen vorher festgesetzten Zeitraum von der Muttergesellschaft in eine Tochtergesellschaft entsandt (Harzing/van Ruysseveldt 2008, Stahl 1998), wo sie meist strategisch bedeutende Schnittstellenpositionen (*interkulturelles →Interface*) innehaben, die z.B. die organisationsinterne, aber weltweite Kommunikation, Führungsaufgaben, oder Kontroll- und Qualitätsaufgaben betreffen.

Somit werden Expatriates auch verstanden als Migranten auf Zeit (*→Migration*), jedoch nicht in Hinsicht von Zuwanderern, da sie nicht bestrebt sind, eingebürgert zu werden (Moosmüller 2007). Allerdings wird die „traditionelle“ *→Auslandsentsendung* vermehrt durch alternative Formen ergänzt bzw. abgelöst (Bonache et al. 2010; Meyskensa et al. 2009), wie beispielsweise Kurzzeitentsendungen, selbstinitiierte Entsendungen, Commuter-Entsendungen, Rückkehrer-Entsendungen, rotationale Entsendungen und virtuelle Entsendungen (Evans et al. 2011, 158). Eine neue Gruppe von Auslandsentsandten sind auch die so genannten Flexpatriates (Demel 2010, Mayerhofer et al. 2010), Mitarbeiter, die – ohne einen festen Wohnsitz im Ausland zu haben – flexibel in verschiedenen Projekteinsätzen arbeiten (Mayerhofer et al. 2010).

Diese neuen Arbeitsformen bringen neue Chancen, aber auch Herausforderungen für das strategische internationale Personalmanagement, die *interkulturelle →Auslandsvorbereitung* und auch das entsendungsbegleitende *interkulturelle →Coaching.*

Auch wenn Expatriates mehrere Jahre in einem Land verbringen, trägt dies nicht unweigerlich zur Entwicklung *interkultureller →Kompetenz* bei, da sie sich häufig in Expatriate-Communities bewegen (→*Diaspora*) und ihr Kontakt zu Einheimischen stark begrenzt ist.

Nach ihrer Rückkehr ins Heimatunternehmen ist es Aufgabe der Organisation, das Wissen der Expatriates auf organisationaler Ebene nutzbar zu machen (→*Wissensmanagement, interkulturelles*) und zu einer erfolgreichen →*Reintegration* der Expatriates, die sich dann Repatriates nennen, beizutragen. Auch können Repatriates eingesetzt werden, um neu ausreisende Mitarbeiter zu coachen und vorzubereiten. So kann das Unternehmen zum einen vom Wissen der Rückkehrer profitieren und ihnen andererseits signalisieren, dass ihre Erfahrungen und Kompetenzen wertgeschätzt und erkannt werden.

Bonache, J./Brewster, C./Suutari, V./Saá, P.D. (2010): Expatriation: Traditional Criticism and International Careers: Introducing the Special Issue. Thunderbird International Business Review, 52 (4), 263–274.
Demel, B. (2010): Karrieren von Expatriates und Flexpatriates. Eine qualitative Studie europaweit tätiger ManagerInnen aus Österreich. München/Mering, Hampp.
Evans, P./Pucik, V./Barsoux, J. (2002): The Global Challenge. Frameworks for International Human Resource Management. Boston, McGraw-Hill.
Harzing, A.-W./Ruysseveldt, J. van (2008): International Human Resource Management. London, Sage.
Mayerhofer, H./Müller, B./Schmidt, A. (2010): Implications of Flexpatriates' lifestyles on HRM Practices. Management Revue 21(2), 155–173.
Meyskensa, M./Glinowa, M.A. von/Werther, W.B., Jr./Clarke, L. (2009): The paradox of international talent: alternative forms of international assignments. The International Journal of Human Resource Management, 20 (6), 1439–1450.
Moosmüller, A. (2007): Lebenswelten von Expatriates. In: Handbuch Interkulturelle Kommunikation und Kompetenz. (Hg.) Straub, J. v./Weidemann, A./Weidemann, D. Stuttgart/Weimar, Metzler, 480–488.
Stahl, G.K. (1998): Internationaler Einsatz von Führungskräften. München, Oldenbourg.

B.A.

**Expatriation** →*Auslandsentsendung*

**Externalität/Internalität**

→*Kulturdimension* nach Parsons (1951, 1952), die von Hampden-Turner und Trompenaars (2000) aufgegriffen und sowohl theoretisch-konzeptuell weiterentwickelt als auch kulturvergleichend (→*Kulturvergleich*) empirisch angewandt wurde. Diese Dimension beschreibt, welche Rolle Menschen der Natur beimessen (→*Grundannahmen*) und inwieweit sie diese kontrollieren und Einfluss gegenüber externen Umständen nehmen können.

Zur Externalität (*outer directed*) tendierende Gesellschaften sehen Menschen als Teil der Natur, deren Gesetzen sie sich anpassen müssen.

Einklang mit der Natur wird angestrebt, Menschen wird mit Harmonie begegnet. Fremdkontrolle wird folglich bis zu einem gewissen Grad als natürlich empfunden, wodurch Schicksal, Glück und Umständen eine große Bedeutung in der Erklärung auch unerwarteter Entwicklungen zukommt. Nach Trompenaars (1993) sind v.a. arabische (Bahrain, Ägypten, Oman etc.) und asiatische Gesellschaften (Japan, Singapur etc.) external orientiert.

Internalität (*inner directed*) dagegen besagt, das internal orientierte Gesellschfaten die Natur kontrollieren und nach ihrem Willen gestalten können. Die Gestaltung der Umstände wird als Herausforderung begriffen, deren Lösung sich im Rahmen individueller Handlungsautonomie bewegt. Anderen Menschen gegenüber wird Überlegenheit und Kontrolle gesucht. Schicksale werden folglich nicht als gegeben toleriert. Impulse und Motivationen kommen von innen, also aus dem Individuum heraus, und sind entwickelbar. Nach Trompenaars (1993) trifft Internalität u.a. auf die Gesellschaften Rumäniens, Kubas und Spaniens zu.

Hampden-Turner, C./Trompenaars, A. (2000): Building Cross-Cultural Competence. Chichester, Wiley.
Parsons, T./Shils, E. (1951): Towards a General Theory of Action. Cambridge, Harvard University Press.
Parsons, T. (1952): The Social System. New York, Free Press.
Trompenaars, F. (1993): Handbuch globales Managen. München, Econ.

**Femininität** →*Maskulinität/Femininität*

**Fremder**

Individuum, das Mitglied eines sozialen →*Systems* ist, sich ihm aber nicht zugehörig und verbunden fühlt (→*Identität*) und somit →*Fremdheit* verspürt; auch erfährt das Individuum wiederum von den anderen Mitgliedern keine vollständige Akzeptanz (→*Third culture kids*). Georg Simmel (1952) prägte dieses Konzept des Fremden, das sich generell mit den Beziehungen und Interaktionen von Individuen innerhalb einer größeren sozialen Gemeinschaft beschäftigt und sowohl die Soziologie – insbesondere das Konzept der sozialen Distanz (Park 1924) – als auch die Interkulturelle Kommunikationsforschung beeinflusst hat (Moosmüller 2009, Shuang et al 2011). Hierauf verweisen Konzepte wie →*Marginalisierung,* →*Akkulturation,* →*Out-Group* oder die Anxiety/Uncertainty Management Theory (AUM) von Gudykunst (1984), die besagt, dass bestimmte Individuen bei der Begegnung mit Fremden Gefühle des Unwohlseins, der Unsicherheit oder gar der Angst erfahren, die durch interpersonale und *interkulturelle* →*Kommunikation* (Shuang et al., 189) und durch *interkulturelle →Kompetenz* vermindert werden können. Um „Fremde“ zu verstehen muß die Dichotomie von „wir“ und „sie“ überwunden werden (Min-Sun, Ebesu Hubbard 2007).

Gudykunst, W.B./Kim, Y.Y. (1984): Communicating with strangers. An approach to intercultural communication. New York, McGraw-Hill.

Min-Sun K. /Ebesu Hubbard, A.S. (2007): Intercultural Communication in the Global Village: How to Understand "The Other". In: Journal of Intercultural Communication Research, 36 (3), 223–235.

Moosmüller, A. (2009) (Hg.): Konzepte kultureller Differenz. Münster, Waxmann.

Park, R.E. (1924): The concept of social distance: In: Journal of Applied Sociology, 33 (6), 881–893.

Simmel, G. (1950): Soziologie. Untersuchung über die Formen der Vergesellschaftung. Frankfurt/Main, Suhrkamp.

Shuang, L./Volcic, Z./Gallois, Cindy (2011): Introducing Intercultural Communication. Los Angeles, Sage.

**Fremdheit**

Fehlen des Gefühls der Zugehörigkeit zu seinem jeweiligen kulturellen Umfeld. Fremdheit tritt bei Individuen somit meist in ungewohnten Umgebungen und anderen Ländern auf (*→Kulturschock*) und kann folglich auch von einer kulturellen Minderheit in einem anderskulturellen Umfeld empfunden werden (*→Akkulturation, kulturelle →Identität*).

Anders als über das Fehlen positiven Bezugs zur kulturellen Umgebung definiert Simmel (1992, 764f.) Fremdheit vor allem über den *→Fremden* selbst, den er als Wandernden begreift, der zwar auch temporär an einem Ort verweilt, sich jedoch nicht dauerhaft niederlässt und somit aufgrund seiner Ungebundenheit eine gewisse Objektivität besitzt. Diese ist nicht zu verstehen im Sinne von Unbeteiligtheit, sondern als Mischung aus Ferne und Nähe, als Parteilosigkeit und daraus resultierender Wertfreiheit in der Wahrnehmung und Beurteilung der fremden Umgebung (Simmel, 766), der er sich losgelöst von vorherrschenden Regeln und Tradierungen nähern kann.

Somit kann Fremdheit zum einen in eher negativer Weise, ausgedrückt durch *→Marginalisierung* oder Separation, zu einem Stigma werden, das à*Integration* unmöglich bzw. unerwünscht macht und dadurch individuelle und gesellschaftliche Probleme hervorrufen kann. Zum anderen kann das Fremde bewusst als Zustand gewählt werden, um mehr Objektivität zu ermöglichen (*→Meta-Ebene*). Eben diese Objektivität, die grundlegend für die unvoreingenommene Beobachtung anderskultureller Verhaltensweisen ist, kann somit auch *→Interkulturalisten* helfen, fremde Kulturen zu untersuchen und durch *→Perspektivwechsel* andere Sichtweisen zu verstehen (Moosmüller 2007, 16). Fremdheit kann jedoch ebenfalls von der Umgebung hervorgerufen werden, auch wenn es das Individuum selbst nicht unbedingt so sieht (→*Bikulturalität*, →*Third culture kids*).

Moosmüller, A. (2007): Interkulturelle Kommunikation aus ethnologischer Sicht. In: Moosmüller, A. (Hg.): Interkulturelle Kommunikation. Münster: Waxmann.
Simmel, G. (1992): Soziologie. Untersuchung über die Formen der Vergesellschaftung. Frankfurt/Main, Suhrkamp.

B.A.

**Fremdwahrnehmung** →*Ethnorelativismus*, →*Ethnozentrismus*, *Cultural* →*Awareness*, →*Metaebene*

**Führung, interkulturelle**

Absichtliche und unmittelbare Einflussnahme einer Führungskraft auf Mitarbeiter mittels Kommunikation und Führungsinstrumenten zur Erreichung der Organisationsziele, wobei die Interaktionspartner aus unterschiedlichen Kulturen stammen und somit verschiedenartige Erwartungen, Wahrnehmungen und Wertvorstellungen gegenüber Führungsverhalten aufweisen können (Barmeyer 2005, Brunstein 1995).

Anders als in vielen Management-Büchern postuliert, ist Führung kulturell geprägt, d.h. welche Verhaltensweisen von Führungskräften gewünscht und wie Organisationen als autoritäres, formales Rollen- und Beziehungssystem wahrgenommen werden, ist je nach Kultur und Kontext sehr unterschiedlich (Laurent 1983). Dies bestätigt u.a. die großangelegte, kulturvergleichende →*GLOBE-Studie* zu Führung und Unternehmenskultur, die dazu Daten in 62 Ländern erhob (House et al. 2004).

Interkulturell relevant und interessant sind die Effekte, die beim Zusammentreffen von Führenden und Geführten aus unterschiedlichen kulturellen Systemen entstehen und →*Critical Incidents* provozieren können: Partizipative Führung wird von Mitarbeitern, die eine direktive Führung gewöhnt sind, als schwach wahrgenommen: Die Führungskraft ist nicht interessiert, nicht engagiert und somit nicht kompetent. Dagegen wird direktive Führung von Mitarbeitern, die partizipative Führung gewöhnt sind, als unnötig kontrollierend, einengend und somit demotivierend wahrgenommen. Der Führungserfolg – etwa die Effektivität der Aufgabenbewältigung, die Erreichung der Organisationsziele oder die Zufriedenheit der Mitarbeiter – ist somit davon abhängig, wie Mitarbeiter auf das Verhalten von Führungskräften reagieren. Um interkulturell effektiv zu führen und interkulturelle Führungsprobleme zu vermeiden, ist es deshalb ratsam, dass sich Geführte und Führende divergierende Erwartungen bewusst machen und diese thematisieren (→*Meta-Ebene*, →*Metakommunikation*).

Obwohl Forschung zu Führungstheorien, -modellen und -instrumenten – meist nordamerikanischen Ursprungs – betrieben wird (Antonakis et al. 2004), existiert keine ideale und universell umsetzbare Führung (→*Kulturkonvergenz*). Ebenso finden sich zwar Forschungsarbeiten zu kulturvergleichender Führung (House et al. 2004), jedoch nur wenige zu interkultureller Führung. Ein Bewusstsein über Kulturgebundenheit und -unterschiedlichkeit von Führung kann den Agierenden helfen, internationale Führungsprobleme zu verringern und zielführender zusammenzuarbeiten (*interkulturelle →Kompetenz*).

Antonakis, J./Cianciolo, A./Sternberg, R. (2004) (Hg.): The nature of leadership. Thousand Oaks, Sage.

Barmeyer, C. (2003): Interkulturelle Personalführung. Frankreich – Deutschland. In: Personal. Zeitschrift für Human Resource Management, 6, 18–22.

Brunstein, I. (1995): Kulturabhängigkeit der Führung. In: Kieser, A./Reber, G./Wunderer, R. (Hg.): Handwörterbuch der Führung. Stuttgart, Schäffer-Poeschel, 466–480.

House, R./Hanges, P./Javidan, M./Dorfman, P./Gupta, V. (2004) (Hg.): Culture, Leadership and Organizations – The GLOBE Study of 62 Societies. Thousand Oaks, Sage.

Laurent, A. (1983): The Cultural Diversity of Western Conceptions of Management. In: International Studies of Management and Organization, 1 (2), 75–96.

## Gedächtnis, kulturelles

Kulturwissenschaftliches Konzept zur Erklärung kultureller Kontinuität durch identitätsstiftende Erinnerungsprozesse einer Wir-Gruppe (→*In-Group*). Das kulturelle Gedächtnis verbindet den individuellen und mentalen Erinnerungsprozess mit einem sozial und medial konstituierten und tradierten Gedächtnis (Assmann 1988, Halbwachs 1967). Durch →*Sozialisation* (→*Enkulturation*) erwirbt jedes Individuum auch kollektiv geteilte Schemata, die den Umgang mit neuen Erfahrungen strukturieren. Erinnern findet somit immer in soziokulturellem Kontext (→*Kontextualisierung*) statt und ist damit nicht allein ein individueller, sondern auch ein gemeinschaftlicher Prozess.

Zugleich umfasst der Begriff des kulturellen Gedächtnisses auch die Stabilisierung des Selbstbildes einer Gruppe durch die Konstruktion bzw. Verstetigung einer überindividuellen, den Mitgliedern einer Gesellschaft gemeinsamen Vergangenheit mittels symbolischer Tradierung (Medien, Institutionen, Praktiken). Dies befördert die Identität einer Gruppe (*kulturelle →Identität*) und dadurch die soziale Kohäsion innerhalb einer Gesellschaft. In diese Perspektive reiht sich auch das *lieux de mémoire*-Konzept von Pierre Nora (1997) ein, der beispielsweise für Frankreich auf verschiedenen Ebenen (Orte im eigentlichen Sinn, Allegorien, Kommemorationen, Personen etc.) zahlreiche affirmativ-republikanische, identitätsstiftende Erinnerungsorte identifiziert (Panthéon, Marianne, 14 juillet, Marseillaise, Charles de Gaulle etc.). Allerdings finden nicht alle Inhalte des *kulturellen Gedächtnisses* auch ihre unmittelbare Umsetzung in der Gegenwart, sind aber durch gewisse Mechanismen (re-)aktivierbar (Kluckhohn 1950) (*kulturelle →Dynamik; →Wertorientierung*).

Assmann (1988) stellt zudem dem kulturellen ein rezenteres und weniger formalisiertes kommunikatives Gedächtnis gegenüber und grenzt diese beiden Varianten des kollektiven Gedächtnisses von individuellen Erinnerungsprozessen ab. Im Grunde handelt es sich jedoch bei allen Varianten allein um verschiedene Dimensionen (mental, materiell, sozial), Ebenen (individuell, kollektiv) und Modi (Mythos, Religion, Geschichte etc.) kulturellen Erinnerns, die sich in Ausformung und Verknüpfung je nach Kontext unterscheiden (Erll 2008).

Assmann, J. (1988): Kollektives Gedächtnis und kulturelle Identität. In: Assmann, J./Hölscher, T. (Hg.): Kultur und Gedächtnis. Frankfurt/Main, Suhrkamp, 9–19.

Erll, A. (2008): Cultural Memory Studies: An Introduction. In: Erll, A./Nünning, A. (Hg.): Cultural Memory Studies. An international and interdisciplinary handbook. Berlin, de Gruyter, 1–15.

Halbwachs, M. (1967): Das kollektive Gedächtnis. Stuttgart, Enke.

Nora, P. (1997): Les lieux de mémoire. Paris, Gallimard.

Kluckhohn, F. (1950): Dominant and Substitute Profiles of Cultural Orientations: Their Significance for the Analysis of Social Stratification. In: Social Forces, 28, 376–393.

Welzer, H. (2004): Gedächtnis und Erinnerung. In: Jaeger, F./Rüsen, J. (Hg.): Handbuch der Kulturwissenschaften (Themen und Tendenzen, Bd. 3). Stuttgart, Metzler, 155–174.

S.Ö.

## Generalisierung

Verallgemeinernde Einordnung von Individuen in ein Schema, dem das Konzept von Gruppen oder Gesellschaften (→*Kulturkollektiv*) zugrunde liegt, die universell existierende Probleme zu lösen haben (→*Kultur*). Diese Gruppen verfügen zwar über viele Alternativen der Problemlösung, weisen jedoch durch →*Enkulturation* und →*Sozialisation* bestimmte →*Wertorientierungen* auf, die zu bevorzugten spezifischen Denk- und Verhaltensweisen führen, deren Häufigkeit und Ausprägung in einer anderen Gruppe nicht anzutreffen sind. Hierbei handelt es sich um kulturspezifische Merkmale (→*Kulturspezifika*) – so lässt sich beispielsweise in Frankreich eine höhere durchschnittliche Frauenberufstätigkeit feststellen als in Deutschland. Zur Illustration von Häufigkeiten eignet sich die Normalverteilungskurve. Sie vermag es, nachweisbare Generalisierungen abzubilden und eignet sich somit zur Abgrenzung von →*Vorurteilen und* →*Stereotypen.* Nur nachweisbare Generalisierungen lassen den Rückschluss von einem Teil auf das Ganze zu und sind somit für die Beschreibung eines Kollektivs relevant.

Während positivistisch orientierte Forschung (→*Positivismus*) tendenziell generalisierbare Ergebnisse hervorbringt, ist dies bei →*qualitativer Forschung* – zumal in hermeneutischer Tradition (→*Hermeneutik*) – nur in eingeschränktem Maße möglich. Auch der tiefe, auf Verständnis abzielende Einblick in →*Kulturen* von →*emic*-Ansätzen resultiert kaum in Generalisierungen.

Hofstede, G. (1980): Culture's Consequences. International Differences in Work-Related Values. London, Sage.
Holzmüller, H.H. (1995): Konzeptionelle und methodische Probleme in der interkulturellen Management- und Marketingforschung. Stuttgart, Schäffer-Poeschel.

**GLOBE-Studie**

„**G**lobal **L**eadership and **O**rganizational **B**ehavior **E**ffectiveness Research Program". Weltweite, 1991 von Robert House initiierte Studie, die das Arbeits- und Führungsverhalten von Managern in 62 Ländern und drei Unternehmenssektoren anhand von neun →*Kulturdimensionen* vergleicht. Ziel der GLOBE-Studie ist es, den Zusammenhang zwischen der Kultur von Gesellschaften, Organisationskultur und Führung zu untersuchen und eventuell zu einer kulturübergreifenden Führungstheorie zu gelangen (House et al. 2004). Theoretisch basierte die Studie auf der impliziten Führungstheorie von Lord/Maher (1991) und den →*Wertorientierungen* von Hofstede (1980). Die implizite Führungstheorie besagt, dass Personen eines kulturellen Systems gemeinsame implizite Theorien bzw. Annahmen und Erwartungen über Führung und Führungspersönlichkeiten – wie Eigenschaften, Charakter, Kompetenzen – aufweisen, die die Ausübung von Führung fördern, behindern oder überhaupt erst möglich machen.

Methodisch wird durch die Nutzung eines hypothesengeleiteten, standardisierten, in die jeweiligen Landessprachen übersetzten Fragebogens ein →*Etic*-Ansatz verfolgt, der jedoch durch einen →*Emic*-Ansatz (Interviews, Fokus-Gruppen, Diskussionen, formale Inhaltsanalyse von schriftlichen Dokumenten) komplettiert wird.

Die Ergebnisse zeigen, dass kulturelle Normen, geteilte →*Werte* und Handlungen die Organisationskultur und das Führungsverhalten beeinflussen. Somit belegt die GLOBE-Studie anhand der Stichprobe, dass es mehr kulturabhängige als universelle (fördernde oder hemmende) Führungsmerkmale gibt und ordnet diese bestimmten Clustern (angelsächsisch, lateinamerikanisch, osteuropäisch, südostasiatisch etc.) zu.

Die GLOBE-Studie gehört mit der Studie von Hofstede zu den umfangreichsten Länderstudien. Hervorzuheben ist, dass nicht nur Landeskultur, sondern Unternehmenskultur, Branchenkultur und (die implizite) Kultur von Managern der mittleren Hierarchieebenen erfasst wurde. Ebenso wurde zwischen kulturellen Werten (erwünscht) und Praktiken (gelebt) unterschieden. Problematisch ist jedoch die Beschränkung auf nur drei Unternehmenssektoren, welche eigentlich keine generalisierbaren Rückschlüsse auf Gesamtkulturen zulässt. Ebenso wurde bei der Stichprobenauswahl in heterogenen Ländern wie Indien, China oder den USA die Existenz von Subkulturen nicht berücksichtigt.

Hofstede, G. (1980): Culture's consequences: International differences in work-related values. London, Sage.
House, R./Manges, P./Javidan, M./Dorfman, P./Gusta, V. (2004) (Hg.): Culture, Leadership and Organizations in different countries. The GLOBE study of 62 societies. London, Sage.
Lord, R.G./Maher, K.J. (1991): Leadership and information processing: Linking perceptions and performance. Boston, Unwin Hyman.

**Grundannahmen**

Gewissermaßen die Prämissen kulturell spezifischer →*Werte*. Grundannahmen sind der in einer Gesellschaft tief verwurzelte, meist unbewusste Konsens über die Auffassung von bzw. Positionierung zu grundlegenden Fragen menschlichen Daseins, wie die Beziehung zur Umwelt, Zeit, Raum, das generelle Menschenbild sowie Beziehungen zu anderen Menschen (Kluckhohn/Strodtbeck 1961). Dieser Konsens ist die Konsequenz wiederholten Erfolgs bestimmter Werte und Überzeugungen bei der Lösung von Problemen interner →*Integration* (wie bilden Gemeinschaften dauerhaft Zugehörigkeit und Identität?) sowie externer Anpassung (wie können sich Gemeinschaften dauerhaft durchsetzen gegenüber Veränderungen und Bedrohungen der Umwelt und damit fortbestehen) (Schein 2004). Weil es sich dabei um das Ergebnis eines Prozesses unbewusster Verstetigung handelt, sind Grundannahmen i.d.R. nicht diskutierbar und folglich auch nur schwer zu ändern. Grundannahmen bilden somit den relativ stabilen, kontextuell spezifischen Rahmen, innerhalb dessen sich kulturrelative →*Werte* und Überzeugungen ausbilden. Diskursethische Ansätze, die die Aushandlung kulturell übergreifender Normen fordern, stoßen bei diesen internalisierten Selbstverständlichkeiten an ihre Grenzen (*interkulturelle* →*Ethik*).

Während Schein (2004) davon ausgeht, dass Grundannahmen für eine Gesellschaft so selbstverständlich sind, dass sie nur geringe Variationen aufweisen und zulassen, sind Kluckhohn/Strodtbeck (1961) der Auffassung, dass auch diese in gewisser Weise dynamisch sind. Zwar wiesen sie ein höheres Maß an Kontinuität auf als →*Werte*, doch gebe es neben dominanten ‚Kulturorientierungen' immer auch (re-)aktivierbare Alternativen (*kulturelles* →*Gedächtnis*, →*Wertorientierung*).

Kluckhohn, F./Strodtbeck, F. (1961): Variations in Value Orientations. New York, Harper Collins.
Schein, E. (2004): Organizational Culture and Leadership. San Francisco, Jossey-Bass.

S.Ö.

**Habitus**

Soziologischer Begriff zur Bezeichnung der Gesamtheit der durch Außenstehende aktiv und passiv wahrnehmbaren Muster individuellen Verhaltens (Sprache, Kleidung, Geschmack etc.), das in seiner Bandbreite und Ausprägung individuelle Vorlieben ebenso widerspiegelt wie Einflüsse kollektiver →*Sozialisation* und Disposition (Bourdieu 2007, Elias 1995). Damit reiht sich der Begriff des Habitus ein in die Debatte über den Einfluss des sozialen Umfelds auf die Persönlichkeitsstruktur und die kulturelle Bedingtheit des Verhaltens des Einzelnen.

Für Pierre Bourdieu (2007) finden sich im Habitus all diejenigen unbewussten Eigenschaften und intuitiv gezeigten Verhaltensweisen eines Menschen wieder, die leicht wahrgenommen werden können und zugleich Ausdruck kollektiv geteilter, milieutypischer Muster des Denkens, Fühlens und Handelns sind. Ausschlaggebend für dieses Milieu sind nach Bourdieu die soziale Klasse, das Geschlecht sowie das soziale Feld (z.B. →*Berufskultur*) eines Individuums und, dadurch determiniert, auch der Zugang zu ökonomischem, sozialem, kulturellem und symbolischem Kapital. Dadurch ist, so Bourdieu, der Habitus einerseits der strukturelle Rahmen individueller Handlung und andererseits auch deren strukturelles Ergebnis. Er ist die Grundlage für strukturierte Improvisation eines Individuums in konkreten Handlungssituationen (Calhoun 2011).

Für die interkulturelle Forschung von Bedeutung ist der Habitus als Verständnis für soziokulturelle Geprägtheit eines Menschen, die sich in kulturspezifischen Wertvorstellungen (→*Werte*) und Praktiken äußert, welche sich von denen anderer Kontexte und →*sozialer Systeme* unterscheidet. Zwar ist das Individuum dieser sozialen Prägung nicht „ausgeliefert“, doch schafft Sozialisation die Interpretationsgrundlage und den -rahmen, innerhalb dessen sich individuelle Handlungs- und Entscheidungsfreiheit in konkretes Verhalten umsetzen. Damit verschmelzen in Bourdieus Habitus bisher v.a. getrennt betrachtete Kategorien wie Kultur, gesellschaftliche Organisation und individuelle Existenz, womit er sich dem auch in der *interkulturellen* →*Kommunikation* relevanten Dilemma kultureller Stabilität vs. Dynamik bzw. Pfadabhängigkeit vs. Freiheit individuellen Verhaltens stellt (*kulturelle* →*Dynamik*).

Bourdieu, P. (2007): Die feinen Unterschiede. Kritik der gesellschaftlichen Urteilskraft. Frankfurt/Main, Suhrkamp.

Calhoun, C. (2011): Pierre Bourdieu. In: Ritzer, G./Stepinsky, J. (Hg.): The Wiley-Blackwell Companion to Major Social Theorists. Volume II Contemporary Social Theorists. Malden/Oxford, Wiley-Blackwell, 361–394.
Elias, N. (1995): Über den Prozess der Zivilisation. Frankfurt/Main, Suhrkamp, Bd. 2.

S.Ö.

**Handlungskette**

Auch Aktionskette („action chain“). Chronologisch angeordnete prozesshafte Vorgänge, die nach einem bestimmten Schema (Skript) ablaufen und bei denen eine oder mehrere Personen auf ein Ziel hinarbeiten (Hall 1981, 1983). Eine Handlungskette besteht aus Anfang, Höhepunkt und Ende und weist unterschiedlichste Komplexitätsgrade auf. Beispiele für Handlungsketten sind z.B. der Ablauf eines Projekts, einer Sitzung, eines Essens in Gesellschaft, einer Hochzeit etc. Interkulturell bedeutend ist, dass Handlungsketten durch Sozialisation erlernt (→*Enkulturation*) und kulturspezifisch (→*Kulturspezifika*) sind. Somit laufen bestimmte Phasen je nach Gesellschaft unterschiedlich ab und weisen divergierende Prioritäten auf. Wenn nun Personen unterschiedlicher Gesellschaften zusammenarbeiten, können Handlungsketten wegfallen, hinzukommen, verkürzt oder verlängert werden oder gar ganz brechen, was zu Irritationen und Missverständnissen (→*Critical Incidents*) führt. Der Bruch von Handlungsketten kann bei Personen monochroner Gesellschaften (→*Monochronie*), die gewöhnt sind, Handlungsketten zu beenden, als störend empfunden werden. Sie reagieren empfindlich, wenn sie durch das Verhalten von Menschen mit anderem Zeitumgang abgelenkt werden. Personen polychroner Gesellschaften (→*Polychronie*) dagegen unterbrechen Handlungsketten häufiger: Wenn sie eine neues interessantes Projekt übernehmen, kann es vorkommen, dass sie sich nicht mehr verpflichtet fühlen, die angefangene Arbeit sofort zu beenden.

Hall, E. (1981): Beyond Culture. New York, Anchor Books.
Hall, E. (1983): The Dance of Life. The Other Dimension of Time. New York, Anchor Books.

**Hermeneutik, interkulturelle**

Für die interkulturelle Forschung zentrale Methodik, mit der nicht Gesetzmäßigkeiten gesucht, sondern individuelles Verhalten und einzelne Sachverhalte auf ihre Bedeutung hin interpretiert werden. Dieses Phänomen des Verstehens (Gadamer 1972) steht in engem Zusammenhang mit einem konstruktivistischen Verständnis von →*Kultur* (→*Konstruktivismus*) und der Interpretierbarkeit ihrer symbolhaften Zusammensetzung und unterscheidet sich damit fundamental von einer positivistischen Erfassbarkeit von Kultur (→*Positivismus*). Da es sich bei →*Kultur* um ein kommunikativ gesponnenes Bedeutungsgewebe (Geertz 1973, 7) handelt, kann diese auch nur durch eine Analyse dieses „Netzes" verstanden werden. Insofern ist es Ziel interkultureller Hermeneutik, zu verstehen, wie Menschen in interkulturellen Interaktionssituationen in ihren systemischen Handlungszusammenhängen (*soziales* →*System*, →*Kontextualisierung*) agieren oder →*Artefakte* zu interpretieren sind. Dieses Verständnis soll für die spezifischen Funktionsweisen anderskultureller Kontexte sensibilisieren und zu →*Perspektivwechseln* anregen, die zu einer Annäherung der Kulturen bzw. der Schaffung *interkultureller* →*Synergie* (Adler 2002) beitragen können. Genau dieses Verständnis kann jedoch nur erlangt werden, wenn vom Verstehenden „eine interpretative Leistung" (Hammerschmidt 1997, 240) erbracht wird. Dem konstruktivistischen Kulturverständnis folgend, ist es jedoch nicht möglich, Kulturvorgänge anders zu deuten, als auf der Grundlage der subjektiv wahrgenommenen Wirklichkeit eines jeden Individuums – das selbst Teil eines spezifischen, interpretierbaren Bedeutungsgewebes ist (→*Enkulturation*, →*Sozialisation*). Wie die Wirklichkeit aussieht, mit der Kultur dabei betrachtet wird, hängt von den jeweils kulturgeprägten →*Werten* ab (Weber 1904, 180). Damit ergibt sich eine verstärkte Forscher-Bias-Problematik, mit welcher sowohl der Forschende (→*Interkulturalist*) als auch der Rezipient reflektiert und bewusst unmgehen muss (→*Epistemologie*).

Jedoch bezieht sich Hermeneutik nicht nur auf die Analyse, sondern auch auf die Erhebung der Daten (Bleicher 1980). Als konsequente Grundlage des kulturangepassten Verstehensprozesses innerhalb der Datenanalyse, sollte auch die Datenerhebung kulturangepasst ablaufen. Hierfür bietet sich der emische Strukturierungsansatz (→*emic*) besonders an, da sich dieser einer verstärkt interpretativen Herangehensweise bedient und nach einem tiefgehendem Verständnis des Untersuchungsgegenstandes sucht und weniger nach (→*etic*-typischen) Gesetzmäßigkeiten.

All diese Aspekte zusammenfassend kann festgehalten werden, dass die interkulturelle Hermeneutik als methodologische Konsequenz einer modernen →*Epistemologie* (Sackmann/Phillips 2004) gelten kann, die der interkulturellen Forschung zugrunde liegt.

Adler, N. (2002): International Dimensions of Organizational Behavior. Cincinnati, South Western.

Bleicher, J. (1980): Contemporary hermeneutics: Hermeneutics as method, philosophy, and critique. London/New York, Routledge.

Gadamer, H.G. (1972): Wahrheit und Methode. Grundzüge einer philosophischen Methode. Tübingen, Mohr.

Geertz, C. (1973): Interpretation of Culture. New York, Basic Books.
Hammerschmidt, A. (1997): Fremdverstehen. Interkulturelle Hermeneutik zwischen Eigenem und Fremdem. München, Iudicium.
Sackmann, S./Phillips, M. (2004): Contextual Influences on Culture Research. Shifting Assumptions for New Workplace Realities. In: International Journal of Cross Cultural Management, 4 (3), 370–390.
Weber, M. (1904): Die ‚Objektivität' sozialwissenschaftlicher und sozialpolitischer Erkenntnis. In: Weber, M.: Gesammelte Aufsätze zur Wissenschaftslehre. Tübingen, Mohr, 146–214.

B.A.

**Humor**

Innere Haltung und individuelle Fähigkeit eines Individuums, über Umstände und Situationen lachen zu können. Humor ermöglicht es, die eigene Position und die der Interaktionspartner zu relativieren und damit Sachverhalte auf eine →*Meta-Ebene* zu bringen. Insbesondere im Rückblick erlaubt es Humor, Erfahrungen affektiv zu thematisieren und zugleich konativ, also im Hinblick auf (zukünftiges) Verhalten umzusetzen. Damit wird Humor auch zu einem besonderen Merkmal *interkultureller →Kompetenz* (Carroll 1987, Kohls 1994). Es geht also weniger darum, humorvoll zu sein bzw. Witze zu machen; diese basieren auf kulturspezifischen Wissensvorräten, sind hochgradig kontextuell geprägt (Ladmiral/Lipiansky 2000, 72) und können zu interkulturellen Missverständnissen *(→Critical Incidents)* beitragen. Vielmehr ermöglicht es eine humorvolle Haltung mit fremdkulturellem und unverständlich wirkendem Verhalten in interkulturellen Situationen konstruktiv umzugehen (*interkulturelle →Kommunikation*). Humor ist zugleich ein Indiz dafür, dass die involvierte Person von der augenblicklichen Situation zurücktreten und sie mit Abstand betrachten kann (Kohls 1996, Storti 2009); Anpassungsprozesse an fremdkulturelle Situationen und Interaktionspartner lassen sich so leichter und schneller vollziehen.

Carroll, R. (1987): Evidences invisibles. Américains et Français au quotidien. Paris, Seuil.
Kohls, R. (1996): Survival Kit for Overseas Living. Yarmouth, Intercultural Press.
Kohls, R., (1994): On becoming a Foreigner. In: Luce, F. (Hg.): The French-Speaking world. Lincolnwood, NTC, 42–56.
Ladmiral, J.-R./Lipiansky, E. (2000): Interkulturelle Kommunikation. Zur Dynamik mehrsprachiger Gruppen. Frankfurt/Main, Campus.
Storti, C. (2001): The Art of Crossing Cultures. Boston/London, Nicholas Brealey.

**Hybridität**

Aus der Biologie stammendes, aber für die postkolonialistische Kulturtheorie umfunktioniertes Konzept, das sich mit der bewussten oder unbewussten Mischung kultureller Kontexte, Inhalte und Identitäten

(Allolio-Näcke et al. 2005, Bhabha 2007; Hall 1994) im Rahmen von interkulturellen Austauschprozessen (→*Interkulturalität*) befasst. Hybridität fokussiert dabei weniger den Kulturkontakt selbst, als vielmehr dessen Ergebnis und Konsequenz für Selbst- und Fremddefinition vor allem auf Mikro- und Makro-Ebene (*interkultureller* →*Dreischritt*) und betont dabei die vielschichtige Konstruiertheit kultureller Repräsentation und *kultureller* →*Identität.*

Auf individueller Ebene bezeichnet Hybridität v.a. das Gefühl der Zugehörigkeit zu (mindestens) zwei Systemen kultureller Repräsentation, also gewissermaßen das Phänomen mehrfacher bzw. diffuser kultureller Identität (→*Bikulturalität*). Durch aktive Grenzüberschreitung beispielsweise im Rahmen von Migration (Ackermann 2004) kann sich ein Individuum Werte und Praktiken eines fremdkulturellen Referenzsystems aneignen und diese in sein eigenes, über →*Enkulturation* erworbenes Referenzsystem integrieren (→*Akkulturation*). Das bisherige kulturelle Referenzsystem bleibt also erhalten, während ein neues erlernt wird. Dies ist nicht immer ein konfliktfreier Prozess (Bhaba 2007).

Durch kontinuierliche globale Verflechtung und Austausch (→*Kulturtransfer*) entstehen jenseits individueller Mischidentitäten aber auch strukturelle Hybride (Nederveen-Pieterse 1994) auf der Meso- und Makro-Ebene, also Organisationen (z.B. ARTE) bis hin zu ganzen *sozialen* →*Systemen*, die Merkmale (Werte, Praktiken etc.) von als getrennt wahrgenommenen Systemen in sich vereinigen bzw. ganz bewusst zu integrieren versuchen (*interkulturelle* →*Synergie*). In diesem Zusammenhang kann man auch von →*Interkultur*-Bildung sprechen.

Die Interkulturalitätsforschung geht davon aus, dass durch kontinuierliche Austauschbeziehungen ein ständiger Prozess kultureller Konstruktion und Dekonstruktion stattfindet (Barmeyer 2010) und somit jede kulturelle Entität in einem gewissen Maße hybrid geprägt ist: Kulturen (re-)formieren sich kontinuierlich, Grenzen werden ständig überschritten und neu gezogen (Nederveen Pieterse 1994). Damit befasst sich der Hybriditätsbegriff nicht allein mit den Konsequenzen der Grenzüberschreitung, sondern stellt bereits die Grenzziehung als solche sowie die damit meist verbundene Vorstellung relativer Homogenität und Kohärenz in Frage.

Begriffe wie *Kreolisierung*, *Métissage* und *Synkretismus* beschreiben zwar schwerpunktmäßig verschiedene Phänomene, werden aber häufig synonym gebraucht für Prozesse der *Hybridisierung* bzw. deren Ergebnis, Hybridität.

Ackermann, A. (2004): Das Eigene und das Fremde: Hybridität, Vielfalt und Kulturtransfer. In: Jaeger, F./Rüsen, J. (Hg.): Handbuch der Kulturwissenschaften (Themen und Tendenzen, Bd. 3). Stuttgart, Metzler, 139–154.

Allolio-Näcke, L./Kalscheuer, B./Manzeschke, A. (Hg.) (2005): Differenzen anders denken. Bausteine zu einer Kulturtheorie der Transdifferenz. Frankfurt/Main, Campus, 355–360.

Barmeyer, C. (2011): Kultur in der Interkulturellen Kommunikation. In: Barmeyer, C./ Genkova, P./Scheffer, J. (Hg.): Interkulturelle Kommunikation und Kulturwissenschaft. Grundbegriffe, Wissenschaftsdisziplinen, Kulturräume. Passau, Stutz, 13–35.

Bhabha, H. (2007): Die Verortung der Kultur. Tübingen, Stauffenburg.

Hall, S. (1994): Rassismus und kulturelle Identität. Ausgewählte Schriften. Hamburg, Argument Verlag.

Nederveen Pieterse, J. (1994): Globalisation as Hybridisation. In: International Sociology, 9 (2), 161–184.

S.Ö.

## Identität, kulturelle

Begriff zur Beschreibung des Wir-Gefühls einer kulturellen Gruppe bzw. des Zugehörigkeitsgefühls eines Individuums zu einer oder mehreren kulturell spezifischen Gemeinschaften (Hall 1996, Straub 2004), welche sich durch gemeinsame Werte, Normen und Praktiken auszeichnet (Assmann 1992). Kulturelle Identität schreibt damit einem Kollektiv (→*Kulturkollektiv*) gewisse kulturelle Gemeinsamkeiten zu, die es von anderen Kollektiven unterscheiden und die zugleich identitätsstiftend sind und der sozialen Kohäsion dienen.

Ausschlaggebend für das Verständnis von Entstehung und Wirkung kultureller Identität ist die grundlegende Reziprozität von individueller und kollektiver Identität, also von individuellem Zugehörigkeitsgefühl und kollektiver Anerkennung (Taylor 1992), welche sich im Grad kultureller Konsistenz individueller und kollektiver Referenzsysteme niederschlägt. Diese Konsistenz und Reziprozität von Identität drückt sich in einem Mindestmaß an übereinstimmenden Praktiken (*kulturelle*→*Praktiken*) sowie der Zustimmung zu gruppenspezifischen Werten und Normen aus. Dafür grundlegend sind Prozesse der →*Enkulturation* bzw. →*Sozialisation*, in denen das Individuum das Referenzsystem der spezifischen sozialen Gruppe erlernt und praktikziert. Auf diese Weise wird die „mentale Programmierung“ (Hofstede 2001, 2) eines Individuums um die kollektive Ebene erweitert und damit ein gewisser Grad an Konsistenz hergestellt (Straub 2004). Die wesentlichen Elemente individueller kultureller Identität entstammen dem →*kulturellen Gedächtnis* einer Gesellschaft (Assmann 1992). Während kulturelle Identität auf kollektiver Ebene dem sozialen Zusammenhalt und damit der Kontinuität von Gemeinschaften und Gesellschaften dient, ist sie auf personeller Ebene Ausdruck des Gefühls der Geborgenheit und Sicherheit eines Individuums innerhalb einer sozialen Gruppe, das selbstverständliches und routiniertes Wahrnehmen und Handeln erst ermöglicht.

Durch interkulturellen Kontakt (→*Interkulturalität, interkulturelle* →*Kommunikation*) werden diese Selbstverständlichkeiten miteinander konfrontiert und relativiert; kulturelle Identitäten – ohnehin dynamische, nur temporär gültige Konstrukte – können dadurch ins Wanken geraten. Sowohl auf individueller als auch auf kollektiver Ebene läuft der fortdauernde Identitätsbildungsprozess immer in Auseinandersetzung mit dem Anderen ab und schließt somit stets den Umgang mit (konstruierter) →*Fremdheit* mit ein. Dieses diskursiv-konstruktivistische Verständnis von kultureller Identität (→*Konstruktivismus*) steht in scharfem Kontrast zu einem essenzialisierenden →*Kultur*-Begriff, der Merkmale relativer Homogenität zu Wesenseinheiten zu stilisieren versucht.

Der gesellschaftlichen Pluralisierung (→*Multikulturalität*) sowie der Idee der Individualisierung (→*Werte*) folgend, geht die moderne Identitätsforschung davon aus, dass in diesem Zusammenhang auch die Ausbildung mehrfacher kultureller Identitäten denkbar ist (→*Hybridität*, →*Kulturkollektiv*) (Barmeyer 2011, Straub 2004). Damit einher geht oft auch die Forderung nach der Überwindung der →*nationalkulturellen* Perspektive in der →*kulturvergleichenden* und interkulturellen Forschung, die vermeintlich auf der Vorstellung einer nationalstaatlich geprägten Identität aufbaue (Sackmann/Phillips 2004). Allerdings reduziert diese Forderung das Kulturelle auf die kulturelle Identität eines Individuums und verkennt dabei, dass Kultur jenseits des bewussten Zugehörigkeitsgefühls zu einer kulturellen Gruppe sich auch in (unbewussten) sozialisatorisch erworbenen Wahrnehmungs-, Denk- und Verhaltensmustern äußert (→*Habitus*, *kommunikativer* →*Stil*, *kultureller* →*Stil*). Die kulturelle Identität ist demnach zwar eine wichtige, aber nur eine Facette von Kultur.

Assmann, J. (1992): Das kulturelle Gedächtnis. Schrift, Erinnerung und politische Identität in frühen Hochkulturen. München, Beck.

Barmeyer, C. (2011): Interkulturalität. In: Barmeyer, C./Genkova, P./Scheffer, J. (Hg.): Interkulturelle Kommunikation und Kulturwissenschaft. Grundbegriffe, Wissenschaftsdisziplinen, Kulturräume. Passau, Stutz, 37–77.

Hall, S. (1996): Introduction: Who needs "identity"? In: Hall, S./Du Gay, P. (Hg.): Questions of cultural identity. London, Sage, 1–17.

Hofstede, G. (2001): Culture's Consequences. Thousand Oaks, Sage.

Sackmann, S./Phillips, M. (2004): Contextual Influences on Culture Research. Shifting Assumptions for New Workplace Realities. In: International Journal of Cross Cultural Management, 4 (3), 370–390.

Straub, J. (2004): Identität. In: Jaeger, F./Liebsch, B. (Hg.): Handbuch der Kulturwissenschaften. Grundlagen und Schlüsselbegriffe, Bd. 1. Stuttgart/Weimar, Metzler, 277–303.

Taylor, C. (1992): Multiculturalism and the ‚politics of recognition'. An essay. Princeton, Princeton University Press.

S.Ö.

**Impatriates** (→*Auslandsentsendung*)

**Individualismus/Kollektivismus**

→*Kulturdimension* nach Hofstede (2001). Individualismus beschreibt Gesellschaften, in denen persönliche Ziele und Interessen des autonomen Individuums vor den Interessen der Gruppe stehen (Triandis 1995). Bindungen zwischen Individuen sind locker, sie sorgen nur für sich selbst und die unmittelbare Familie (Genkova 2003). Gesellschaften, die einen hohen Individualismus-Wert erzielen, wie etwa die USA, Australien und die Niederlande, werden als individualistisch bezeichnet. Hofstede hat festgestellt, dass ein hoher Grad an Individualismus und Wohlstand korrelieren. Dies betrifft z.B. anglophone, germanophone und skandinavische Gesellschaften.

Kollektivismus, als Gegenpol von Individualismus, beschreibt Gesellschaften, in denen das Interesse der Gruppe dem des Individuums übergeordnet ist. Der einzelne Mensch ist von Geburt an in starke, geschlossene soziale Gefüge, Wir-Gruppen, integriert, die ihn ein Leben lang schützen und dafür bedingungslos Loyalität verlangen (→*In-Group*). Gesellschaften mit kollektivistischer Wertorientierung finden sich nach Hofstede vor allem in Asien (Indonesien, Taiwan, Thailand) und Süd- und Mittelamerika (Guatemala, Ecuador, Kolumbien).

Durch Modernisierungstendenzen (→*Werte*) und *kulturelle* →*Dynamik* verändert sich die Kulturdimension im Zeitverlauf hin zum Individualismus (Triandis 1995). Um keine monokausalen oder stereotypen Rückschlüsse auf bestimmte Gesellschaften oder deren Angehörige zu ziehen, darf eine Kulturdimension nicht isoliert betrachtet werden, sondern immer nur in Verbindung mit weiteren.

Genkova, P. (2003): Individualismus /Kollektivismus und hilfreiches Verhalten: Interkultureller Vergleich zwischen Bulgarien und Deutschland. Frankfurt/Main, Lang.
Hofstede, G. (2001): Culture's Consequences: Comparing Values, Behaviors, Institutions and Organizations Across Nations. Thousand Oaks, Sage.
Triandis, H. (1995): Individualism and collectivism. Boulder, Westview Press.

**In-Group**

Gegenteil von →*Out-Group*. Gruppen von Individuen, an deren Wohlbefinden einer Person gelegen ist und mit denen sie bereit ist uneigennützig zu kooperieren (Triandis 1995). Mit ihrer In-Group teilt eine Person zahlreiche Gemeinsamkeiten, was zum Gefühl eines gemeinsamen

Schicksals oder gar zu gemeinsamer Identität führt. Im Normalfall ist die eigene Familie eine In-Group, aber auch der Freundeskreis, politische Parteien, religiöse Gemeinschaften und andere Gruppierungen können zur In-Group zählen. Menschen kollektivistischer Gesellschaften (→*Kollektivismus*) bewegen sich in wenigen In-Groups, meist solchen, zu denen eine sehr enge Verbindung besteht. Um hohe Vertrautheit zu erreichen, muss an Beziehungen gearbeitet werden, vor allem an denen mit Nicht-Verwandten. Hierfür existieren implizite Normen und Regeln, z.B. für den Austausch von Geschenken. Personen individualistischer Gesellschaften (→*Individualismus*) weisen dagegen zahlreiche In-Groups auf, zu denen meist aber nur oberflächliche Beziehungen bestehen, sodass Gruppen häufig betreten und wieder verlassen werden (Triandis 1995).

Interkulturell nutzen Brislin und Yoshida (1994) die „In-Group/Out-Group Distinction" als Konzept, um zwischen Eigenkulturellem und Fremdkulturellem zu differenzieren: Die In-Group betrifft Personen, die zueinander positive Gefühle wie Sympathie aufweisen. Die *Outgroup* dagegen beschreibt Personen, die auf Distanz gehalten werden und erzeugt weit weniger positive Gefühle. Dieser →*Inklusions*- bzw. Exklusionsmechanismus, der einen universalen Aspekt menschlichen Verhaltens darstellt, ist für die Identitätsstiftung von Individuen von zentraler Bedeutung (Brislin 1980). Gemeinsamkeiten der *In-Group* werden übermäßig wahrgenommen, was das Zusammengehörigkeitsgefühl untermauert, wohingegen die Unterschiede zur *Out-Group* intuitiv überbetont werden.

Brislin, R. (1980): Expanding the Role of the Interpreter to Include Multiple Facets of Intercultural Communication. In: International Journal of Intercultural Relations, 4 (1), 137–146.
Brislin, R./Yoshida, T. (1994): Intercultural Communication Training: An Introduction. Thousand Oaks, Sage.
Genkova, P. (2003): Individualismus/Kollektivismus und hilfreiches Verhalten: Interkultureller Vergleich zwischen Bulgarien und Deutschland. Frankfurt/Main, Lang.
Triandis, H. (1995): Individualism and Collectivism. Boulder, Westview Press.

**Inklusion** →*Diversity Management*

**Institutionalismus** →*Neoinstitutionalismus*, →*Institutionen*

**Institutionen**

Regeln und Normen eines *sozialen* →*Systems*, die für einen längeren Zeitraum gesellschaftlich akzeptable Verhaltensweisen bzw. vorgeschriebene Handlungen von Individuen, Gruppen oder Organisationen vorgeben, von den Mitgliedern einer sozialen Gruppe geteilt werden und dieser damit Stabilität und Bedeutung verleihen (North 1990, Scott 2001, Whitley 2002). Institutionen koordinieren und regulieren die Interaktionen von Menschen; sie dienen der Handlungssteuerung, -überwachung und -sanktionierung in einer Gesellschaft. Institutionen können spezialisierten Organisationen (Staat, Behörde, Kirche) zugeschrieben werden, denen es obliegt, für die Durchsetzung von Normen bzw. Regeln zu sorgen (mittels Rechtssystemen, Gesetzen und Verfassungen, Bildungssystemen, Märkten, Wahlverfahren, Verhandlungsformen usw.). Da eine solche Organisation eine sichtbare Existenz führt, wird sie häufig mit der ihr zugrundeliegenden Institution gleichgesetzt und als solche bezeichnet. Whitley (1992) unterscheidet zwischen *proximate social institutions* (im Sinn von Organisationen) und *background social institutions* (im Sinn von kollektiven Normen) (→*Business System*).

Neben Kultur werden auch Institutionen und ihre Wirkungen als Erklärungsfaktor von Spezifizität oder Unterschiedlichkeit *sozialer →Systeme* herangezogen (→*Kontextualisierung*), um monokausale kulturelle Erklärungen (→*Kulturalismus*) zu vermeiden. Als Beispiel kann die hohe Streikbereitschaft in Frankreich herangezogen werden, die von den Medien häufig stereotyp-kulturell interpretiert wird: Franzosen seien individualistische, freiheitsliebende Menschen, die ihre persönlichen Vorteile über die der Gemeinschaft stellen. Nicht berücksichtigt werden jedoch institutionelle Elemente, wie etwa das in der französischen Verfassung festgeschriebene Recht auf Streik sowie die anders angelegten und stark ideologisch geprägten Arbeitnehmer-Arbeitgeber-Beziehungen in Frankreich („Arbeit gegen Kapital"). Dort existieren etwa im Vergleich zu Deutschland keine regulierenden Elemente wie eine wirksame Mitbestimmung durch Arbeitnehmer oder Betriebsrat, eine Friedenspflicht oder eine Tarifautonomie. Diese institutionellen Elemente prägen und steuern jedoch die Handlungen der Akteure und führen im französischen Fall zu einer höheren Konfliktbereitschaft (Maurice et al. 1980).

Barmeyer, C./Schlierer, H.-J./Seidel, F. (2007): Wirtschaftsmodell Frankreich. Frankfurt/Main, Campus.
Maurice, M./Sorge, A./Warner, M. (1980): Societal Differences in Organizing Manufacturing Units. In: Organization Studies, 1, 59–86.
North, D. (1990): Institutions, Institutional Change and Economic Performance. Cambridge, Cambridge University Press.
Scott, W.R. (2001): Institutions and Organizations. Thousand Oaks, Sage.
Whitley, R. (1992) (Hg.): European Business Systems. Firms and markets in their national contexts. London, Sage.
Whitley, R. (2002) (Hg.): Competing Capitalisms: Institutions and Economics. Cheltenham, Edward Elgar.

**Integration**

Andauernder, dynamischer und komplexer Prozess der Annäherung eines Individuums an ein fremdkulturelles *soziales →System*. Im Rahmen von *→Akkulturation* handelt es sich bei Integration um eine Akkulturationsstrategie seitens der Minderheitsgesellschaft, wobei diese sowohl den Kontakt zur Mehrheitsgesellschaft sucht als auch das eigene kulturelle Erbe aufrechterhält. Der Integration entspricht das Streben nach *→Multikulturalität* auf Seite der Mehrheitsgesellschaft (Berry 2005). Insofern ist der Integrationssprozess eine wechselseitige Auseinandersetzung mit verschiedenkulturellen Werten und Praktiken (*→Kultur*), die auch auf die Integrationsbereitschaft der Mehrheitsgesellschaft angewiesen ist.

Nach Geißler (2005) findet interkulturelle Integration meist im Kontext von Migration oder *→Diversity Management* statt. Sie versucht, ein Gleichgewicht zwischen dem Bestreben der sozialen Einheit und der Akzeptanz der Bedürfnisse der Minderheiten in einer multikulturellen Gesellschaft herzustellen (Berry 1990, 2005). Durch das Prinzip Einheit-in-Verschiedenheit ist es – aus normativer Sicht – ein humaneres Modell als das der assimilativen (*→Assimilation*) Sozialintegration (Esser 2000), da es Migranten den Druck der monokulturellen Anpassung an die Aufnahmegesellschaft nimmt und damit akkulturativen Stress reduziert (Berry 2005). Es werden drei Dimensionen der interkulturellen Integration unterschieden: aktive Akzeptanz (der kulturellen Vielfalt in einem sozialen System), sozialstrukturelle Integration (in das strukturelle Beziehungsgefüge eines sozialen Systems) sowie sozialkulturelle Integration (unter Berücksichtigung kultureller Unterschiede).

Berry, J. (1990): Psychology of acculturation: Understanding individuals moving between cultures. In: Brislin, R. (Hg.): Applied Cross-Cultural Psychology. Newbury Park, Sage, 232–253.

Berry, J. (2005): Acculturation: Living successfully in two cultures. In: International Journal of Intercultural Relations, 29, 697–712.

Esser, H. (2000): Soziologie – Spezielle Grundlagen. Nr. 3 – Soziales Handeln. Frankfurt/Main, Campus.

Geißler, R. (2005): Interkulturelle Integration von Migranten – ein humaner Mittelweg zwischen Assimilation und Segregation. In: Geißler, R. (Hg.): Massenmedien und Integration ethnischer Minderheiten in Deutschland. Bielefeld, Transcript, 45–70.

K.J.

**Intelligenz, kulturelle**

Konzept, das diejenigen spezifischen Ausprägungen von Intelligenz fokussiert, die angemessene und zielführende *interkulturelle →Kommunikation* und Kooperation ermöglichen (Earley/Ang 2003). Ziel ist es, herauszufinden, was interkulturell erfolgreiche Personen von solchen unterscheidet, die, unabhängig vom (persönlichen, beruflichen oder wie auch immer gearteten) Erfolg in ihrer Heimatkultur, in Situationen interkultureller Kommunikation scheitern. Im Gegensatz zu Modellen *interkultureller →Kompetenz*, die meist eine Kombination aus angelegten Persönlichkeitsmerkmalen und erlernten Fähigkeiten als Grund für interkulturell erfolgreiches Agieren beschreiben, sehen die Verfechter kultureller Intelligenz diesen in einer speziellen Form der Intelligenz. Diese existiert parallel zu Konzepten wie *Emotional Intelligence* oder *Social Intelligence*, die Leistung für einen spezifischen Anforderungsbereich menschlichen Daseins (nämlich Situationen interkultureller Interaktion) bestimmt.

Folgende Bestandteile sind konstituierend für kulturelle Intelligenz:

1. *Kognition*: das (Fakten-)Wissen um kulturelle Gegebenheiten sowie Fachkompetenzen.
2. *Metakognition*: die Fähigkeit, kontinuierlich die eigene Situation zu analysieren, das eigene Verhalten zu überdenken und neu erworbenes mit altem Wissen in Beziehung zu setzen und dazuzulernen.
3. *Motivation*: Man muss überhaupt erfolgreich interkulturell kommunizieren wollen.
4. *Verhaltensdisponibilität*: Theoretisch Durchschautes muss auch in die Tat umgesetzt werden können. Von herausragender Bedeutung ist in diesem Zusammenhang das *impression-management*, d.h. die Fähigkeit, den Eindruck, den man selbst auf andere macht, zu identifizieren und kontrollieren zu können.
5. *Entwicklungscharakter*: Zwar gibt es durchaus Persönlichkeitseigenschaften und Umweltbedingungen, die sich positiv oder negativ auf die individuelle Disposition zu kultureller Intelligenz auswirken können. Aber „konsistent mit der Natur von *intelligence*“ (Ng/Earley 2006, 15, eigene Übersetzung), ist kulturelle Intelligenz eine Fähigkeit, die mit der Erfahrung und der entsprechenden Reflexion darüber wachsen kann.

Zu unterscheiden ist kulturelle Intelligenz von der *Cultural Variation of Intelligence*. Bei Letzterer handelt es sich um ein Konzept, das beschreibt, welche Fähigkeiten in unterschiedlichen Kulturen als intelligent erachtet und somit gefördert werden (Ng/Earley 2006).

Ang, S./Dyne, L. van (2008): Handbook of Cultural Intelligence. Armonk, M.E.Sharpe.
Earley, P.C./Ang, S. (2003): Cultural Intelligence. Individual interactions across cultures. Stanford, Stanford University Press.
Ng, K.-Y./Earley, P.C. (2006): Culture + Intelligence: Old constructs, new frontiers. In: Group & Organization Management 31 (1), 4–19.

Thomas, D./Elron, E./Stahl, G./Ekelund, B./Ravlin, E./Cerdin, J.-L. (2008): Cultural Intelligence: Domain and assessment. In: International Journal of Cross Cultural Management 8 (2), 123–143.

S.G.

**Interface, interkulturelles**

Person, die die Rolle einer interkulturellen Nahtstelle, eines Mittlers einnimmt und somit Teil eines oder mehrerer kultureller Systeme ist und Austausch und Verständigung ermöglicht. Somit vermittelt ein interkulturelles Interface bewusst oder unbewusst zwischen Personen und Organisationen aus mindestens zwei unterschiedlichen kulturellen und *sozialen →Systemen.* Dies setzt Bekanntheit und Vertrautheit mit mehreren Systemen, ihren Sprachen, ihren inhärenten Bedeutungen, Regeln und Logiken voraus (*Interkulturelle →Kompetenz*). Übersetzer, Sekretäre, Assistenten oder Auslandsentsandte führen Interface-Aufgaben aus: Sie nehmen verschiedene Perspektiven und Positionen ein, „vermitteln" ständig Standpunkte und Meinungen und „übersetzen" Informationen so, dass sie beim Empfänger des anderen Systems verstanden werden (*→Interkulturalist*).

Barmeyer, C. (1996): Interkulturelle Qualifikationen im deutsch-französischen Management kleiner und mittelständischer Unternehmen. St. Ingbert, Röhrig.

**Interkultur**

Dynamische dritte Kultur, die aus Kulturkontakt und kommunikativen Handlungen verschiedenkultureller Interaktionspartner entsteht. Die Interaktionspartner konstituieren innerhalb eines kooperativen Beziehungsfelds neue Bedeutungen, Regeln und Verhaltensweisen, die von den Beteiligten akzeptiert, verstanden und gelebt werden (Casrnir 1999). Die Interaktionspartner gestalten aus der Kombination und Dynamik verschiedenkultureller Elemente einen neuen gemeinsamen Kommunikations- und Kooperationsraum (Bolten 1995, 32). Insofern ist das Verhalten von Personen in interkulturellen Situationen Ergebnis eines wechselseitigen Interpretations- und Anpassungsprozesses mit abweichenden eigenkulturellen Verhaltensnormen und kann nicht nur aufgrund ihrer eigenkulturellen Sozialisation erklärt werden (Müller-Jacquier 2000, 25).

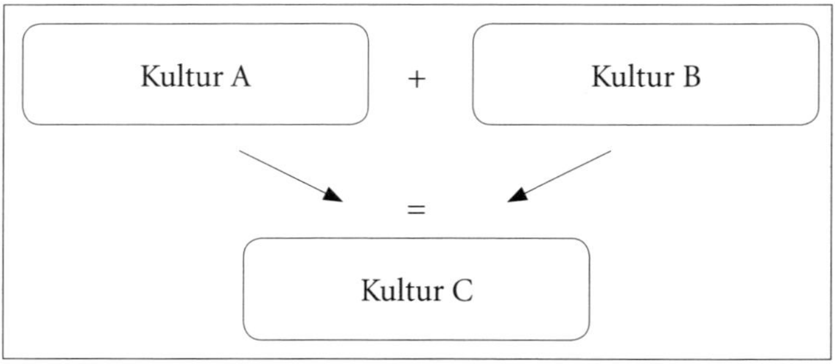


**Abb. 9:** Entstehung von Interkultur (Casrnir 1999, 98).

Die Entstehung einer Interkultur oder der ‚dritten Kultur' ist im Rahmen von Multikulturalität (z.B. spanische, italienische, englische und deutsche Personen) eher möglich als bei Bikulturalität (z.B. englische und deutsche Personen), da in bikulturellen Konstellationen, in der jede Kultur die Führerschaft übernehmen will, konkurrierende Ziel-, Macht- und Interessenvorstellungen häufig zu Schwierigkeiten führen.

Ob die entstandene Interkultur nicht nur ein theoretisches Konstrukt ist, weil die Interaktionspartner nur bedingt zu gegenseitigen Anpassungen und Kompromissen bereit oder fähig sind, ist noch empirisch zu belegen. Aufbauend auf einem gemeinsamen Ziel können sicherlich neue gemeinsame Arbeitsweisen gefunden werden, ob jedoch neue gemeinsame Vorstellungen und Interpretationen der Wirklichkeit oder gar neue gemeinsame Wissensvorräte entwickelt werden können, ist fraglich. Diese haben sich über →*Sozialisation* verfestigt (→*Enkulturation*, →*Kultur*) und sind nicht einfach modifizierbar. Ebenso ist kritisch anzumerken, dass generell bei allen – auch *intra*kulturellen – interpersonalen Interaktionen ständig neue Kommunikations- und Kooperationshandlungen und neue →*dritte Räume* entstehen, also in gewisser Weise Interkulturen.

Bolten, J. (1995): Grenzen der Internationalisierungsfähigkeit. Interkulturelles Handeln aus interaktionstheoretischer Perspektive. In: Bolten, J. (Hg.): Cross Culture – Interkulturelles Handeln in der Wirtschaft. Sternenenfels/Berlin, Wissenschaft und Praxis, Bd. 1), 24–42.

Casrnir, F. (1999): Foundations for the Study of Intercultural Communication based on a Third-Culture Building Model. In: International Journal of Intercultural Relations, 23 (1), 91–116.

Müller-Jacquier, B. (2000): Linguistic Awareness of Cultures. Grundlagen eines Trainingsmoduls. In: Bolten, J. (Hg.): Studien zur internationalen Unternehmenskommunikation. Leipzig, Popp, 20–49.

**Interkulturalist**

Person, die sich theoretisch und/oder praktisch mit →*Interkulturalität* und *Interkultureller →Kommunikation* befasst. Interkulturalisten versuchen zu verstehen, wie Menschen, die mit Interkulturalität konfrontiert sind, ihre Umwelt wahrnehmen, konzeptualisieren und ihr Handeln gestalten. Dies beinhaltet insbesondere den konstruktiven Umgang mit kultureller Andersartigkeit und →*Fremdheit*. Hierfür können sich Interkulturalisten beispielsweise mit den Spezifika *sozialer →Systeme* beschäftigen, diese in Beziehung zueinander setzen (→*Kulturvergleich*) und damit zu einem besseren Verständnis von bzw. kompetenterem Umgang mit interkulturellen Interaktionssituationen beitragen (*Interkultureller →Dreischritt*).

Moosmüller (2007, 17) bezeichnet einen Interkulturalisten auch als „Grenzgänger", „der nicht nur beständig kulturelle Grenzen überschreitet, sondern für den die „Grenzgängerei" selbst – und nicht so sehr das, was jenseits der Grenze liegt – den zentralen Gegenstand seines Interesses darstellt." Die eigentlich wertfreie Bezeichnung Interkulturalist wird in der Publikation von Dahlén (1997) mit kritischem, teils ironisch-normativ eingeschränktem Blick auf die Berufsgruppe interkultureller Trainer und Berater verwendet. Laut Dahlén sind Interkulturalisten nicht nur Träger überkommener Kulturkonzepte, sondern problematisieren zudem kulturelle Differenz unnötig stark, um daraus ökonomischen Nutzen zu ziehen.

Dahlén, T. (1997): Among the Interculturalists. An Emergent Profession and its Packaging of Knowledge. Stockholm, Departement of Social Anthropology.

Moosmüller, A. (2007): Interkulturelle Kommunikation aus ethnologischer Sicht. In: Moosmüller, A. (Hg.): Interkulturelle Kommunikation. Konturen einer wissenschaftlichen Disziplin. München/Münster, Waxmann, 3–49.

Mit S.Ö.

**Interkulturalität**

Gegenseitiger Prozess des Austauschs, der Interaktion, der Verständigung, der Interpretation, der Konstruktion, aber auch der Überraschung und der Irritation, ebenso der Selbstvergewisserung, der Deformation, der Erweiterung und des Wandels, der dann relevant wird, wenn Kulturen auf der Ebene von Gruppen, Individuen und Symbolen in Kontakt miteinander kommen und nicht über dieselben Wertorientierungen, Bedeutungssysteme und Wissensbestände verfügen (*Interkulturelle →Kommunikation*, →*Kultur*) (Barmeyer 2011, Spencer-Oatey/Franklin 2009).

Das Präfix „inter", bedeutet „zwischen", „miteinander" und „reziprok". Es verweist darauf, dass etwas Neues im Austauschprozess entsteht. Dieses Neue führt dazu, dass interkulturelle Situationen von einer Eigendynamik geprägt sind, die dazu führt, dass die interagierenden Personen Kommunikations- und Verhaltensregeln neu gestalten und gegenseitig „aushandeln" – durch *negotiation of meaning* – und deshalb anders agieren und reagieren als in *intra*kulturellen Begegnungssituationen (Müller-Jacquier 2004).

Erst wenn es zu kulturellen Überschneidungssituationen zwischen Personen kommt, in denen Eigenes und Fremdes als *bedeutsam* eingestuft werden, entsteht Interkulturalität.

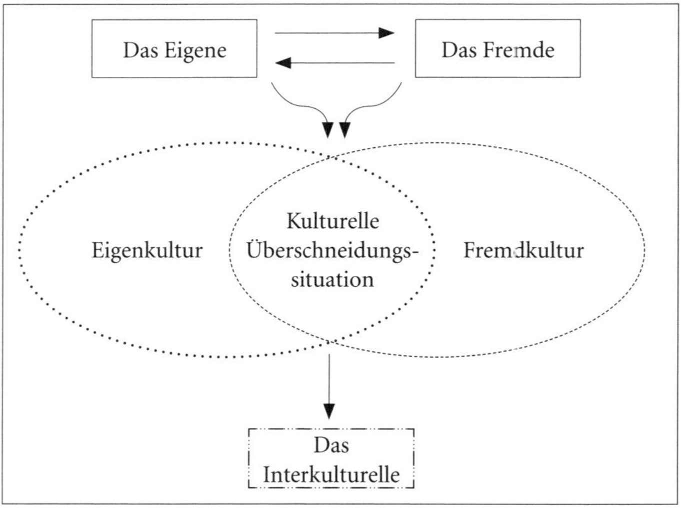


**Abb. 10:** Dynamik kultureller Überschneidungssituationen (Thomas 2003, S.46).

In interkulturellen Situationen können die spezifischen Verhaltensnormen der Akteure abweichen, bilden sich situativ neue Verhaltensweisen für den Zeitraum der interkulturellen Interaktion heraus (→*Interkultur*). Allerdings enthalten interkulturelle Situationen meist Uneindeutiges, Vages und Neuartiges, das als bedrohlich oder anregend wahrgenommen werden kann. Interkulturalität kann verschiedene Formen aufweisen mit sowohl positiven Ausprägungen (→*Synergie*) als auch negativen (→*Critical Incidents*).

Barmeyer, C. (2011): Interkulturalität. In: Barmeyer, C./Genkova, P./Scheffer, J. (Hg.): Interkulturelle Kommunikation und Kulturwissenschaft. Grundbegriffe, Wissenschaftsdisziplinen, Kulturräume. Passau, Stutz, 37–77.

Müller-Jacquier, B. (2004): ‚Cross-cultural' versus interkulturelle Kommunikation. Methodische Probleme der Beschreibung von Inter-Aktion. In: Lüsebrink, H.-J. (Hg.): Konzepte der Interkulturellen Kommunikation: Theorieansätze und Praxisbezüge in interdisziplinärer Perspektive. St. Ingbert, Röhrig, 69–113.

Spencer-Oatey, H./Franklin, P. (2009): Intercultural Interaction. London, Palgrave MacMillan.
Thomas, A. (2003): Das Eigene, das Fremde, das Interkulturelle. In: Thomas, A. (Hg.): Handbuch Interkulturelle Kommunikation und Kooperation. Band 1. Grundlagen und Praxisfelder. Göttingen, Vandenhoeck & Ruprecht, 44–59.

**Internalität** →*Externalität/Internalität*

**Internationalisierung**

Prozess der kontinuierlichen Überschreitung nationaler Grenzen und der Intensivierung des Kontakts zwischen Nationen und ihren Gesellschaften durch komplexe Transfer- und Diffusionsprozesse (→*Kulturtransfer*) sowie Migration. Internationalisierung kann sich dabei sowohl auf die grenzüberschreitende Verknüpfung von Handeln und Handelnden beziehen (Transnationalisierung) als auch auf Einrichtung von Regeln und →*Institutionen*, die auf einer dem Nationalstaat übergeordneten Ebene angesiedelt sind (Supranationalisierung) (Sorge 2009, 10).

Auf der Makro-Ebene gesamtgesellschaftlicher Betrachtungen (→*Drei-Ebenen-Modell*) wird Internationalisierung häufig synonym verwendet für Globalisierung und für die damit (vermeintlich) einhergehenden Phänomene der →*Kulturkonvergenz*, der Multikulturalisierung (→*Multikulturalität*) von Gesellschaften bzw. Heterogenisierung *kultureller* →*Kollektive*. Letztere ist mitunter das Ergebnis zunehmender Migration von Angehörigen unterschiedlicher →*Kulturen*.

Zugleich wird Internationalisierung aber auch verstanden als bewusst gesteuerter Prozess der internationalen Verflechtung von Organisationen und Unternehmen bzw. der Ausweitung unternehmerischer Aktivititäten über die Grenzen des Nationalstaates hinaus (Mayrhofer/Urban 2011, Kutschker/Schmidt 2008). Auf dieser Meso-Ebene organisationaler Betrachtung wird auch die ganze Bandbreite der Internationalisierungsprozesse deutlich. Zum einen sind Organisationen eingebettet in transnational verflochtene (z.B. international aufgesplittete Wertschöpfungskette) und bisweilen supranational geregelte (z.B. EU) Organisationskontexte. Zum anderen rekrutieren sich Ressourcen (u.a. Personal) großer Organisationen zunehmend aus einer Vielzahl verschiedener kultureller und institutioneller Kontexte (u.a. →*Expatriation*) und sind Organisationen eingebunden in regionale Kontexte (Heidenreich et al. 2012, Mattes 2010). Vor allem aber sind Organisationen selbst Akteure im bewusst propagierten Internationalisierungsprozess, sodass sie sich in einem Spannungsfeld der Interdependenz bewegen zwischen der Gestaltung von Prozessen und Anpassung an Konsequenzen der Internationalisierung (→*Kulturstrategie*).

Aus Sicht der Forschung zur →*Interkulturalität* ist Internationalisierung der Hintergrundprozess und damit Voraussetzung für zunehmenden Kulturkontakt (→*Akkulturation*, →*Kulturtransfer*) sowie die daraus resultierenden konfliktuellen wie synergetischen (*interkulturelle* →*Synergie*) Konsequenzen (→*Interkultur*). Auch erklärt sich zum Großteil erst durch internationale Einflüsse die *kulturelle* →*Dynamik sozialer* →*Systeme.*

Heidenreich, M./Barmeyer, C./Koschatzky, K./Mattes, J./Baier, E./Krüth, K. (2012) (Hg.): Multinational Enterprises and Innovation: Regional Learning in Networks. New York/London, Routledge.

Kutschker, M./Schmid, S. (2008): Internationales Management. München, Oldenbourg.

Mattes, J. (2010): Innovation in Multinational Companies. Organisational, International and Regional Dilemmas. Frankfurt/Main, Peter Lang.

Mayrhofer, U./ Urban, S. (2011): Management international. Des pratiques en mutation. Paris, Pearson.

Sorge, A. (2009) (Hg.): Internationalisierung. Gestaltungschance statt Globalisierungsschicksal. Berlin, Edition Sigma.

S.Ö.

**Kollektivismus** →*Individualismus/Kollektivismus*, →*In-Group*

**Kommunikation, interkulturelle**

Austausch- und Interaktionsprozess zwischen Personen und Gruppen mit unterschiedlichem kulturellem Hintergrund, die verbal oder nonverbal über Zeichen (z.B. gesprochene oder geschriebene Sprache, Gestik, Mimik) Ideen, Gefühle und Bedeutungen austauschen. Laut Watzlawick findet Kommunikation auf zwei Ebenen statt: auf der Inhalts- und der Beziehungsebene. Während auf der Inhaltsebene „Daten" übermittelt werden, wird auf der Beziehungsebene übermittelt, wie diese zu interpretieren sind. Der Beziehungsaspekt umfasst somit die Ebene der →*Metakommunikation* und bestimmt die Inhaltsebene (Watzlawick et al. 2007, 55ff). Wenn die Interaktionspartner stark unterschiedliche Annahmen, Wissensbestände, Werte sowie Denk- und Verhaltensweisen aufweisen, kann es zu nicht zutreffenden Bedeutungszuschreibungen (→*Attribution*) und Fehlinterpretationen kommen, die den *inter*kulturellen Kommunikationsprozess komplizierter verlaufen lassen als den *intra*kulturellen und zu Missverständnissen (→*Critical Incidents*) führen können (Thomas 2003).

Ebenso wie in intrakulturellen Kommunikationssituationen sind Kommunikationsmittel (verbal, nonverbal), Kommunikationskanäle (akustisch, optisch, taktil, interpersonal oder medial), Kommunikationsbeziehungen (symmetrisch, asymmetrisch) und Kommunikationsfunktionen (Mitteilungs-, Einfluss- oder Beziehungsfunktion) zu beachten, allerdings unter ihren kulturspezifischen Bedeutungen (→*Kontextualisierung*).

Ein hohes Maß an fremdsprachlicher und *interkultureller* →*Kompetenz* (Aufgeschlossenheit, Empathie, Sensibilität für Nuancen etc.) ist Voraussetzung für effektive interkulturelle Kommunikation (Helmolt/Müller 1993). Dem Einsatz der Fremdsprache kommt eine wichtige – häufig unterschätzte – Bedeutung zu, da der Grad ihrer Beherrschung maßgeblich Interpretation und Verständigung beeinflusst. Allerdings sollte die fremdsprachliche Kompetenz auch nicht überschätzt werden, da interkulturelle Kommunikation häufig in einer Drittsprache (meist Englisch) stattfindet, wenn z.B. deutsche und chinesische Personen zusammenarbeiten. Ausgesprochen wichtig ist zum Verstehen ein hohes Kontextwissen über die Zielkultur (Bedeutung von Pünktlichkeit und Hierarchie etc. →*Kulturdimensionen*, →*Kulturstandards*), deren nonverbale Kommunikationsregeln (Sprechpausen, Unterbrechungen etc.) und Verhaltensweisen (Handschlag, Umarmung etc.) (Müller 1993).

Bei – westlichen – Interaktionspartnern existiert oft das Bedürfnis, Störungen durch →*Metakommunikation* („Wie meinen Sie das?", „Was ist in der Situation vorgefallen?", „Warum haben wir uns nicht verstanden?") zu thematisieren, was jedoch nicht immer möglich ist.

Interkulturelle Kommunikation bezeichnet insbesondere *Face-to-Face* Beziehungen, betrifft aber auch Formen mediatisierter Kommunikation, z.B. Informationstransfer, Bilder, Verhaltenscodes, Werte etc. (→*Kulturtransfer*). In der Regel verhalten sich die beteiligten Kommunikationspartner anders, als sie es in einem monokulturellen Kontext tun würden; somit weisen interkulturelle Kommunikationssituationen eine eigene interaktive Dynamik auf, die durch Anpassung oder Durchsetzung von Kommunikations- und Verhaltensregeln situationsspezifisch ausgehandelt werden (→*Interkultur*).

Helmolt, K. v./Müller, B.-D. (1993): Zur Vermittlung interkultureller Kompetenzen. In: Müller, B.-D. (Hg.): Interkulturelle Wirtschaftskommunikation, München, Iudicium, 509–548.

Müller, B. (1993) (Hg.): Interkulturelle Wirtschaftskommunikation. München, Iudicium.

Thomas, A. (2003): Interkulturelle Wahrnehmung, Kommunikation und Kooperation. In: Thomas, A./Kammhuber, S./Schroll-Machl, S. (Hg.): Handbuch Interkulturelle Kommunikation und Kooperation, Göttingen, Vandenhoeck & Ruprecht, 94–116.

Watzlawick, P./Beavens, J./Jackson, D. (2007): Menschliche Kommunikation. Bern, Hans Huber.

Mit B.A.

**Kompetenz, interkulturelle**
Fähigkeit einer Person, Werte, Denkweisen, Kommunikationsregeln und Verhaltensmuster einer anderen Kultur zu verstehen, um in interkulturellen Interaktionssituationen eigene Standpunkte transparent zu kommunizieren und somit kultursensibel, konstruktiv und wirkungsvoll zu handeln. Interkulturelle Kompetenz ermöglicht adäquate interkulturelle Interaktionen, um persönliche oder professionelle Ziele zu erreichen.

Sie beinhaltet ein Bewusstsein über die eigenkulturelle Prägung von Werten und Verhaltensweisen (→*Enkulturation*, →*Sozialisation*), das Wissen über spezifische Kontexte (→*Kontextualisierung*, →*Kulturdimensionen*, →*Neoinstitutionalismus*), Verständnis und Wertschätzung bezüglich Logiken und Eigenarten anderskultureller Systeme sowie die Fähigkeit, divergierende Sichtweisen und Standpunkte zu akzeptieren und als komplementäre Synthese zu integrieren (→*Ethnorelativismus*, →*Perspektivwechsel*).

Zu unterscheiden sind die allgemein-kulturelle und die kulturspezifische interkulturelle Kompetenz. Erstere betrifft die Verbesserung der Kommunikation mit Angehörigen beliebiger Kulturen. Kulturspezifische Kompetenz dagegen betrifft die Kommunikations- und Handlungskompetenz bezogen auf eine bestimmte Zielkultur, z.B. „Frankreich“ oder „Japan“, die auch Wissen über das jeweilige kulturelle Werte- und Regelsystem beinhaltet (→*Kultur*, *soziales* →*System*). Zu beachten ist, dass interkulturelle Kompetenz den Mangel an Fachwissen oder fremdsprachlichen Fähigkeiten nicht ersetzen kann. Andererseits können Personen, die ein ausgeprägtes Fachwissen oder hervorragende Sprachkompetenzen aufweisen, in interkulturellen Situationen scheitern, wenn keine oder nur rudimentäre interkulturelle Kompetenz vorhanden ist (Barmeyer 2000).

Um diese Handlungssicherheit und individuelle Anpassungs- und Integrationsprozesse bei Mitarbeitern zu entwickeln, sind Prädiktoren und Eigenschaften interkultureller Handlungskompetenz zu definieren. Eine eingängige und allgemein akzeptierte Strukturierung dieser Eigenschaften und Fähigkeiten stammt aus der US-amerikanischen sozialpsychologischen Forschung.

Interkulturelle Kompetenz setzt sich demnach aus emotionaler Einstellung bzw. kultureller Sensibilität, Wissen und Verhalten zusammen (Barmeyer 2000, Barmeyer/Davoine 2011, Bolten 2001, Landis/Bhagat, 1996, Stüdlein 1997):

1. Affektiv, Einstellungen betreffend: Interkulturelle Kompetenz enthält Eigenschaften sozialer Kompetenz; insofern handelt es sich um Persönlichkeitseigenschaften und Einstellungen. Das bedeutet, dass viele dieser Eigenschaften ebenso in monokulturellen Kontexten von Bedeutung sind. Einen großen Bereich nehmen die emotionalen Einstellungen gegenüber der Eigen- und Fremdkultur ein, die allgemein als ‚Self Awareness' und →*Cultural Awareness* bezeichnet werden.
2. Kognitiv, Kenntnisse betreffend: Auf der kognitiven Ebene findet sich kulturspezifisches Wissen. →*Kulturdimensionen* (z.B. Raum- und Zeitverhalten, Hierarchie, Vertrauen etc.) bilden einen Orientierungsrahmen für das eigen- und anderskulturelle Wertesystem und Verhalten. Kenntnisse über Landeskunde und kulturelle Dimensionen sollten jedoch ergänzt werden durch Kenntnisse über das kulturelle System der Zielkultur, wie z.B. *kommunikative →Stile* oder kulturelle Praktiken. Diese Kenntnisse ermöglichen zutreffende Interpretationen und →*Attributionen* anderskulturellen Verhaltens.
3. Verhaltensbezogen: Um wirksam zu sein, bedürfen die erwähnten Persönlichkeitsmerkmale sozialer Kompetenz (1.) sowie die kulturellen und landeskundlichen Kenntnisse (2.) einer Umsetzung in interkulturellen Situationen. Das heißt, eine Person kann nur dann interkulturell kompetent sein, wenn es ihr gelingt, diese Kenntnisse umzusetzen und sich in einer anderskulturellen Situation anzupassen. Im Verhalten zeigt sich dann die Kombinationsfähigkeit kognitiver und affektiver Kompetenzen.

Demnach setzt sich interkulturelle Kompetenz aus emotionalen, kognitiven und verhaltensbezogenen Komponenten (Gudykunst et al. 1977) zusammen. Sie sind untereinander komplementär und interdependent.

Tabelle 1 auf S. 88 verdeutlicht die Überschneidung von Persönlichkeitseigenschaften wie „soziale Kompetenz" mit kultureller und landeskundlicher Kenntnis sowie mit interaktiven und kommunikativen Fähigkeiten. Sie alle sind untereinander komplementär und interdependent.

Die eher als ‚soft' einzuordnenden Eigenschaften und Merkmale mit einer femininen Wertorientierung (→*Femininität*), die interkulturelle Kompetenz konstituieren, sind jedoch kein Garant für wirkungsvolles Arbeiten in internationalen Kontexten. Gerade in wettbewerbsgeprägten Arbeits- oder Verhandlungssituationen können Persönlichkeitseigenschaften wie starke Anpassungsfähigkeit, Flexibilität, Geduld und Empathie zu nachteiligeren Positionen führen. Individuelle Anpassungs-

| | **Emotional**<br>Einstellungen, Werte, Sensibilität | **Kognitiv**<br>Begriffe, Wissen, Verständnis | **Verhaltensbezogen**<br>Fähigkeiten, Eignungen, Handeln |
|---|---|---|---|
| Ziel | Entwicklung einer positiven Einstellung gegen über anderskulturellen Personen und deren fremden Kultur;<br>Abbau von Ängsten und Stress | Kenntnis und Beherrschung grund-legender kulturallgemeiner, als auch kulturspezi-fische Kenntnisse | Motivation und Interesse um den Kontakt mit anderskulturellen Personen zielführend und bereichernd zu gestalten |
| Merkmale | Empathie<br>Offenheit<br>Flexibilität<br>Respekt<br>Rollendistanz<br>Wertfreie Haltung<br>Ethnorelativismus<br>Ambiguitätstoleranz<br>Frustrationstoleranz | Kenntnis der politischen, sozialen, wirtschaftlichen und Systeme<br>Kenntnis von Kulturdimensionen und Kulturstandards<br>Fremdsprachen-kenntnisse<br>Selbstkenntnis | Fähigkeit, die kognitiven Kenntnisse anzuwenden<br>Kommunikations-fähigkeit<br>Fähigkeit, Sprachkenntnisse in die Praxis umzusetzen<br>Fähigkeit zur Metakommunikation<br>Flexibles Verhalten<br>Selbstdisziplin |

**Tab. 1:** Komponentenmodell: Ziele und Merkmale interkultureller Kompetenz (Barmeyer 2000; Bolten 2001)

prozesse an Situationen und Personen in fremdkulturellen Kontexten sind deshalb nur in begrenztem Maße sinnvoll. Dagegen können eher maskuline Wertorientierungen (→*Maskulinität*) wie Zielstrebigkeit, Aufgabenorientierung und Durchsetzungsfähigkeit zielführender sein. Diese Eigenschaften und Merkmale sind somit differenziert zu verstehen, da Persönlichkeitskriterien nicht isoliert betrachtet und als ‚gut' bewertet werden können, ohne sie mit spezifischen Situationen, Zielkulturen sowie bisherigen interkulturellen Erfahrungen in Verbindung zu setzen (→*Kontextualisierung*) (Barmeyer/Davoine 2011).

Forschung und Personalentwicklung sind der Auffassung, dass interkulturelle Kompetenz erlernt bzw. weiterentwickelt werden kann (→*DMIS – Entwicklungsmodell interkultureller Sensibilität*). Hierbei gilt es aber zu differenzieren: Während persönliche Charaktereigenschaften inhärent mit dem Individuum verbunden und wenig veränderbar sind, sind der Erwerb und die Entwicklung von Kenntnissen, Fertigkeiten und Einstellungen möglich. Allerdings bedarf der interkulturelle Lernprozess, wenn er bewusst vollzogen werden soll, geführter Lernprozesse, wie *interkultureller →Trainings* und *interkulturellen →Coachings.*

Auch scheinen hinsichtlich der emotionalen Komponenten, also der eher in der Persönlichkeit angelegten Merkmale, Kinder in ihren frühen Entwicklungsjahren viele Eigenschaften interkultureller Kompetenz aufzuweisen: Offenheit, Vertrauen, Dinge und Ereignisse mit Interesse, Freude und Neugierde betrachten und erforschen sowie auf Situationen und Menschen tolerant und flexibel reagieren. Im Rahmen der Sozialisation scheinen sich diese Eigenschaften jedoch sukzeissive zu verlieren.

Das Konzept interkultureller Kompetenz, insbesondere aber die teils empirisch unzureichend abgesicherten Eigenschaften werden in der Forschung kritisiert (Dreyer/Hößler 2011, Straub 2007). Ebenso wird diskutiert, ob es sich bei Merkmalen interkultureller Kompetenz um allgemeine soziale Kompetenzmerkmale handelt oder um spezifische Fähigkeiten, Einstellungen, Haltungen und Wissen, die sich nicht unter soziale Kompetenzen unterordnen lässt (Otten 2007, 66).

Barmeyer, C./Davoine, E. (2011): Kontextualisierung interkultureller Kompetenz in einer deutsch-französischen Organisation: ARTE. In: Dreyer, W./Hößler, U. (2011) (Hg.): Perspektiven interkultureller Kompetenz. Göttingen, Vandenhoeck & Ruprecht, 299–315.

Barmeyer, C (2004): Learning styles and their impact on cross-cultural training. An international comparison in France, Germany and Quebec. In: International Journal of Intercultural Relations, 28 (6), 577–594.

Barmeyer, C. (2000): Interkulturelles Management und Lernstile. Frankfurt/Main/New York, Campus.

Bolten, J. (2001): Interkulturelle Kompetenz. Erfurt, Thüringer Landeszentrale für politische Bildung.

Deardorff, D. (2009) (Hg.): The Sage handbook of intercultural competence. Thousand Oaks, Sage.

Dinges, N./Baldwin, K. (1996): Intercultural Competence. A Research Perspective. In: Landis, D./Bhagat, R. (Hg.): Handbook of Intercultural Training. London u.a., Sage, 106–123.

Dreyer, W./Mößler, U. (2011) (Hg.): Perspektiven interkultureller Kompetenz. Göttingen, Vandenhoeck & Ruprecht.

Gudykunst, W./Wiseman, R./Hammer, M. (1977): Determinants of a Sojourner's Attitudinal Satisfaction. A Path Model. In: Ruben, B. (Hg.): Communication Yearbook I. New Brunswick, Transaction-International Communication Association, 415–425.

Landis, D./Bhagat, R.S. (1996) (Hg.): Handbook of Intercultural Training. London u.a., Sage.

Otten, M. (2007): Profession und Kontext. Rahmenbedingungen der interkulturellen Kompetenzentwicklung. In: Otten, M./Scheitza, A./Cnyrim, A. (Hg.): Interkulturelle Kompetenz im Wandel: Grundlagen, Konzepte, Diskurs. Frankfurt/Main, IKO Verlag, 57–89.

Straub, J. (2007): Kompetenz. In: Straub, J./Weidemann, A./Weidemann, D. (Hg.): Handbuch Interkulturelle Kommunikation und Kompetenz. Stuttgart/Weimar, Metzler, 35–46.

Spitzberg, B./Chagnon, G. (2009): Conceptualizing Intercultural Competence. In: Deardorff, D. (Hg.): The Sage handbook of intercultural competence. Thousand Oaks, Sage, 2–52.
Stüdlein, Y. (1997): Management von Kulturunterschieden. Phasenkonzept für internationale strategische Allianzen. Wiesbaden, Gabler.
Thomas, A. (2003): Interkulturelle Kompetenz. Grundlagen, Probleme und Konzepte. In: Erwägen Wissen Ethik, Diskussionseinheit: Interkulturelle Kompetenz – Grundlagen, Probleme und Konzepte. 14 (1), 137–150.

**Kompetenzentwicklung, interkulturelle**

Aufbau und Erhalt *interkultureller →Kompetenz* durch interkulturell ausgerichtete Aus-, Fort- und Weiterbildungsmaßnahmen, um durch kulturell angemessenes Verhalten die eigene Zielerreichung und – wenn möglich – die des anderskulturellen Interaktionspartners zu erleichtern (Spencer-Oatey/Franklin 2009). Interkulturelle Kompetenzentwicklung gewinnt durch *multikulturelle →Gesellschaften* allgemein, aber auch durch *→Auslandsentsendungen*, multinationale Teams (*→Team, interkulturell-virtuelles*, *→Team, multikulturelles*) und internationale Mutter-Tochter-Beziehungen stetig an Bedeutung. Maßnahmen, Methoden und Instrumente interkultureller Kompetenzentwicklung sind *interkulturelle →Assessment Center, interkulturelles →Training* und *interkulturelles →Coaching*.

Bolten, J. (2001): Interkulturelles Coaching, Mediation, Training und Consulting als Aufgabe des Personalmanagements internationaler Unternehmen. In: Clermont A./ Schmeisser, W./Krimphove, D. (Hg.): Strategisches Personalmanagement in Globalen Unternehmen. München, Vahlen-Verlag, 909–926.
Landis, D./Bennett, J. /Bennett, M. (2004) (Hg.): Handbook of Intercultural Training. London, Sage.
Spencer-Oatey, H./Franklin, P. (2009): Intercultural Interaction. London, Palgrave MacMillan.

**Konflikt, interkultureller** *→Akkulturation, →Critical Incident, →Mediation, →Resistenz*

**Konstruktivismus**

Annahme, dass Wahrnehmung und Erkennen auf individuellen Eindrücken basiert, mit denen Individuen ihre Sicht auf die Welt konstruieren und dadurch ein rein subjektives Verständnis für ihre Umwelt entwickeln können. Erklärungen für diese subjektive Perzeption finden sich zum einen in der Neurobiologie und den ablaufenden neurobiologischen Prozessen (Glasersfeld 1996) oder auch in sozialen Konventionalisierungen (Berger/Luckmann 1969, Schütz 1971).

Wenn jedoch Wahrnehmung als das Ergebnis von *→Kommunikation* angesehen wird (Watzlawick 2007, 7) und weiterhin davon ausgegangen wird, dass alles Gesprochene von einem Beobachtenden gesagt wird (Maturana 1998, 25) und somit subjektives Produkt individueller wirklichkeitskonstruierender Wahrnehmungsprozesse ist, kann es keine objektive Wirklichkeit geben. Angewendet auf den Kontext der *interkulturellen →Kommunikation* geht es um „das Verstehen von Manifestationen anderer Kulturen" (Brenner 1999, 3). Um dieses Verständnis herbeizuführen, brauchen Individuen sinnkonstituierende Systeme (Luhmann 1971) (*→Kultur, →Nationalkultur, soziale →Systeme*), deren Wahrnehmung jedoch trotz kollektiver Tradierungen (*→Kulturkollektiv*) ebenfalls wieder konstruktivistisch geprägt ist.

Das Konzept des Konstruktivismus ist grundlegend für das Verständnis interkultureller Prozesse, da es den Blick für die Subjektivität von Wahrnehmung und darauf aufbauend für Methoden und Instrumenten schärft und dadurch eine Sensibilisierung für kulturelle Bedeutungszuschreibungen schaffen kann. Jedoch wirft die dem Konstruktivismus inhärente interpretative Herangehensweise abermals die Problematik des Forscher-Bias auf (interkulturelle *→Epistemologie, →Hermeneutik*) die sowohl von Forscher als auch Rezipient Reflexion erfordert.

Berger, P./Luckmann, T. (1969): Die gesellschaftliche Konstruktion der Wirklichkeit: Eine Theorie der Wissenssoziologie. Frankfurt/Main, Fischer.

Brenner, P. (1999): Kulturanthropologie und Kulturhermeneutik: Grundlagen interkulturellen Verstehens, (Forschungsbericht). Paderborn, Universität Paderborn.

Frindte, W. (1995): Radikaler Konstruktivismus und Social constructionism – die sozialpsychologischen Folgen und die empirische Rekonstruktion eines Gespenstes. In: Fischer, H. (Hg.): Die Wirklichkeit des Konstruktivismus. Heidelberg, Carl Auer, 103–129.

Glasersfeld, E. v. (1996): Radikaler Konstruktivismus: Ideen, Ergebnisse, Probleme. Frankfurt/Main, Suhrkamp.

Luhmann, N. (1971): Sinn als Grundbegriff der Soziologie. In: Habermaas, J./Luhmann, N.: Theorie der Gesellschaft oder Sozialtechnologie. Frankfurt/Main, Suhrkamp, 25–100.

Maturana, H. (1998): Biologie der Realität. Frankfurt/Main, Suhrkamp.

Schütz, A. (1971): Gesammelte Aufsätze. Band 1: Das Problem der sozialen Wirklichkeit. Den Haag, Nijhoff.

Watzlawick, P. (2007): Wie wirklich ist die Wirklichkeit? Wahn, Täuschung, Verstehen. München, Piper.

B.A.

**Kontakthypothese**

Annahme, dass Spannungen zwischen Gruppen bzw. Kulturen durch Unkenntnis der anderen Sichtweise auftreten und somit verringert werden können, wenn die Individuen dieser Gruppen in häufigen Kontakt miteinander treten (Allport 1954, Pettigrew 1998). Jedoch muss in Bezug auf das Forschungsfeld der *interkulturellen →Kommunikation* angemerkt werden, dass der Kontakthypothese zwar durchaus Bedeutung bei der Reduktion von Vorurteilen zugesprochen werden kann (Thomas et al. 2007), es jedoch wichtig ist zu beachten, dass nicht der Kontakt allein dazu beiträgt. Eine große Rolle spielt vielmehr auch die Persönlichkeit und Haltung der beteiligten Individuen. Nur weil eine Person in Kontakt mit Individuen anderer Kulturen in Kontakt kommt, ist nicht gesagt, dass →*Interkulturalität* entsteht oder Prozesse interkulturellen Lernens (→*Lernen, interkulturelles*) angeregt werden. Je nach Aufgeschlossenheit und Haltung der Person kann jedoch durch Kontakt →*Kommunikation* stattfinden, die im besten Fall ein Verständnis für andere Sichtweisen entstehen lässt, →*Perspektivwechsel* anregt und so kulturelle Offenheit fördert.

Allport, G. W. (1954): The nature of Prejudice. Cambridge, Addison-Wesley.
Bochner, S. (2006): Sojourners. In: Sam, D./Berry, J. (Hg.): The Cambridge Handbook of Acculturation Psychology.. Cambridge, Cambridge University Press, 181–197.
Pettigrew, T. (1998): Intergroup contact theory. Annual Review of Psychology, 49, 65–85.
Thomas, A./Chang, C./Abt, H. (2007): Internationale Jugendbegegnungen als Lern- und Entwicklungschance. Bensberg, Thomas-Morus-Akademie.

B.A.

**Kontext** →*Kontextualisierung*

**Kontextualisierung**

Berücksichtigung des spezifischen Handlungsrahmens, innerhalb dessen interkulturelle Begegnungen stattfinden und der zu einer Erschließung und fundierten Interpretation derselben beiträgt.

Zum Kontext gehören einerseits all jene Rahmenbedingungen, die interkulturelle Kommunikationssituationen (*interkulturelle* →*Kommunikation*) unmittelbar maßgeblich beeinflussen. Zu diesen zählen Ort, Zeit und Art des Zusammentreffens ebenso, wie die Beziehung der Interagierenden untereinander, der Zweck ihrer Interaktion sowie (kulturell) erlerntes Kommunikationsverhalten (Hall 1981) (*kommunikative* →*Stile*). Andererseits können auch all jene Aspekte der Kontextualisierung zugeschrieben werden, die Gegenstand der systemischen Betrachtung (*soziales* →*System*) von →*Interkulturalität* sind. Diese befasst sich nicht nur mit interkultureller Interaktion, sondern versucht zugleich den diese bestimmenden kulturellen Kontext – wie Geschichte und →*Institutionen* – erklärend in die Analyse mit einzubeziehen (u.a. d'Iribarne 1989). Grundlage einer kontextualisierten Betrachtungsweise ist gewissermaßen die Überzeugung, dass jede Aktion und mit ihr jeder Akteur in ein komplexes kulturelles System eingebunden ist, das Handlungen zwar nicht determiniert, von dem sich der Akteur aber auch nicht vollständig lösen kann (→*Enkulturation*, →*Sozialisation*).

Eine kontextualisierte Analyse interkultureller Situationen erfordert einen stark emisch (→*emic*) orientierten Forschungsansatz. Erst durch eine tendenziell ethnographisch angelegte *thick description* (Geertz 1973), also durch das möglichst umfassende und multiperspektivische Sammeln die Situation erklärender Merkmale, ist eine verständnisorientierte Interpretation von Interkulturalität möglich (*interkulturelle* →*Hermeneutik*). Konsequenz der Anerkennung der Kontextgebundenheit menschlichen Handelns ist jedoch zugleich die nur geringe Generalisierbarkeit (→*Generalisierung*) auf diese Weise gewonnener Ergebnisse.

Ein Prozessmodell interkulturellen Verstehens, das die Kontextualisierung per se in die Analyse interkultureller Situationen mit einbezieht, ist der *Interkulturelle* →*Dreischritt*. Allerdings ist zu beachten, dass sowohl bei der Beschreibung von →*Kulturspezifika* als auch im →*Kulturvergleich* sowie bei der Analyse des interkulturellen Kontakts die Konzeptionalisierung von Kultur selbst ein kontextuelles Unterfangen ist. Soziohistorische Rahmenbedingungen schlagen sich in der Folge ebenso in Untersuchungsgegenstand, methodischen Zugang und Erkenntnis nieder wie der forschungsdisziplinäre Kontext des Untersuchenden (*interkulturelle* →*Epistemologie*) (Sackmann/Phillips 2004).

D'Iribarne, P. (2001): Ehre, Vertrag, Konsens. Unternehmensmanagement und Nationalkulturen. Frankfurt/Main, Campus.

Geertz, C. (1973): The Interpretation of Cultures. New York, Basic Books.

Hall, E. (1981): Beyond Culture. New York, Anchor Books.

Sackmann, S./Phillips, M. (2004): Contextual Influences on Culture Research. Shifting Assumptions for New Workplace Realities. In: International Journal of Cross Cultural Management, 4 (3), 370–390.

Mit S.Ö.

**Konvergenzthese** →*Kulturkonvergenz*

**Konzepta** →*Kulturmodelle*

**Kreativität, interkulturelle**

Einfallsreichtum interkulturell handelnder Menschen, mit dessen Hilfe Fach- und Erfahrungswissen, Wahrnehmungen, Informationen und Emotionen in interkulturellen Interaktionen so kombiniert werden, dass die betroffenen Personen gemeinsam mit ihren Handlungspartnern interkulturellen Mehrwert erschließen (Stein 2010). Damit lassen sich ihre Ziele des interkulturellen Kommunizierens, Verhandelns und Zusammenarbeitens erreichen (→*Dilemma-Theorie, interkulturelle* →*Synergie*).

Das Interkulturelle an interkultureller Kreativität besteht darin, die anderskulturellen Interaktionspartner bewusst in kreative, Mehrwert schaffende Denk- und Handlungsprozesse zu integrieren. Abhängig jedoch von Kontext und →*Kultur* des Anderen sowie der kulturellen Distanz beziehungsweise Nähe zwischen Akteuren können unterschiedliche interkulturelle Konstellationen entstehen. Damit sind die Effektivität interkulturellen Handelns und damit auch die Effektivität des Einsatzes interkultureller Kreativität abhängig von spezifischen interkulturellen Konstellationen (→*Kontextualisierung*).

Während *interkulturelle* →*Kompetenz* und *kulturelle* →*Intelligenz* individuelle Fähigkeiten sind, aus einem generellen Set an Fähigkeiten mit situativem Bezug zu kultureller Unterschiedlichkeit die effektivsten Handlungswege zu identifizieren und kontextbezogen und angemessen zu handeln, geht interkulturelle Kreativität darüber hinaus. Dies geschieht durch das bewusste Brechen herkömmlicher monokultureller Handlungsmuster in interaktiven Situationen bzw. die Entwicklung interkultureller Handlungsmuster durch Neukombination traditioneller Denk- und Handlungsweisen sowie durch ein interdisziplinäres Nachdenken über interkulturelle Probleme (→*Criticical Incidents*). Ziel es es, sowohl neue als auch von allen Beteiligten akzeptierte Lösungen hervorzubringen (*interkulturelle* →*Ethik*).

Interkulturelle Kreativität kann als Individualkonzept verstanden werden – und stellt als solches eine abgrenzbare, spezifische, zeitstabile Fähigkeit dar – inmitten weiterer individueller Merkmale und Unterschiede von Menschen, das sich aber im Kollektiv mit anderen Individuen realisiert. Obwohl Persönlichkeitsmerkmale auf die Möglichkeiten zum Erwerb solcher interkultureller Kreativitätsfähigkeiten wirken, ist interkulturelle Kreativität nicht nur ein reines Persönlichkeitsmerkmal oder bloßes persönliches Interesse. Interkulturelle Kreativität kommt insbesondere dann zum Tragen, wenn interkulturelle Kompetenz für das Erreichen von Mehrwert nicht mehr ausreicht. Erst die Kombination aus interkultureller Kompetenz und interkultureller Kreativität führt zu einem Zuwachs an interkultureller Handlungs- und Führungseffektivität. Ihre Bedeutung erlangt interkulturelle Kreativität nicht zuletzt als Teil einer interkulturellen Personal-, *interkulturellen* →*Team-* und *interkulturellen* →*Organisationsentwicklung.*

Um ihr bisheriges konzeptionelles Stadium zu überwinden, sollte interkulturelle Kreativität, ihre konstituierenden Faktoren, Prozesse und Ergebnisse – wie auch *interkulturelle* →*Synergie* – noch empirisch erforscht werden.

Adler, N. (2002): International Dimensions of Organizational Behavior. Cincinnati, South Western.

Stein, V. (2010): Interkulturelle Kreativität. In: Barmeyer, C./Bolten, J. (Hg.): Interkulturelle Personal- und Organisationsentwicklung. Sternenfels/Berlin, Wissenschaft & Praxis, 65–77.

**Kreolisierung** →*Hybridität*

**Kultur**

Erlerntes Orientierungs- und Referenzsystem von →*Werten*, →*Praktiken* und →*Artefakten*, das von Angehörigen einer bestimmten Gruppe oder Gesellschaft kollektiv gelebt und tradiert wird und sie von Angehörigen anderer Gruppen und Gesellschaften unterscheidet. Dabei gibt jede Kultur ihren Mitgliedern bestimmte Möglichkeiten, gemeinsames und individuelles Handeln zu gestalten. Kultur kann auch als „unbewusste Selbstverständlichkeit" bezeichnet werden.

In der interkulturellen Forschung finden sich drei komplementäre Konzepte, um sich dem Kulturbegriff zu nähern. Alle beziehen sich nicht nur auf →*Nationalkulturen* oder Gesellschaften, sondern auf alle Formen *sozialer* →*Systeme* und kultureller Gruppen wie Organisationen, Regionen, Generationen, Berufe etc.:

1. *Kultur als Interpretationssystem:* Kultur besteht aus gemeinsamen und als selbstverständlich und natürlich erachteten Vorstellungen, Zeichen, Symbolen und Bedeutungen, die innerhalb einer Gruppe Eindeutigkeit, Sinnstiftung, geteiltes Wissen, zielführende Kommunikation und Kooperation ermöglichen. Sie stellt nach Geertz ein „Bedeutungsgewebe" und „semantisches Inventar" zur adäquaten Interpretation kommunikativen Handelns mittels Symbolen und Bedeutungsinhalten dar (Geertz 1973, Thomas 2005, Weber 1904).
2. *Kultur als durch Sozialisation erworbenes Wertesystem:* Durch →*Sozialisation* und →*Enkulturation* innerhalb eines bestimmten *Erfahrungsraums* erwirbt das Individuum in Familie, Kindergarten, Schule, Universität, am Arbeitsplatz, im Freundeskreis und in der Partnerschaft bestimmte Muster des Denkens, Fühlens und Handelns, die ein emotionales und kognitives System konstituieren und für seine Gesellschaft spezifisch sind. Sie werden unbewusst gespeichert und festigen sich als Haltungen, Lebensregeln und Werte (Hofstede 2001, Inglehart et al. 2005, Kluckhohn/Strodtbeck 1961).
3. *Kultur als System zur Zielerreichung und Problembewältigung:* Alle Menschen haben ähnliche, grundsätzliche Herausforderungen und Probleme zu lösen. Auch wenn eine Vielzahl von Lösungsmöglichkeiten existiert, werden aufgrund von Werten, Erfahrungen und An-

sprüchen bestimmte bewährte Lösungen zur optimalen Regulierung zwischenmenschlichen Handelns vorgezogen (Kluckhohn/Strodtbeck 1961, Parsons 1952). Aufgrund relativ ähnlicher Wertorientierungen entwickelte jede Gruppe oder Gesellschaft bestimmte Lösungsmuster mit besonderer Häufigkeit und Ausprägung, die für eine gewisse Kontinuität sorgen und in Institutionen verfestigt werden.

Dabei ist Kultur nicht statisch, sondern weist Veränderungen und Entwicklungen auf (*kulturelle →Dynamik*), etwa wenn bestimmte Lösungsmuster sich nicht mehr eignen, bestehende Probleme zu meistern und wenn es zu Wertewandel (→*World Values Survey*) kommt (Inglehart/Welzel 2005). Sackmann/Phillips (2004) fordern darüber hinaus ein neues Paradigma nicht kohärenter, sondern ausgehandelter und damit potentiell widersprüchlicher Kultur. Durch Individualisierung und Heterogenisierung der Gesellschaften entstehen multiple kulturuelle Bezugspunkte (→*Kulturkollektiv*) und poyvalente Identitäten (*kulturelle →Identität*), die bisherige Analyserahmen wie →*Nationalkulturen* in Frage stellen. Zugleich jedoch vernachlässigen radikale Ansätze der Aushandelbarkeit von Kultur häufig sozialisatorische Prozesse (→*Sozialisation*) und institutionelle Rahmenbedingungen (→*Institutionen*), die das Kulturelle auch jenseits der Frage nach kultureller Identität beeinflussen.

Geertz, C. (1973): The Interpretation of Cultures. New York, Basic Books.
Hofstede, G. (2001): Culture's Consequences: Comparing Values, Behaviors, Institutions and Organizations Across Nations. Thousand Oaks, Sage.
Inglehart, R./Basanez, M./Moreno, A. (2005): Human Values and Beliefs: A cross-cultural source book. Ann Arbor, University of Michigan Press.
Inglehart, R./Welzel, C. (2005): Modernization, Cultural Change and Democracy. New York, Cambridge University Press.
Kluckhohn, F./ Strodtbeck, F.L. (1961): Variations in Value Orientations. Evanston, Row, Peterson and Company.
Parsons, T. (1952): The Social System. Glencoe, Free Press.
Thomas, A. (2005): Grundlagen der interkulturellen Psychologie. Nordhausen, Traugott Bautz.
Weber, M. (1904): Die ‚Objektivität' sozialwissenschaftlicher und sozialpolitischer Erkenntnis. In: Weber, M. (Hg.): Gesammelte Aufsätze zur Wissenschaftslehre. Tübingen, Mohr, 146–214.

**Kulturalismus**

Forschungshaltung und -richtung, die die Spezifika des Verhaltens von Akteuren in *sozialen →Systemen* primär durch →*Kultur*, also vor allem mit kollektiv tradierten →*Werten* und Praktiken zu erklären versucht. Durch diese automatische Kollektivierung phänomenologischer Betrachtungen werden extra-kulturelle, also beispielsweise situative, kontextuelle und individuelle Einflussfaktoren nicht genügend berücksichtigt (→*Kontextualisierung*):

In der Regel blendet der Kulturalismus zum einen den institutionellen Kontext (→*Business System*, →*Institutionen*, →*Neoinstitutionalismus*) aus und wird deshalb als deterministisch kritisiert (Maurice 1979; Maurice et al. 1980 bzw. Kritik von Friedberg 2005 an D'Iribarne 2001, 2005). Zum anderen berücksichtigt der Kulturalismus nicht die individuellen Freiheiten und Handlungsmöglichkeiten einzelner Akteure, die von den durch →*Enkulturation* und →*Sozialisation* erworbenen Mustern des Denkens, Fühlens und Handelns eines →*Kulturkollektivs* abweichen können. Die Bedeutung der individuellen, aktionsorientierten Perspektive der Akteure wird vor allem in der französischen Organisationssoziologie (u.a. Crozier 1963; Crozier/Friedberg 1977) thematisiert und schließt auch strategisches Verhalten (*le jeu des acteurs*) und *hidden agendas* ein. Dies macht deutlich, welche Zwänge (z.B. Ergebnisorientierung bei Verhandlungen) auch interkulturelle Kontaktsituationen beeinflussen und verändern können und dass eine rein kulturalistische Perspektive solche Phänomene nur bedingt zu erklären vermag. Auch der Wandelbarkeit von Kultur (*kulturelle* →*Dynamik*) wird im Kulturalismus bisweilen nicht ausreichend Rechnung getragen – zumal wenn hermeneutisch (*interkulturelle* →*Hermeneutik*) gewonnene Erkenntnisse generalisierend-prognostisch eingesetzt werden.

Dennoch muss dem Kulturalismus zugute gehalten werden, dass er – wenn kontextualisiert eingesetzt – bisherige Analyseansätze (soziologische, ökonomische, politikwissenschaftliche etc.) um eine wertvolle Ebene ergänzt und damit zu einem besseren Verständnis *interkultureller* →*Kommunikation* beiträgt.

Crozier, M. (1963): Le phénomène bureaucratique. Paris, Éditions du Seuil.

Crozier, M./Friedberg, E. (1977): L'acteur et le système. Paris, Éditions du Seuil.

D'Iribarne, P. (2001): Ehre, Vertrag, Konsens. Unternehmensmanagement und Nationalkulturen. Frankfurt/Main, Campus.

D'Iribarne, P. (2005): Analyse stratégique et culture. Un nécessaire retour aux sources. In: Revue française de sociologie, 46 (1), 151–170.

Friedberg, E. (2005): La culture 'nationale' n'est pas tout le social. Réponse à Philippe d'Iribarne. In: Revue française de sociologie, 46 (1), 177–193.

Maurice, M./Sellier, F./Silvestre, J. (1979): Die Entwicklung der Hierarchie in Industrieunternehmen: Untersuchung eines gesellschaftlichen Effektes. In: Soziale Welt, 30 (3), 295–327.

Maurice, M./Sorge, A./Warner, M. (1980): Societal Differences in Organizing Manufacturing Units: A Comparison of France, West Germany, and Great Britain. In: Organization Studies, 1 (1), 59–86.

Mit S.Ö.

**Kultur-Assimilator**

*Culture Assimilator*, auch *Intercultural Sensitizer*. Verbreitete Methode *interkultureller →Trainings*, als schriftliches Material in Buchform oder als IT-gestütztes Instrument (Brislin 1986). Diese Trainingsmethode stammt aus den USA der 1960er Jahre; sie präsentiert und analysiert verschiedene interkulturelle Kontaktsituationen, in denen sogenannte *→Critical Incidents* entstehen: Individuen mit unterschiedlichen kulturellen Hintergründen interagieren, verstehen aber das Verhalten der anderskulturellen Personen – auch aufgrund einer Unkenntnis des zugrunde liegenden spezifischen Wertesystems – nicht und es kommt zu Attributionsfehlern; somit wird das Erreichen eines gemeinsamen Ziels erschwert. Dabei ist nicht das Verhalten problematisch, sondern die – oft nicht zutreffende – *→Attribution* und Interpretation dieses Verhaltens (*→Interkulturalität*, *→Kultur*).

Der Kultur-Assimilator ermöglicht es den Teilnehmern anhand einer Fallanalyse zugrunde liegende *→Werte* oder *→Kulturstandards* der Zielkultur kennenzulernen (Cushner/Landis 1996). Dem Lernenden wird je eine problembehaftete Situation mit mehreren Lösungsalternativen präsentiert, von denen er die bestmögliche auszuwählen hat. Im Anschluss erfolgt eine Rückmeldung, ob die Antwort richtig oder falsch gewesen ist, und es wird erklärt, warum dem so ist. Inhalte des Kultur-Assimilators sind entweder allgemein, um für interkulturelle Situationen als solche zu sensibilisieren (kulturallgemein), oder spezifisch, um wesentliche Informationen einer Zielkultur (kulturspezifisch: *→Werte*, Normen, Sitten, Tabus etc.) zu vermitteln.

Die Trainingsmethode weist viele Vorteile auf (Fowler/Blohm 2004): Sie ist flexibel einsetzbar, ob in in Gruppen oder im Selbststudium. Ebenso ermöglicht sie ein schnelles Feedback. Nach der Bearbeitung einer Vielzahl von Fällen findet bei den Lernenden ein gewisser Wissenszuwachs statt (*interkulturelles →Lernen*). Da die Fallstudie die Inhalts-Grundlage bietet, muss der Trainer nicht unbedingt über interkulturelle Erfahrung verfügen. Nachteilig ist, dass die Episoden sehr kurz dargestellt sind und dass aufgrund einer kulturalistisch-orientierten Sichtweise monokausale Erklärbarkeit vermittelt wird (*→Kulturalismus*). Die zumeist vorgegebenen Antworten suggerieren zudem, dass es ein ‚richtiges' oder ‚falsches' Verhalten geben kann, was zu einer Negation der Vielfalt individueller Handlungsmöglichkeiten führt. Außerdem ist die Methode durch den Fokus auf das Verstehen vor allem kognitiv ausgerichtet und vernachlässigt damit andere Ebenen interkulturellen Lernens (*interkulturelle →Kompetenz*, *→Lernstil*).

Brislin, R. (1986): A Culture General Assimilator: Preparation for Various Types of Sojourns. In: International Journal of Intercultural Relations. Pergamon Journals, 10 (2), 216–233.

Cushner, K./Landis, D. (1996): The Intercultural Sensitizer. In: Landis, D./Bhagat, R. (Hg.): Handbook of Intercultural Training. London, Sage, 185–198.

Fowler, S./Blohm, J. (2004): An analysis of methods for intercultural training. In: Landis, D./Bennett, J./Bennet, M. (Hg.): Handbook of intercultural training. London, Sage, 37–84.

**Kulturdimension**

Kategorie bzw. Variable, die in bestimmter Kombination auftretende gesellschaftliche Phänomene beschreibt und analysiert. Kulturdimensionen werden herangezogen, um *soziale →Systeme* wie Gruppen, Organisationen oder Gesellschaften zu charakterisieren oder zu vergleichen. Kulturdimensionen eignen sich, *→Kulturspezifika* einzuordnen, und helfen, anderskulturelles Wahrnehmen, Denken, Fühlen und Verhalten besser zu verstehen. Häufig handelt es sich bei Kulturdimensionen um *→Wertorientierungen*, deren Merkmale herausgearbeitet und deren Ausprägungen kontrastiv gegenüberstellt werden.

Verbreitete Kulturdimensionen interkultureller Forschung und Praxis beziehen sich etwa auf den Umgang mit Zeit (*→Polychronie*, *→Monochronie*), Information (*high/low →Context*), Raum (*→Proxemik*) oder Wertorientierungen wie *→Individualismus/→Kollektivismus*, *→Machtdistanz*, *→Femininität/→Maskulinität*, *→Partikularismus* etc. Wichtige Vertreter dieses Ansatzes sind Hall (1990), Hofstede (2001), Schwartz (2006) und Trompenaars/Hampden-Turner (1997). Zu unterscheiden sind *allgemeine* Dimensionen, die alle Gesellschaften (*→Etic*) in unterschiedlicher Ausprägung betreffen (Zeit, Raum oder Hierarchie) und *spezifische* Dimensionen (*→Emic*), die nur in bestimmten Gesellschaften besonders ausgeprägt und spezifisch sind, wie etwa Ehrgefühl oder Leistungsorientierung (*→Kulturstandards*).

Kulturdimensionen sind immer wieder wissenschaftlicher Kritik ausgesetzt, die den inhaltlichen Realitätsgehalt und die Aussagekraft der dichotomen polarisierenden Darstellungen in Frage stellen. Schließlich können diese Kategorisierungen zu nicht zulässigen Abgrenzungen und *→Stereotypen* führen. Ebenso können sie wichtige subkulturelle Merkmale wie soziale Klasse, Beruf oder Geschlecht sowie individuelle Persönlichkeitsmerkmale überdecken.

Trotz aller Kritik ist die Kenntnis von Kulturdimensionen als Orientierung in interkulturellen Kontexten hilfreich. Allerdings sollte beachtet werden, dass Kulturdimensionen nicht absolut, sondern relativ verstanden werden werden, d.h. sie zeigen Besonderheiten im Verhältnis, im Kontrast auf (→*Generalisierung*) und sind in spezifische Handlungskontexte (→*Kontextualisierung*) eingebunden. Ebenso sollte eine Kulturdimension nicht isoliert als Erklärungsmuster betrachtet werden, sondern immer in Verbindung mit weiteren Dimensionen.

Barmeyer, C. (2010): Kulturdimensionen und Kulturstandards. In: Barmeyer, C./Genkova, P./Scheffer, J. (Hg.): Interkulturelle Kommunikation und Kulturwissenschaft. Grundbegriffe, Wissenschaftsdisziplinen, Kulturräume. Passau, Stutz, 87–117.
Hall, E.T. (1990): Understanding Cultural Differences, Yarmouth, Intercultural Press.
Hofstede, G. (2001): Culture's Consequences: Comparing Values, Behaviors, Institutions and Organizations Across Nations. Thousand Oaks, Sage.
Layes, G. (2003): Kulturdimensionen. In: Thomas, A. (Hg.): Handbuch Interkulturelle Kommunikation und Kooperation. Bd 1. Grundlagen und Praxisfelder. Göttingen, Vandenhoeck & Ruprecht, 61–73.
Schwartz, S. (2006): A Theory of Cultural Value Orientations: Explication and Applications. In: Comparative Sociology, (5) 2–3, 137–182.
Trompenaars, F./Hampden-Turner, C. (1997): Riding the Waves of Culture. London, Nicholas Brealey.

**Kulturdivergenz**

Gegenteil von →*Kulturkonvergenz.* Annahme, dass kulturelle Eigenarten und Unterschiede, wie sie in der Heterogenität und Pluralität von Denk, Verhaltensweisen und →*Werten* deutlich werden, zunehmen oder zumindest fortbestehen werden (→*Kultur*). Für die interkulturelle Kommunikationsforschung bedeutet dies, dass Ideen, Konzepte und Methoden von kulturellen Kontexten geprägt sind und den jeweiligen anderskulturellen Kontexten angepasst werden müssen (→*Kulturtransfer*). Gefahr der Kulturdivergenz ist die Überbewertung des Einflussfaktors Kultur, was zu monokausalen, nachträglich vorgeschobenen Erklärungen führen kann (→*Kulturalismus*) und institutionelle Einflussfaktoren außer Acht lässt (→*Institutionen*).

Adler, N. (2002): International Dimensions of Organizational Behavior. Cincinnati, South Western.
Barmeyer, C. (2000): Interkulturelles Management und Lernstile. Frankfurt/Main, Campus.

**Kulturebenen** →*Drei-Ebenen-Modell*

**Kulturkollektiv**

Gruppe von Individuen, die bestimmte kulturelle Merkmale, →*Werte*, Praktiken, Eigenschaften, Verstehens- und Verhaltensmuster (→*Wertorientierung*) und/oder Ziele und Motivationsfaktoren teilen. Die Individuen des Kollektivs definieren sich somit über eine „partielle Gemeinsamkeit“ (Hansen 2010, 74), die sich in ihrer geteilten →*Kultur* ausdrückt, und dazu beiträgt, dass die Angehörigen des Kollektivs ein Zusammengehörigkeitsgefühl aufgrund ihrer gemeinsamen *kulturellen →Identität* ausbilden. Kultur wird somit von Individuen der Kollektive getragen (Hansen 2003, 158), diese Individuen können jedoch auch Subkulturen angehören und Mitglied in mehreren Kollektiven sein (Rathje 2004). Daher zeichnen sie sich durch dynamische Multikollektivität aus (Hansen 2009, 20). Genauso wie Kultur sind daher auch Kollektive von Dynamik (*kulturelle →Dynamik*) und Emergenz gekennzeichnet. Kultur bezieht sich in diesem Fall nicht zwingend auf →*Nationalkultur*, sondern schließt auch Subkulturen – wie beispielsweise →*Berufskulturen* – mit ein, die auch über nationalkulturelle Grenzen hinweg Einheiten bilden können.

Für die Forschung zur →*Interkulturalität* spielt der Begriff des Kulturkollektivs insofern eine Rolle, als die ihm inhärente Vorstellung von möglicher Multikollektivität für das Verständnis polyvalenter Identitäten ausschlaggebend ist (→*Bikulturalität*, →*Third Culture Kids*). Allerdings geht sie auch von einer gewissen Hierarchisierung dieser Kollektive aus, zwar nicht in normativer Hinsicht, wohl aber bezüglich ihres sozialistorischen Einflusses auf das Individuum (*kulturelle →Praktiken*, →*Sozialisation*).

Hansen, K.-P. (2009): Kultur, Kollektiv, Nation. Passau, Stutz.
Hansen, K.-P. (2010): Kollektiv und Pauschalurteil. In: Barmeyer, C./Genkova, P./Scheffer, J. (Hg.): Interkulturelle Kommunikation und Kulturwissenschaft. Grundbegriffe, Wissenschaftsdisziplinen, Kulturräume. Passau, Stutz, 73–86.
Hansen, K.-P. (2003): Kultur und Kulturwissenschaft. Tübingen, UTB.
Rathje, S. (2004): Unternehmenskultur als Interkultur – Entwicklung und Gestaltung interkultureller Unternehmenskultur am Beispiel deutscher Unternehmen in Thailand. Sternenfels: Wissenschaft & Praxis.

B.A.

**Kulturkonvergenz**

Gegenteil von →*Kulturdivergenz*. Annahme, dass kulturelle Eigenarten und Unterschiede abnehmen und →*Kulturen* sich mit der Zeit angleichen. Die Nivellierung kultureller Eigenarten und Unterschiede kann sich insbesondere durch internationale Prozesse der Diffusion und des Transfers (→*Kulturtransfer*) vollziehen, die durch weltweiten Austausch und globale →*Integration* vermehrt und beschleunigt auftreten. Konvergenzen zeigen sich auf der Ebene von Organisationen und Gesellschaften. Vektoren von Kulturkonvergenz sind beispielsweise grenzüberschreitende wirtschaftliche Aktivitäten (MNUs, Handel etc.) oder Harmonisierungsbestrebungen bei Gesetzgebungen (EU, internationale Standards etc.) und äußern sich meist in vereinheitlichten Praktiken und sog. *best practices.* Für die interkulturelle Kommunikationsforschung bedeutet Kulturkonvergenz die Annahme, dass durch diese Vereinheitlichung Ideen, Konzepte und Methoden kontextübergreifend, also auch in anderskulturellen Kontexten jenseits ihres Ursprungs einsetzbar sind.

Jedoch liegt die Gefahr der Kulturkonvergenz-Annahme in der Unterschätzung oder Negierung kontextueller Faktoren und des Faktors Kultur als selbstständige Variable und in einer angenommenen Ähnlichkeit zwischen Gesellschaften oder Organisationen, was zu interkulturellen Missverständnissen und Problemen führen kann (→*Critical Incidents*, →*Resistenz*).

Da in der Forschung umstritten ist, ob internationale Entwicklungen mehr zur Konvergenz oder Divergenz tendieren, scheint es sinnvoll zu fragen, *welche* Elemente von Kultur der Konvergenz bzw. Divergenz unterworfen sind. Eine zunehmende Konvergenz und kulturelle Homogenität lässt sich bei kulturellen Praktiken und →*Artefakten* feststellen, eine Divergenz und kulturelle Heterogenität dagegen bei →*Werten* (→*Kultur*).

Adler, N. (2002): International Dimensions of Organizational Behavior. Cincinnati, South Western.

Barmeyer, C. (2000): Interkulturelles Management und Lernstile. Frankfurt/Main, Campus.

Barmeyer, C. (2003): Interkulturelles Personalmanagement in internationalen Fusionen: Von Konflikten zu Komplementarität. In: Schwaab, M./Frey, D./Hesse, J. (Hg.): Fusionen. Herausforderungen für das Personalmanagement. Heidelberg, Recht und Wirtschaft, 169–191.

## Kulturmodelle

Modelle, die →*Kultur* auf schematische und abstrahierte Art und Weise darstellen und sich somit als Instrument eignen, um kulturell verankerte Werte und Denkmuster sowie deren →*Artefakte* auf allgemeine – d.h. zunächst nicht kulturspezifische – Art und Weise erklärbar zu machen.

Die Modelle beschreiben Kultur als vielschichtiges Konstrukt, dessen verschiedene Facetten sich dem Betrachter zwar als kulturelle Artefakte ausdrücken, jedoch die zugrundeliegenden tradierten Wertvorstellungen nicht direkt ersichtlich werden lassen (→*Kulturspezifika*). Ausgedrückt wird dies durch die Unterteilung in Perzepta und Konzepta (Kluckhohn/Strodtbeck 1961, Osgood 1951), wobei Erstere die sichtbaren Praktiken und Verhaltensweisen darstellen und Letztere die unsichtbaren, einer Kultur zugrunde liegenden Einstellungen und Wertvorstellungen beinhalten. Bekannte Kulturmodelle sind beispielsweise das Eisbergmodell (French/Bell 1979, Hall 1983) und dessen Weiterentwicklung und Übertragung auf →*Organisationskultur* (Dülfer 2001, Schein 2004) sowie das Zwiebelmodell (Hofstede 2001).

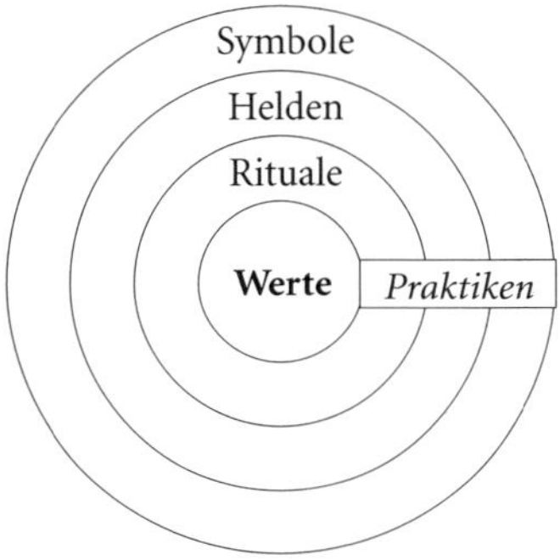


**Abb. 11:** Zwiebelmodell (Hofstede 2001, 11).

Im Zwiebelmodell stellen die sichtbaren Artefakte die äußeren Schichten Symbole, Helden und Rituale dar, wohingegen die Werte einer Kultur im Inneren verborgen bleiben. Symbole sind Worte, Gesten, Bilder und Objekte, die eine bestimmte Bedeutung herleiten, eine Botschaft beinhalten und etwa in verbaler Kommunikation, Mimik, Gestik oder Körperhaltung deutlich werden. Interkulturell bedeutend ist, dass Symbole arbiträr sind, d.h. sie sind aus Konventionen entstanden und können von Gesellschaft zu Gesellschaft verschiedene Bedeutungen aufweisen. Als menschengeschaffene Ausdrucksformen von Kultur sind Symbole in weiten Teilen mit →*Artefakten* deckungsgleich.

Helden sind fiktive oder existierende Personen, die Eigenschaften und →*Werte* verkörpern, die in einer Gesellschaft bewundert werden und erstrebenwert scheinen. Helden, die im *kollektiven* →*Gedächtnis* einer Gesellschaft verankert sind, haben identitätsstiftende und Vorbild-Funktion. Interkulturell aufschlussreich ist, welche Helden je nach Gesellschaft welche spezifischen Eigenschaften aufweisen. Helden als Leitbilder sind ebenso einem Wandel unterworfen.

Rituale schließlich sind kollektive kulturspezifische Handlungen, die zur Zielerreichung keine Funktion haben, aber sozial notwendig sind (Hofstede 1993, 23) und symbolischen Charakter haben, wie Formen des Grüßens und Feierns. Rituale haben durch Normierung die Funktion, Ambiguitäten, die in bestimmten Verhaltenssituationen auftreten können, zu vermindern. Interkulturell gesehen, sind Rituale wie Helden und Symbole arbiträr und können bei Unwissen Irritation bewirken (→*Interkulturalität*). Nach Hofstede (1993) hängen kulturelle Praktiken und Werte zusammen; Werte beeinflussen kulturelle Praktiken und umgekehrt.

Kulturmodelle werden häufig in *interkulturellen* →*Trainings* eingesetzt, um den Teilnehmenden Kultur exemplarisch nahe zu bringen und so zu einem tiefgreifenderen Verständnis *interkultureller* →*Kommunikation* beizutragen.

Dülfer, E. (2001): Internationales Management in unterschiedlichen Kulturbereichen. München, Oldenbourg.

French, W./Bell, C. (1979): Organizational development. New Jersey: Prentice Hall.
Hall, E.T. (1983): The Dance of Life: The Other Dimension of Time. New York, Doubleday.
Hofstede (1993), Interkulturelle Zusammenarbeit. Wiesbaden, Gabler.
Hofstede, G. (2001): Culture's Consequences. Thousand Oaks, Sage.
Kluckhohn, F./Strodtbeck, F. (1961): Variations in Value Orientations. New York, Harper Collins.
Osgood, C. (1951): Culture: Its Empirical and Non-empirical Character. In: Southwestern Journal of Anthropology, 7, 202–214.
Schein, E. (2004): Organizational Culture and Leadership. San Francisco, Jossey Bass.

B.A.

**Kulturprofil**

Merkmals- und Eigenschaftskombination, die sich auf Individuen, Organisationen oder Länder beziehen können (Scholz 2000, 840). Als Profilmerkmale können Eigenschaften *interkultureller →Kompetenz*, wie *→Ambiguitätstoleranz*, *→Empathie* und *→Ethnorelativismus* oder *→Kulturdimensionen*, wie *→Machtdistanz* oder *→Maskulinität* herangezogen werden. Eine Annahme, die sich auf die Forschungen zu kultureller Distanz stützt, ist, dass ähnliche Profile der Interagierenden zu einer reibungsloseren Zusammenarbeit führen können. Je unterschiedlicher die Profile, desto komplizierter, aber auch kreativer und komplementärer kann die interkulturelle Zusammenarbeit verlaufen, da alle Interagierenden besondere Merkmale, Sichtweisen und Kompetenzen einbringen (*→interkulturelle Synergie*).

Im internationalen Personalmanagement (*→Auslandsentsendung*) werden kulturelle Profile genutzt, um die persönlichen – interkulturellen – Kompetenzen eines Mitarbeiters abzubilden und diese in Beziehung zu setzen zum kulturellen Profil der Zielkultur. Bekannte Instrumente sind beispielweise das *Intercultural Development Inventory* (www.intercultural.org) oder der *International Profiler* (www.worldwork.biz). Die betroffenen Personen haben einen Selbsteinschätzungs-Fragenkatalog zu beantworten; nach dessen Auswertung findet ein vertrauliches Gespräch über die Ergebnisse und die darauf basierenden Konsequenzen für internationales Arbeiten mit einem Personalentwickler und/oder Berater statt (Spencer-Oatey/Franklin 2009).

Hervorzuheben ist, dass ein Kulturprofil nur eine Orientierung gibt über bestimmte Merkmalsausprägungen und ihre Beziehungen zueinander, jedoch *→Kontextualisierung* vernachlässigt und keineswegs die Wirklichkeit abbildet, die aufgrund ihrer Komplexität und Prozesshaftigkeit nicht objektiv „gemessen“ werden kann.

Scholz, C. (2000): Personalmanagement. München, Franz Vahlen.
Spencer-Oatey, H./Franklin, P. (2009): Intercultural Interaction. London, Palgrave MacMillan.

**Kulturrelativismus**

Soziologische und ethische Gegenposition zum →*Universalismus*. Danach unterscheiden sich die →*Werte*, Einstellungen, Praktiken und Verhaltensweisen von Personen, Gruppen und Gesellschaften und lassen sich nur vor ihrem kulturellen Kontext (→*Kontextualisierung*) sowie aus einer Innenperspektive heraus (→*emic*) beschreiben und verstehen. Diese Vorstellung legitimer Pluralität kultureller Lebens- und Erscheinungsformen (→*Diversity Management*, →*Multikulturalität*) geht oft auch einher mit der Forderung, diese Unterschiede als gleichwertig zu akzeptieren und als genauso plausibel und vernünftig zu erachten wie die eigenen (→*Ethnorelativismus*). Kulturrelativismus steht damit auch engem Zusammenhang mit moralischer Relativität, also der Kulturgebundenheit von Werten und Normen, und ist somit konzeptionelle Voraussetzung für *interkulturelle* →*Ethik*.

Der Kulturrelativismus als Grundhaltung entwickelte sich v.a. als Folge anthropologischer und ethnologischer Erkenntnisse in der Tradition Boas' (1904; 1940) und in Abgrenzung zu einem evolutionistischen Verständnis der Dynamik von Kulturen (*kulturelle* →*Dynamik*) (Stocking 1966). Die Dekonstrutkion des Rassenbegriffs war dabei einer der Anfangspunkte (Benedict 1943, Boas 1904). →*Kulturen* unterscheiden sich demnach zwar in ihren spezifischen Antworten auf Umweltherausforderungen sowie deren Tradierung im Rahmen von →*Sozialisation* und durch →*Institutionen*, nicht aber in grundlegenden Fähigkeiten, die gar in Fortschrittsetappen eingeteilt werden könnten.

Er tritt zugleich auch dem Universalitätsanspruch in der wissenschaftlichen Erforschung kultureller Unterschiede entgegen und versucht für die Grenzen der impliziten Annahme universeller Transferierbarkeit von Konzepten und Modellen (*kulturelle* →*Artefakte*, →*Kulturtransfer*) zu sensibilisieren. Ziel kulturrelativistischer Haltung ist die wertfreie, vorurteilsfreie und kulturell sensibilisierte (interkulturelle) Interaktion.

Benedict, R. (1943): Obituary for Franz Boas. In: Science, 97, 60–62.
Boas, F. (1904): Some traits of primitive culture. In: Journal of American Folkore, 14, 1–11.
Boas, F. (1940): Race, language and culture. New York, MacMillan.
Stocking, G. (1966): Franz Boas and the Culture Concept in Historical Perspective. In: American Anthropologist, 68, 867–882.

Mit S.Ö.

**Kulturschock**

Psychische Reaktion wie Verunsicherung, Unwohlsein, Verwirrung, Hilflosigkeit, Frustration, Isolation und sogar Angst, die durch Misserfolge bei der Anwendung eigenkultureller Handlungs- und Denkroutinen in interkulturellen Situationen und fremdkulturellen Kontexten (z.B. während eines Auslandsaufenthalts, →*Auslandsentsendung*) im Individuum kulminieren (Oberg 1960), und bis zu einer Infragestellung der eigenen Identität und Rolle (*kulturelle* →*Identität*, →*Marginalisierung*) führen können (Furnham/Bochner 1986). Manchmal werden diese Erscheinungen von physischen Beeinträchtigungen wie Leistungsdefizit, Schlaflosigkeit und Reizbarkeit oder gar Krankheit begleitet. Mitunter ein auslösender Faktor des Kulturschocks ist der Zeitdruck, unter dem sich eine Person im Ausland mit einer Fülle an Unbekanntem und Unerwartetem arrangieren muss, worauf sie meist nicht hinreichend vorbereitet ist. Brislin (2008) geht davon aus, dass ein Kulturschock nicht gleichbedeutend mit einem Versagen bei der Einpassung in eine fremde Kultur ist, sondern vielmehr ein sinnvoller Impuls zur *interkulturellen* →*Kompetenzentwicklung*. Eine ähnlich positive Seite an der Konfrontation mit →*Fremdheit* führt Berry (2005) dazu, dem →*Kulturschock* den Begriff des *acculturative stress* entgegenzustellen (*interkulturelle* →*Transition*).

Es existieren verschiedene Phasenmodelle des →*Kulturschocks*. Das von Oberg (1960) entwickelte, auch als U-Kurve bekannte, (ideal-)typische Modell der Anpassungsphasen an eine fremde Kultur enthält folgende Unterteilungen: Auf die erste Phase des *Honeymoon*, geprägt von Begeisterung, Faszination und Neugierde, folgt die *Crisis*, dominiert von Angst, Hilflosigkeit und Feindseligkeit. Daran schließt die *Recovery*-Phase an, in der der Betroffene eine positivere Einstellung gegenüber der Gastkultur gewinnt und lernt, unter den neuen Bedingungen zu leben. Die U-Kurve endet mit dem *Adjustment*, d.h. der mittelfristigen Akzeptanz von Werten und der Anpassung an Verhaltensweisen auf relativ stabilem Niveau oder ihrer Integration in eigene kulturelle Muster. Der zeitliche Verlauf, die Dauer und Intensität der Phasen sind individuell unterschiedlich. Stahl (1998) betont, dass auf Grund schwacher empirischer Bestätigung der praktische und theoretische Wert des Verlaufsmodells als gering einzustufen ist.

Um dem Einzelnen den Umgang mit dem Kulturschock zu erleichtern, gibt es in der *interkulturellen* →*Kompetenzentwicklung interkulturelle* →*Trainings* und *interkulturelles* →*Coachings*, die auf einen längerfristigen Auslandsaufenthalt vorbereiten. Neben dem Fremdkulturschock im Ausland gibt es auch den Eigenkulturschock (auch als *reverse cultural shock, reentry shock*) nach der Rückkehr in das Heimatland. Dieser Kulturschock hat oft sogar stärkere Auswirkungen als der im Ausland. Die U-Kurve wird somit vermehrt als W-Kurve dargestellt, die den Eigenkulturschock nach der Rückkehr mitberücksichtigt (→*Reintegration*).

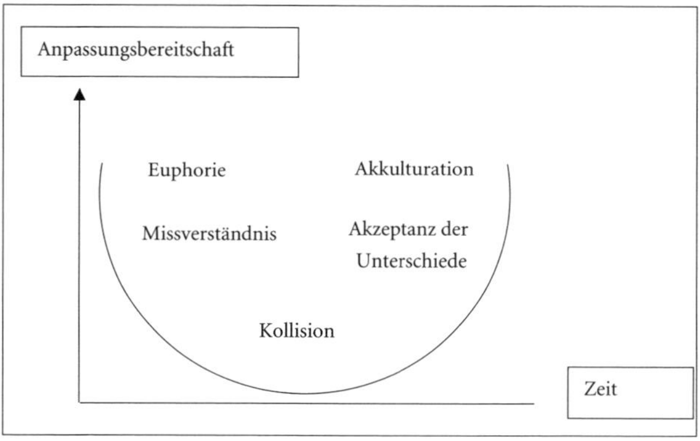


**Abb. 12:** Kulturschock (eigene Darstellung nach Oberg 1966).

Berry, J. (2005): Acculturation: Living successfully in two cultures. In: International Journal of Intercultural Relations, 29, 697–712.

Brislin, R. (2008): Working with Cultural Differences – Dealing effectively with Diversity in the Workplace. Westport, Praeger.

Furnham, A./Bochner, S. (1986): Culture Shock: psychological reactions to unfamiliar environments. London, Methuen.

Oberg K. (1960): Culture Shock. Adjustement to new cultural environments. In: Practical Anthropology, 7, 177–182.

Stahl, G.(1998): Internationaler Einsatz von Führungskräften. München, Oldenbourg.

Mit K.J.

**Kulturspezifika**

In *sozialen →Systemen* entwickelte und gelebte →*Werte*, kulturelle Praktiken und →*Artefakte*, die in anderen Systemen in dieser Ausprägung und Konfiguration nicht vorkommen. Das Herausarbeiten und die Analyse von Kulturspezifika gilt als erste Etappe des *interkulturellen →Dreischritts* (→*D.I.E*). Ziel der Beschreibung von Kulturspezifika ist es, Eigenarten sozialer Systeme samt ihren →*Institutionen* und ihrer Geschichte zu verstehen. Dies impliziert eine Betrachtung und Analyse kultureller Institutionen ebenso wie von →*Werten* und Praktiken (→*Kultur*), z.B. bezogen auf Länder wie Frankreich, Deutschland, Großbritannien und USA (Münch 1986). Kulturspezifika betreffen auch gesellschaftliche und staatliche Institutionen wie Bildungs- und Rechtssysteme. Wissenschaftliche Vertreter dieses Ansatzes finden sich neben der Soziologie, der Ethnologie und Kulturanthropologie (Moosmüller 2004) außerdem in der z.B. englischen (Kamm/Lenz 2004) oder französischen Landeskunde (Lüsebrink 2011) oder zum französischen Wirtschaftssystem (Ammon 1989, Barmeyer et al. 2007).

Ammon, G. (1989): Der französische Wirtschaftsstil. München, Eberhard.
Barmeyer, C./Schlierer, H.-J./Seidel, F. (2007): Wirtschaftsmodell Frankreich. Frankfurt/ Main, Campus.
Kamm, J./Lenz, B. (2004): Großbritannien verstehen. Darmstadt, Wiss. Buchgesellschaft.
Lüsebrink, H.-J. (2011): Einführung in die Landeskunde Frankreichs. Stuttgart, Metzler.
Moosmüller, A. (2004): Das Kulturkonzept in der Interkulturellen Kommunikation aus ethnologischer Sicht. In: Lüsberink, H.-J. (Hg.): Konzepte Interkultureller Kommunikation. St. Ingbert, Röhrig, 45–68.
Münch, R. (1986): Die Kultur der Moderne. Band I und II. Frankfurt/Main, Suhrkamp.

**Kulturstandards**

Arten des Wahrnehmens, Denkens, Wertens und Handelns, die von vielen Mitgliedern eines sozialen Systems als normal, typisch und verbindlich angesehen werden (Thomas 2005, 2011). Als Orientierungsmaßstäbe stellen Kulturstandards somit Selbstverständlichkeiten und Leitlinien sozialen Handelns dar. In Anlehnung an einen Standard, der definiert, wie Gegenstände beschaffen sein oder Prozesse ablaufen sollten, legt ein Kulturstandard den Maßstab dafür fest, wie sich Mitglieder einer bestimmten Kultur tendenziell verhalten, also wie Objekte, Personen und Ereignisabläufe wahrgenommen, bewertet und behandelt werden.

Die in einer Gesellschaft durch →*Enkulturation* und →*Sozialisation* erworbenen Kulturstandards gelten als angemessen, normal, akzeptabel und zielführend; sie dienen als handlungsleitende Orientierungsmuster. Im Umkehrschluss beeinflussen sie, welches Verhalten als unangemessen, anormal, außergewöhnlich, fremd oder inakzeptabel abgelehnt wird. Insofern dienen Kulturstandards zum einen der Beschreibung kultureller Systeme (→*Kultur*) und zum anderen der Analyse interkultureller Begegnungsprozesse (→*Critical Incidents*, →*Interkulturalität*), die auch in *interkulturellen* →*Trainings* Einsatz findet (→*Kulturassimilator*). Kennt der Handelnde die eigenen handlungswirksamen Kulturstandards (→*Cultural Awareness*) und die der anderen Kultur, so hat er ebenfalls einen besseren Zugang zu dem anderen kulturellen Regelsystem. Das ermöglicht ihm ein besseres Verständnis des Gegenübers.

Thomas (2003, 28) unterscheidet verschiedene Arten Kulturstandards:

1. *Zentrale* Kulturstandards sind bereichsübergreifende kulturspezifische Orientierungen, die für ein Land oder einen Kulturraum charakteristisch sind. Für die Deutschen führt Thomas hier z.B. die Sach- und Regelorientierung sowie Direktheit an, für China z.B. „Gesicht wahren", Hierarchieorientierung sowie soziale Harmonie.

2. *Bereichsspezifische* Kulturstandards sind kontext- und aufgabengebunden und wirken erst in einem spezifischen Handlungsfeld, etwa bei Prozessen in Gruppen, Teams oder Abteilungen wie Forschung & Entwicklung, Vertrieb oder Personal.
3. *Kontextuelle* Kulturstandards sind kulturspezifische Basisorientierungen (→*Kulturspezifika*), die Vertretern einer Kultur in einer gewissen Situation (→*Kontexualisierung*) einen Handlungszwang auferlegen, z.B. die Beachtung des Senioritätsprinzips in ostasiatischen Gesellschaften, die dazu führt, dass jüngere Personen in Interaktion mit älteren Menschen ihr Verhalten (in Form von Respekt, Höflichkeit etc.) der älteren Person anpassen. Ebenso finden sich auch unterschiedliche Verhaltensweisen, je nachdem ob es sich um berufliche oder private Kontexte handelt.

Kulturstandards werden auf der Basis von historischen, soziologischen und psychologischen Erhebungen ermittelt, Letztere in interkulturellen Interaktionen durch Kontrastierung (→*Kulturvergleich*) der Eigen- und Fremd-Kultur. Interkulturelle Interaktionen betreffen z.B. das Verhalten bei sozialen Ereignissen (Treffen, Feste), in sozialen Rollen (Frau/Mann, Vorgesetzter) oder sozialen Situationen (Kommunikationsstile, Entscheidungen fällen, Konflikte lösen).

Kulturstandards stellen wie →*Kulturdimensionen* keinen Regelkanon zum erfolgreichen Umgang mit Personen anderer Kulturen dar. Sie sind vielmehr Beschreibungsparameter, die durch individuelle Erfahrungen modifiziert werden. Die individuelle und gruppenspezifische Art und Weise des Umgangs mit Kulturstandards zur Verhaltensregulation kann innerhalb gewisser Toleranzbereiche variieren. Es gibt schließlich auch Verhaltensweisen, die außerhalb der bereichsspezifischen Grenzen liegen. Sie werden in der Regel von der sozialen Umwelt abgelehnt und sanktioniert (Thomas 2003). Allerdings werden diese Standardabweichungen bestimmten Personen, Gruppen und Subgruppen (z.B. Stars, Sportler, Künstler, Jugendliche) bewusst zugestanden und sogar von ihnen erwartet.

Thomas, A./Kinast, E.-U./Schroll-Machl, S. (2003) (Hg.): Handbuch Interkulturelle Kommunikation und Kooperation, Band 1. Göttingen, Vandenhoeck & Ruprecht.

Thomas, A. (2005): Grundlagen der interkulturellen Psychologie. Nordhausen, Traugott Bautz.

Thomas, A. (2011): Das Kulturstandardkonzept. In: Dreyer, W./Hößler, U. (Hg.): Perspektiven interkultureller Kompetenz. Göttingen, Vandenhoeck & Ruprecht, 97–124.

**Kulturstrategien**
Begriff zur Beschreibung der Art und Weise, wie internationale Organisationen mit Internationalisierung und der sich daraus ergebenden kulturellen Pluralität umgehen bzw. wie sie diese strategisch gestalten. Der Fokus liegt dabei v.a. auf der Wahrnehmung, dem Umgang mit kultureller Vielfalt und deren Nutzbarmachung sowohl unternehmensintern (Tochtergesellschaften, Mitarbeiter etc.) als auch unternehmensextern (→*Business System*, →*Nationalkultur* etc.). Während der Begriff der Kulturstrategie als solcher von Scholz (2000) stammt und hier allein die strategische Ausgestaltung der Unternehmenskultur innerhalb internationaler Unternehmungen umfasst (die für das internationale Personalmanagement relevante strategische Entscheidungsorganisation wird bei ihm gesondert betrachtet), lehnt sich seine inhaltliche Ausprägung an die Internationalisierungsstrategien von Perlmutter (1969) und Barlett/ Ghoshal (1986) an.

Zum einen geht es bei der Identifizierung von Kulturstrategien um die Kennzeichnung von Unternehmenskulturen und der Einstellung des Managements (nach Perlmutter 1969). Zum anderen verbindet sich diese Perspektive mit der strategischen Orientierung internationaler Organisationen nach Bartlett/Ghoshal (1986) sowie einem funktionalistischen bzw. integrativen Verständnis (Kutschker/Schmid 2008, 698, Strähle 2010, 58) von steuerbarer →*Organisationskultur*. Beides verbindet sich unter einem an Perlmutter (1969) angelehntem ‚wording', so dass drei Kulturstrategien unterschieden werden: die *ethnozentrische*, die *polyzentrische* sowie die *geozentrische*. Allen Betrachtungen gemein ist, dass Kulturstrategien Idealtypen abbilden, die in ihrer modellhaften Reinform kaum zur Ausprägung gelangen.

Merkmal einer *ethnozentrischen* Orientierung – auch als *home country attitude* bezeichnet – ist die unreflektierte und als selbstverständlich wahrgenommene Übertragung von (kulturell geprägten) Strategien und Maßnahmen von der Mutter- auf die Tochtergesellschaften bzw. vom Heimatland der Unternehmen auf die Gastländer. Schlüsselpositionen werden durch Manager aus dem Stammland der Muttergesellschaft besetzt. Ausschlaggebend ist das inhärente Superioritätsgefühl seitens der Muttergesellschaft (→*Ethnozentrismus*) (Perlmutter 1969). Während die ethnozentrische Orientierung aus interkultureller (→*Critical Incident*, →*Interkulturalität*, *interkulturelle* →*Kommunikation*) und ethischer (*interkulturelle* →*Ethik*) Sicht problematisch ist, weil eine Kulturdominanz vorherrscht, kann die damit verbundene Standardisierung aus betriebswirtschaftlicher Sicht durchaus sinnvoll sein, sofern die (vermeintliche)

Effizienz nicht durch →*Resistenz* (→*Kulturtransfer*) zunichte gemacht wird.

Bei *polyzentrischer* Orientierung dagegen – auch als *host country orientation* bezeichnet – werden Unterschiede zwischen Mutter- und Tochtergesellschaften bzw. zwischen Heimatland und Gastland akzeptiert und mit einbezogen. Die unterschiedlichen Denk- und Verhaltensmuster werden als gleichwertig angenommen, Schlüsselpositionen in den Gastländern größtenteils mit lokalen Mitarbeitern besetzt und das internationale Unternehmen insgesamt sehr dezentral geführt (Perlmutter 1969). Die verschiedenen Unternehmenseinheiten sind also relativ unabhängig und koexistent. Diese Form der Kulturstrategie gewährleistet ein größtmögliches Maß an Differenzierung und lokaler Anpassung, so dass hier die geringste Gefahr von direkter, konfliktbeladener Interkulturalität (→*Critical Incident*; Irritation etc.) und Resistenz besteht. Während sich die polyzentrische Struktur zum Beispiel besonders für den Zuschnitt spezifischer Produkte auf spezifische Absatzmärkte eignet, ist sie für die Bearbeitung komplexer, integrierter Wertschöpfungsketten jedoch nur bedingt geeignet.

Merkmal einer *geozentrischen* Orientierung – auch als *world oriented orientation* bezeichnet – ist, dass Mutter- und Tochtergesellschaften nicht mehr als solche auftreten und wahrnehmbar sind, sondern eine Einheit bilden, in der Landeskultur und Spezifika der einzelnen Gesellschaftsteile miteinander verschmelzen (Perlmutter 1969). Im Vordergrund stehen folglich die Entwicklung einer starken Unternehmenskultur und die ausgleichende Suche nach Lösungen für weltweite und lokale Herausforderungen nach dem Motto „think global, act local“. Die Suche nach dem richtigen Maß der „Glokalisierung“ ist zugleich die aus interkultureller Sicht herausforderndste Kulturstrategie, da gerade der Ausgleich von (zum Teil diametral entgegen gesetzten) →*Werten* und Praktiken geschafft werden muss. Diese Suche nach *interkultureller* →*Synergie* ist nicht immer ein konfliktfreier Prozess, jedoch ein aus interkultureller wie betriebswirtschaftlicher Sicht lohnender.

Barlett, C./Ghoshal, S. (1986): Managing Across Borders. The transnational solution. Boston, Harvard Business School Press.

Kutschker, M./Schmid, S. (2008): Internationales Management. München, Oldenbourg, 667–817.

Perlmutter, H. (1969): The Tortuous Evolution of the Multinational Corporation. In: Columbia Journal of World Business, 4 (1), 9–18.

Scholz, C. (2000): Personalmanagement. München, Franz Vahlen.

Strähle, J. (2010): Was ist Unternehmenskultur? In: Barmeyer, C./Bolten, J. (Hg.): Interkulturelle Personal- und Organisationsentwicklung. Methoden, Instrumente und Anwendungsfälle. Sternenfels, Wissenschaft & Praxis, 57–64.

S.Ö.

**Kulturtransfer**

Begriff zur Umschreibung und Erklärung oft unbewusst wirkender externer Einflüsse auf Entwicklung und kulturellen Wandel in *sozialen →Systemen* (Gesellschaften, Organisationen etc.). Dem Kulturtransfer liegt die Annahme zugrunde, dass soziale Systeme sich nicht nur durch internen Wandel beispielsweise der *→Werte* verändern, sondern in besonderem Maße auch durch externe Einflüsse und den kulturellen Import aus anderen sozialen Systemen. Dabei handelt es sich folglich um eine punktuelle Betrachtung kultureller Beeinflussung innerhalb des allgemeinen Verständnisses von Kultur als kontinuierlicher Prozess von Konstruktion und Dekonstruktion (Barmeyer 2010) (*kulturelle →Dynamik*).

Im engeren Sinne bezeichnet Kulturtransfer jedoch ein ursprünglich kulturhistorisches Modell zur Nachzeichnung und Erklärung kultureller Austauschprozesse zwischen Gesellschaften (Espagne/Werner 1985). Kulturtransfer ist ein asymmetrischer Prozess, bei dem kulturelle *→Artefakte* (Literatur, Musik, Ideologien, Ideen etc.) und Praktiken eines kulturellen Systems übertragen und angepasst werden. Kulturtransfer kann auf den verschiedenen Ebenen interkulturellen Kontakts (*→Drei-Ebenen-Modell*) ablaufen und umfasst nach Lüsebrink (2008) meist drei chronologisch abfolgende Prozesse: Selektion, Vermittlung und *interkulturelle →Rezeption.* Neben Akteuren und Prozessen der Vermittlung liegt der Fokus der Interkulturalitätsforschung (*→Interkulturalität*) vor allem auf den verschiedenen Rezeptionsmöglichkeiten. Diese umfassen die bereitwillige Übertragung und Integration ebenso wie Prozesse der kulturellen Anpassung und produktiven Rezeption (*→Interkultur*) sowie vollkommenen Widerstand und Ablehnung (*→Resistenz*). Im Unterschied zum Begriff der *→Hybridität* muss also, nach der Idee des Kulturtransfers, kultureller Austausch nicht zwangsläufig neue, verschmolzene Formen der Dritt-Kultur hervorbringen, sondern kann auch in anderen Aufnahmeprozessen resultieren.

Die Aufmerksamkeit der modernen Kulturtransfer-Forschung gilt heute weniger der Nachzeichnung des Transfers materieller kultureller Artefakte (wie Literatur, Musik, cineastische Strömungen etc.) als vielmehr der antizipierenden Beschreibung und Erklärung des Transfers immaterieller Artefakte und Ideen (wie Denkweisen und Praktiken, die diese widerspiegeln, z.B. Total Quality Managmenet, Corporate Social Responsibility, Codes of Conduct etc.) und ihrer Konsequenzen für den Wandel sozialer Systeme (*→Kulturdivergenz, →Kulturkonvergenz, →Resistenz, interkulturelle →Synergie*). Der Transfer und die Transformation von Ideen wirtschaftlicher Organisation und Managementkonzepten stehen hier im Vordergrund (u.a. Wächter/Peters 2004, Barmeyer/Davoine 2010), wodurch die Kulturtransfer-Forschung anknüpft an Begriffe wie *Diffusion* und *Translation* (Czarniawska/Sevòn 1996, 2005), die ähnliche Prozesse kulturellen Austauschs umschreiben.

Die Betrachtung dieser Phänomene mittels des Konzepts des Kulturtransfers ermöglicht nicht nur eine strukturierte Analyse des interkulturellen Kontakts, sondern erlaubt auch die Berücksichtigung struktureller wie interaktionistischer Elemente. Auch die hinter kulturellen Austauschbeziehungen stehenden Motivationsfaktoren und Handlungslogiken (z.B. Diskurse) können in die Betrachtung mit einbezogen werden.

Barmeyer, C. (2011): Kultur in der Interkulturellen Kommunikation. In: Barmeyer, C./ Genkova, P./Scheffer, J. (Hg.): Interkulturelle Kommunikation und Kulturwissenschaft. Grundbegriffe, Wissenschaftsdisziplinen, Kulturräume. Passau, Stutz, 13–35.

Barmeyer, C./Davoine, E. (2010): Le transfert des pratiques RH dans la firme multinationale: Le cas des codes de conduite. In: Cazal, D./Davoine, E./Louart, P./Chevalier, F. (Hg.): GRH et mondialisation. Nouveaux contextes, nouveaux enjeux. Paris, Magnard-Vuibert, 77–93.

Czarniawska, B./Sevón, G. (1996): Translating Organizational Change. De Gruyter Studies in Organization. Berlin, de Gruyter.

Czarniawska, B./Sevón, G. (2005): Global Ideas. How Ideas, Objects and Practices Travel in the Global Economy. Malmö, Liber & Copenhagen Business School Press.

Espagne, M./Werner, M. (1985): Deutsch-Französischer Kulturtransfer im 18. und 19. Jahrhundert. Zu einem neuen interdisziplinären Forschungsgang am C.N.R.S.. In: Francia, 13, 502–510.

Lüsebrink, H.-J. (2008): Interkulturelle Kommunikation. Interaktion, Fremdwahrnehmung, Kulturtransfer. Stuttgart/Weimar, Metzler.

Wächter, H./Peters, R. (Hg.) (2004): Personalpolitik amerikanischer Unternehmen in Europa. München/Mering, Hampp.

Mit S.Ö.

**Kulturvergleich**

Gegenüberstellung von →*Kulturspezifika* durch Vergleich mit anderen Elementen oder Systemen – etwa durch Datenerhebung in zwei oder mehreren Systemen, durch empirische Forschung und auch durch persönliche Erfahrungen. Ziel ist die Einordnung von Daten, aber auch die Relativierung eigener Standpunkte (→*Perspektivwechsel*) und die Erweiterung des eigenen Horizonts durch Öffnung und Anerkennung von Unterschiedlichkeit, was zur Entwicklung von →*Ethnorelativismus* beiträgt. Kontrast dient als Verstehensprinzip von →*Interkulturalität* (Moosmüller 2007, 214) und gilt als zweite Etappe des *interkulturellen →Dreischritts* (→*D.I.E.*). Der vergleichende Ansatz wird insbesondere von Sozialwissenschaftlern verfolgt, z.B. zu →*Werten* (Inglehart et al. 2005) oder →*Werteorientierungen* (Hofstede 2001), Gesellschaftsvergleichen

(Genkova 2009), Eliten (Hartmann 2007), Organisationskultur und Führungsverhalten (→*GLOBE-Studie*, (House et al. 2004)). Der Kulturvergleich ist zwar wesentlicher Bestandteil *interkultureller* →*Forschung*, ist jedoch nicht mit ihr gleichzusetzen, da →*Interkulturalität* als kulturübergreifende(s) Kontaktsituation und -ergebnis nicht zwangsläufig von Bedeutung ist für kulturvergleichende Ansätze.

Barmeyer, C./Genkova, P./Scheffer, J. (2011) (Hg.): Interkulturelle Kommunikation und Kulturwissenschaft. Grundbegriffe, Wissenschaftsdisziplinen, Kulturräume. Passau, Stutz.
Genkova, P. (2009): Nicht nur die Liebe zählt ... Lebenszufriedenheit und kultureller Kontext. Lengerich, Pabst Publishers.
Hartmann, M. (2007): Eliten und Macht in Europa. Ein internationaler Vergleich. Frankfurt/Main, Campus.
House, R.J./Hanges, P.J./Javidan, M./Dorfman, P./Gupta, V. (2004): Culture, Leadership and Organizations – The GLOBE Study of 62 Societies. Thousand Oaks, Sage.
Moosmüller, A. (2007): Interkulturelle Kommunikation. Konturen einer wissenschaftlichen Disziplin. Münster, Waxmann.

**Kulturwandel** →*Dynamik, interkulturelle,* →*Kulturtransfer,* →*Wertewandel,* →*Nationalkultur*

**Kurzfristorientierung** →*Langfristorientierung*

**Landeskultur** →*Kultur,* →*Nationalkultur,* →*System, soziales*

**Langfristorientierung**
→*Kulturdimension* nach Hofstede, die den lang- bzw. kurzfristig ausgelegten Zeit- und Planungshorizont einer Gesellschaft bezeichnen.

In Gesellschaften mit Langfristorientierung werden →*Werte*, die auf künftigen Erfolg ausgerichtet sind, wie Ausdauer, Beharrlichkeit und Sparsamkeit hochgeschätzt. Laut Hofstede bezieht sich dies beispielsweise auf Länder wie China, Indien oder Brasilien.

In Gesellschaften mit Kurzfristorientierung sind diejenigen Werte wichtig, die sich auf Gegenwart und Vergangenheit beziehen; bspw. Respekt für Tradition und Erfüllung sozialer Pflichten. Laut Hofstede bezieht sich dies beispielsweise auf Pakistan, Nigeria oder die Philippinen.

Um keine monokausalen oder stereotypen Rückschlüsse auf bestimmte Gesellschaften oder deren Angehörige zu ziehen, darf eine Kulturdimension nicht isoliert betrachtet werden, sondern immer in Verbindung mit weiteren.

Hofstede, G. (2001): Culture's Consequences: Comparing Values, Behaviors, Institutions and Organizations Across Nations. Thousand Oaks, Sage.

**Leistung/Herkunft**

→*Kulturdimension* nach Parsons (1951, 1952), die von Hampden-Turner und Trompenaars (2000) aufgegriffen und sowohl theoretisch-konzeptuell weiterentwickelt als auch kulturvergleichend (→*Kulturvergleich*) empirisch angewandt wurde. Diese Dimension gibt an, ob der gesellschaftliche Status einer Person tendenziell durch individuelle Leistung oder Herkunft und Gruppenzugehörigkeit erworben wird.

In leistungsorientierten (*achieved*-Orientierung) Gesellschaften werden Status, Respekt und Anerkennung auf Grundlage individueller Erfolge verliehen. Anerkannt wird das, was durch eigene Willenskraft und Motivation geleistet wird. Titel gelten als Prädikat und zertifizeren zuvor Geleistetes. Länder, in denen es also um das Tun und Erreichen geht, sind nach Trompenaars (1993) beispielsweise Norwegen, USA und Australien.

In herkunftsorientierten (*ascribed*-Orientierung) Gesellschaften dagegen wird einer Person sozialer Status zum Beispiel durch Geburt oder Alter zugeschrieben; er muss nicht erarbeitet werden. Titel gelten als kontext-unabhängige Statusmerkmale. Länder, in denen es also um das „Sein" geht, sind nach Trompenaars (1993) beispielsweise Ägypten, Nepal und Uruguay.

Hampden-Turner, C./Trompenaars, A. (2000): Bulding Cross-Cultural Competence. Chichester, Wiley.
Parsons, T./Schils, E. (1951): Towards a General Theory of Action. Cambridge, Cambridge University Press.
Parsons, T. (1952): The Social System. Glencoe, Free Press.
Trompenaars, F. (1993): Handbuch globales Managen. München, Econ.

**Lernen, Interkulturelles**

Unbewusster oder bewusster Prozess, durch den Personen durch die Einnahme neuer anderskultureller Standpunkte →*Perspektivwechsel* erfahren und dadurch eine neue Sicht auf Situationen und Objekte erlangen. Interkulturelles Lernen, wie Lernen überhaupt, wird dabei als ganzheitlicher Prozess verstanden, der sich nicht nur auf den kognitiven Wissenserwerb beschränkt, sondern auch Emotionen und Verhalten integriert (→*Erfahrungslernen*)(Barmeyer 2004). Insofern impliziert interkulturelles Lernen die Modifikation und Entwicklung von Verhaltensweisen (Thomas 2005). Dieser Perspektivwechsel bildet zugleich die Grundlage für mehr Verständnis, Toleranz und Empathie bezüglich kultureller Andersartigkeit und hilft, eigene Haltungen und Handlungen in interkulturellen Situationen zu hinterfragen, zu relativieren und zu modifizieren. Diese Haltungsänderung bewirkt, dass neue Elemente in das bestehende Denk- und Verhaltensrepertoire integriert werden können, die helfen, andere Lösungen zur Zielerreichung zu finden und die Beziehungsqualität mit anderskulturellen Interaktionspartnern zu verbessern. Kulturelle Andersartigkeit wird nicht nur als Irritation und Störung empfunden, sondern als Bereicherung (*interkulturelle →Synergie*). Interkulturelles Lernen ist somit nicht nur ein äußerer Prozess der Zielerreichung, Anpassung und sogar *→Integration*, sondern auch ein innerer Prozess der persönlichen Entwicklung (Herzog, Makarova 2007, 264). Zentrale Elemente interkulturellen Lernens sind zum einen die Haltung von Menschen bezüglich *→Interkulturalität*, zum anderen Eigenschaften von *interkultureller →Kompetenz* sowie Maßnahmen zu deren Förderung und Entwicklung.

Barmeyer, C. (2004): Learning styles and their impact on cross-cultural training. In: International Journal of Intercultural Relations, 28 (6), 577–594.
Herzog, W./Makarova, E. (2007): Interkulturelle Pädagogik. In: Straub, J./Weidemann, A./Weidemann, D. (Hg.): Handbuch interkulturelle Kommunikation und Kompetenz. Grundbegriffe, Theorien, Anwendungsfelder. Stuttgart/Weimar: Metzler, 261–272.
Hofstede, G. (1986): Cultural Differences in Teaching and Learning. In: International Journal of Intercultural Relations, 10, 301–320.
Thomas, A. (2005): Grundlagen der interkulturellen Psychologie. Nordhausen, Traugott Bautz.

## Lernstil

Natürliche und bevorzugte Art und Weise einer Person, Informationen und Gefühle zu verarbeiten und sie in Wissen und Handeln umzusetzen (Kolb 1984). Durch *→Sozialisation* in vorschulischen, schulischen sowie familiären und freundschaftlichen Kontexten erwirbt eine Person ihren persönlichen Lernstil. Die Forschung (Jonassen/Grabowski 1993) unterscheidet kognitive (verstandesmäßig gesteuerte), realisierende (vom Lernenden selbst organisierte), affektiv-emotionale (zusammengesetzt aus Meinungen und Werten), soziale (mitmenschliche) und konstitutionell (physiologisch) bedingte und auf Wahrnehmungen beruhende Lernstile. Dementsprechend existiert eine Vielzahl von Lernstil-Modellen.

Ein verbreitetes Instrument zur Erhebung des individuellen Lernstils ist das *Learning Style Inventory* (LSI) von David Kolb (1994). Entsprechend der holistischen Konzeption, die dem Modell zugrunde liegt, wird Lernen aus Erfahrung als *Prozess* verstanden und als vierphasiger Zyklus gedacht: Das Individuum ist einer neuen Erfahrung direkt ausgesetzt („konkrete Erfahrung"), diese Erfahrung wird reflektiert und aus mehreren Perspektiven betrachtet („reflektierende Betrachtung"), Konzepte werden entworfen, um die Betrachtung in logische Theorien zu integrieren („abstrakte Konzeptualisierung") und schließlich setzt das Individuum diese Theorien für Entscheidungen und Problemlösungen in der Praxis um („aktives Experimentieren“).

Der individuelle Lernstil beeinflusst folglich nicht nur die Informationsaufnahme, Wissensaufnahme und -verarbeitung, sondern beeinflusst auch Entscheidungsfindung und Problemlösung sowie die Entwicklung *interkultureller →Kompetenz* (Barmeyer 2000). Somit spielt die Kenntnis von Lernstilen in der Kompetenzentwicklung und besonders im Lernen und Lehren allgemein (Hofstede 1986), vor allem aber *interkulturellen →Training* und *interkulturellen →Coaching* eine zentrale Rolle (Barmeyer 2004): Die Kenntnis persönlicher Lernstile der Teilnehmer ermöglicht es dem Trainer, Methoden der Wissensvermittlung auf die Teilnehmenden anzupassen und somit einen höheren Lernerfolg zu erreichen.

Barmeyer, C. (2000): Interkulturelles Management und Lernstile. Frankfurt/Main, Campus.
Barmeyer, C. (2004): Learning styles and their impact on cross-cultural training. In: International Journal of Intercultural Relations, 28 (6), 577–594.
Hofstede, G. (1986): Cultural Differences in Teaching and Learning. In: International Journal of Intercultural Relations, 10, 1986, 301–320.
Jonassen, D.H./Grabowski, B.L. (1993): Handbook of Individual Differences, Learning, and Instruction. New Jersey, Lawrence Erlbaum.
Kolb, D. (1984): Experiential Learning. New York, Prentice Hall.

**Machtdistanz**

*→Kulturdimension* nach Hofstede, die das Ausmaß beschreibt, wie Machtverhältnisse innerhalb einer Kultur verteilt sind und bis zu welchem Grad die weniger mächtigen Mitglieder einer Gesellschaft bereit sind, ungleiche Machtverhältnisse zu akzeptieren und zu tolerieren. Machtdistanz bezieht sich somit darauf, wie Gesellschaften mit Ungleichheit umgehen und wie sich die Beziehungen der Mitglieder einer Gesellschaft gestalten. Machtdistanz manifestiert sich generell in der Ausgestaltung hierarchischer Beziehungen, etwa Eltern – Kinder, Lehrer – Schüler, Führungskraft – Mitarbeiter oder formaler Strukturen in Organisationen. Der Umgang mit Machtverteilung ist von Gesellschaft zu Gesellschaft verschieden: In Gesellschaften, die ein hohes Maß an ungleicher Machtverteilung akzeptieren, wie in mittel- und südamerikanischen Ländern (Guatemala, Panama, Venezuela, Mexiko etc.) oder asiatischen Ländern (Malaysia, Philippinen und Indien) herrscht eine „hohe Machtdistanz“. In nord- und mitteleuropäischen sowie anglophonen Ländern, in denen eine ungleiche Machtverteilung nicht geduldet wird (z.B. Dänemark, Schweden, Österreich, Deutschland, Schweiz, Großbritannien, USA und Australien), findet sich eine „niedrige Machtdistanz“. Durch Modernisierungstendenzen und *kulturelle →Dynamik* verändert sich

diese Kulturdimension im Zeitverlauf in den meisten Gesellschaften von hoher zu niedriger Machtdistanz.

Um keine monokausalen oder stereotypen Rückschlüsse auf bestimmte Gesellschaften oder deren Angehörige zu ziehen, darf eine →*Kulturdimension* nicht isoliert betrachtet werden, sondern immer in Verbindung mit weiteren.

Hofstede, G. (2001): Culture's Consequences: Comparing Values, Behaviors, Institutions and Organizations Across Nations. Thousand Oaks, Sage.

**Management, interkulturelles**

Forschungs- und Praxisfeld, das sich mit Unterschieden und Gemeinsamkeiten von Fach- und Führungskräften verschiedenkultureller Zugehörigkeit im Rahmen interpersonaler Interaktionen und organisationaler Prozesse beschäftigt (Barmeyer 2000, Rotlauf 2006, Stüdlein 1997) und sich auf Theorien und Konzepte der Sozial- und Kulturwissenschaften stützt (Peterson/Sondergaard 2008). Im Rahmen von Managementaktivitäten (wie Strategie, Organisation, Planung, Führung, Kontrolle usw.) werden diese Unterschiede und Gemeinsamkeiten anhand von Wahrnehmungsmustern, Grundannahmen, Denkhaltungen und Arbeitsweisen deutlich (Browaeys/Price 2011, Schneider/Barsoux 1997). Im Gegensatz zur kulturvergleichenden Managementforschung (→*Kulturvergleich*) untersucht die interkulturelle Managementforschung (→*Interkulturalität*) interaktionistische Aspekte: Aufgrund unterschiedlicher kultureller Prägungen werden dieselben Situationen von den Handelnden anders wahrgenommen, erlebt und interpretiert (*Interkulturelle →Kommunikation*), was zu divergierenden Positionen und Verhaltensweisen führt (D'Iribarne 2009). Wird kulturelle Unterschiedlichkeit als Bereicherung wahrgenommen und kombiniert (→*Dilemma-Theorie*), so kann *interkulturelle →Synergie* entstehen, die sich positiv auf die Wertschöpfung der Organisation auswirkt. Wird kulturelle Unterschiedlichkeit dagegen nicht wahrgenommen (→*Ethnozentrismus*) und verstanden, kann es zu kulturell bedingten Missverständnissen, →*Critical Incidents*, kommen, die sich negativ auf die Wertschöpfung der Organisation auswirken (Adler 2002).

Grundsätzlich stellt sich die Frage, ob die eigenen Lösungsmuster im Rahmen der interkulturellen Interaktion gültig sind oder angepasst werden müssen, um die angestrebten Ziele zu erreichen (→*Integration*). In diesem Sinne stehen menschliche Kommunikations- und Interaktionsprozesse und ihre Wirkung beim Gegenüber im Mittelpunkt.

Zentrales Anliegen des interkulturellen Managements ist es also, interkulturelle Beziehungen in Organsationen zu beschreiben und zu analysieren, um sie bewusst konstruktiv zu gestalten. Dabei findet zunehmend eine Entwicklung von einer problemorientierten Perspektive in der Denktradition der *Critical Management Studies* zu einem lösungsorientierten Ansatz statt, der kulturelle Unterschiedlichkeit nicht als Defizit versteht, sondern wertschöpfend als Ressource zu nutzen weiß.

Adler, N. (2002): International Dimensions of Organizational Behavior. Cincinnati, South Western.
Barmeyer, C. (2000): Interkulturelles Management und Lernstile. Frankfurt/Main, Campus.
Browaeys, M.-J./Price, R. (2011). Understanding Cross-Cultural Management. Essex, Prentice Hall.
D'Iribarne, P. (2009): National Cultures and Organisations in Search of a Theory: An Interpretative Approach. In: International Journal of Cross Cultural Management, 9(3), 309–321.
Peterson, M.F./Sondergaard, M. (2008): Foundations of Cross Cultural Management. Los Angeles, Sage.
Rotlauf, J. (2006): Interkulturelles Management. München, Oldenbourg.
Schneider, S./Barsoux, J.-L. (1997): Managing across cultures, Essex, Prentice Hall.
Stüdlein, Y. (1997): Management von Kulturunterschieden. Wiesbaden, DUV.

**Management, kulturvergleichendes** *→Management, interkulturelles*

**Marginalisierung**

Prozess und Gefühl kultureller Desorientierung und Orientierungslosigkeit, resultierend aus dem Verlust kultureller Referenzsysteme (*soziales →System; →Enkulturation*) und dem Aufbruch bestehender *kultureller →Identitäten.*

Nach Berry (2005) ist Marginalisierung eine von vier möglichen Strategien der *→Akkulturation.* Marginalisierung tritt dann auf, wenn das Individuum im Rahmen von Migrationsprozessen keine positive Beziehung zur Mehrheitskultur aufzubauen vermag und gleichzeitig seine eigene kulturelle Identität verliert. Marginalisierung kann zur sozialen und lokalen Abgrenzung führen und ist dadurch häufig von Isolierung und Vereinsamung begleitet.

Entgegen der häufig problemzentrierten Verwendung von Marginalisierung und Marginalität in Integrationsdebatten befreit Bennett (1993) die beiden Begriffe von ihrer negativen Konnotation. Als höchste Stufe *interkultureller →Kompetenz* innerhalb seines Entwicklungsmodells interkultureller Sensibiltität (*→DMIS*) könne Marginalität zwar mit Orientierungslosigkeit und Unbehagen verbunden sein, lasse sich aber im Sinne ethnorelativistischen Verhaltens konstruktiv wenden (*→Ethnozentrismus*). Gerade durch den Abstand zu sonst als selbstverständlich wahrgenommenen Orientierungsmustern könne der Marginalisierte auf situationsangemessene Referenzrahmen zurückgreifen und damit die eigene Realtiät bewusst gestalten. Dieser selbstreflexive und selbstbewusste Umgang mit kultureller Differenz und →*Fremdheit* hilft nicht allein, das Frustrationspotential, das mit der oft als defizitär wahrgenommenen Marginalität einhergeht, zu minimieren, sondern auch normative Gewissheiten konsequent zu hinterfragen und ethische Entscheidungen auf neuer Grundlage zu treffen (*interkulturelle →Ethik*).

Im Sinne des marginalisierten Fremden nach Simmel (1992, 764 ff.) ist die Marginalisierung für die Forschung zur →*Interkulturalität* selbst nicht nur typisch sondern auch notwendig. Erst der durch sie erzwungene Abstand zum Untersuchungsgegenstand ermöglicht den →*Perspektivwechsel* und damit auch den kritischen Blick eines objektiven Außenstehenden auf das subjektiv Kulturelle (Moosmüller 2011).

Insofern kann Marginalisierung zwar ein Prozess und Gefühl der kulturellen Ausgrenzung beschreiben; die damit verbundene Position des Marginalisierten jedoch kann unter gewissen Voraussetzungen auch positiv eingesetzt werden. Diese zu schaffen ist mitunter auch Ziel *interkultureller →Kompetenzentwicklung.*

Berry, J. (2005): Acculturation: Living successfully in two cultures. In: International Journal of Intercultural Relations, 29, 697–712.

Bennett, M. (1993): Towards Ethnorelativism: A Developmental Model of Intercultural Sensitivity. In: Paige, M. (Hg.): Education for the Intercultural Experience. Yarmouth, Intercultural Press, 21–71.

Moosmüller, A. (2011): Interkulturelle Kommunikation aus ethnologischer Sicht. In: Barmeyer, C./Genkova, P./Scheffer, J. (Hg.): Interkulturelle Kommunikation und Kulturwissenschaft. Grundbegriffe, Wissenschaftsdisziplinen, Kulturräume. Passau, Stutz, 255–292.

Simmel, G. (1992): Soziologie. Untersuchung über die Formen der Vergesellschaftung. Frankfurt/Main, Suhrkamp.

S.Ö.

**Maskulinität/Femininität**

→*Kulturdimension* nach Hofstede (1998). *Maskulinität* kennzeichnet eine Gesellschaft, in der die Rollen der Geschlechter klar voneinander abgegrenzt sind: Von Männern wird erwartet, hart, bestimmt, unabhängig, materiell und leistungsorientiert zu sein; Frauen dagegen sollen bescheiden und sensibel sein und zwischenmenschlichen Beziehungen pflegen. Konfliktbewältigung erfolgt durch offene Austragung.

Nach Hofstede weisen südamerikanische (z.B. Venezuela) und mitteleuropäische (z.B. Österreich) Gesellschaften sowie Japan eine ausgeprägte maskuline Wertorientierung auf. Durch Modernisierungstendenzen und *kulturelle →Dynamik* verändert sich die Kulturdimension in vielen Gesellschaften im Zeitverlauf hin zur →*Femininität.*

*Femininität* kennzeichnet eine Gesellschaft, in der sich Geschlechterrollen überschneiden: Sowohl Frauen als auch Männer sind bescheiden und feinfühlig und legen Wert auf zwischenmenschliche Beziehungen. Feminine Wertorientierungen betreffen gefühlsbezogene Verhaltensmuster wie Bescheidenheit, Fürsorge und Kooperation. Demzufolge werden Konflikte tendenziell durch Diskussionen und Kompromisse beigelegt, Wettbewerb zur Zielerreichung dagegen wird tendenziell abgelehnt. Nach Hofstede weisen skandinavische Gesellschaften eine feminine Wertorientierung auf.

Um keine monokausalen oder stereotypen Rückschlüsse auf bestimmte Gesellschaften oder deren Angehörige zu ziehen, darf eine →*Kulturdimension* nicht isoliert betrachtet werden, sondern immer in Verbindung mit weiteren.

Hofstede, G. (1998): Masculinity and Femininity. The Taboo Dimension of National Cultures. Thousand Oaks, Sage.

**Mediation, interkulturelle**

Form der vertraulichen und außergerichtlichen Vermittlung in interkulturellen Konflikten. Dabei können die Konfliktparteien unterschiedlichen Kulturen angehören und/oder der Streitgegenstand ist ein interkultureller. Die Konfliktparteien versuchen mithilfe eines neutralen Dritten, des Mediators, eine gemeinsame und tragfähige Lösung des Konflikts zu erarbeiten. Bedeutende Merkmale der Mediation sind freiwillige Teilnahme aller Beteiligten, die Übernahme von Eigenverantwortung und Selbstbestimmung und das Eingehen auf Perspektiven, Bedürfnisse und Interessen der Konfliktparteien. Im Mittelpunkt steht die Verdeutlichung durch den Mediator, dass nicht unbedingt Interessen-, Beziehungs- oder Machtkonflikte, sondern kulturell begründete Missverständnisse Ursache für Konflikte und Streitigkeiten sind (→*Critical Incidents*). Der Mediator hat somit eine „Aufklärungsfunktion". Die interkulturelle Mediation setzt nicht wie das *interkulturelle* →*Coaching* antizipativ ein, sondern dann, wenn bereits entstandene kulturell bedingte Meinungsverschiedenheiten und Konflikte perspektivisch aufzuarbeiten und zu klären sind. Der Mediator als neutraler Dritter kann jedoch auch begleitend in Verhandlungs-, Arbeits- oder Teamsituationen eingreifen, um interkulturelle Konflikte zu vermeiden oder beizulegen. Schwierigkeiten der interkulturellen Mediation liegen im mangelnden Vertrauen der Konfliktparteien und in der Auswahl des Mediators. Dieser sollte aufgrund der geforderten Neutralität vorzugsweise aus einer dritten Kultur stammen und gleichzeitig über fachliche, fremdsprachliche und *interkulturelle*→*Kompetenzen* verfügen – alles zusammen ist jedoch selten anzutreffen. Zu unterstreichen ist, dass auch die – interkulturelle – Mediation kein kulturfreies Konzept und Instrument darstellt, weil sie tendenziell von flachen Hierarchien (→*Machtdistanz*), gleichberechtigter transparenter Kooperation (→*Femininität*) sowie expliziter Kommunikation (→*Low Context*) ausgeht.

Busch, D. (2005): Interkulturelle Mediation. Eine theoretische Grundlegung triadischer Konfliktbearbeitung in interkulturellen Kontexten. Frankfurt/Main, Peter Lang.
Herlyn, M.-A. (2001): Interkulturelle Aspekte von Mediation und Dialog in der internationalen Unternehmenszusammenarbeit. In: Reineke, R.-D./Fussiger, C. (Hg.): Interkulturelles Management: Konzeption, Beratung, Training. Wiesbaden, Gabler, 51–72.
Mayer, C.-H. (2006): Trainingshandbuch interkulturelle Mediation und Konfliktlösung. Didaktische Materialien zum Kompetenzerwerb. Münster/München, Waxmann.

## Meta-Ebene

Übergeordnete, geistig-abstrakte Ebene und Sichtweise, die bewusst von Personen eingenommen wird, um Strukturen, Objekte und Interaktionen mit Distanz zu betrachten und dadurch besser zu verstehen und zu hinterfragen. Das Konzept stammt aus der Gestalt-Psychologie (Metzger 1999) und wird in der Systemtheorie (Luhmann 2004) in Verbindung mit Selbstreferenzialität thematisiert. Die Einnahme einer Meta-Ebene eignet sich, um über die eigene und die andere →*Kultur* zu reflektieren, insbesondere in Bezug auf – divergierende – Einstellungen, Erwartungen, Wahrnehmungen, Werte und Praktiken. Insofern hilft sie, interkulturelle Situationen und →*Critical Incidents* mit Abstand bzw. Distanz aus einer objektiveren, neutraleren Sicht zu verstehen und zu bewerten (→*D.I.E.*). Aus systemischer Sicht dient sie dem Individuum zur Selbststeuerung. Die Einnahme von Meta-Perspektiven ermöglicht es auch, erlebte →*Interkulturalität* – etwa während oder nach Interaktionssituationen – zu reflektieren und eventuell situative Handlungsanpassungen vorzunehmen. Dies ist besonders interessant, wenn mehrere anderskulturelle Personen die Fähigkeit besitzen, Meta-Ebenen einzunehmen; dann können sie beidseitig interkulturelle Erfahrungen und Konflikte thematisieren und besprechen (→*Metakommunikation*). Dabei fällt es leichter, die Fremdkultur bewusst wahrzunehmen, als die eigene Kultur. Wenn eigene Perspektiven und unbewusste Verhaltensweisen hinterfragt werden, führt dies zur Entwicklung von →*Empathie*. Insofern ist die Meta-Ebene ein zentrales Element *interkultureller* →*Kompetenz*, die →*Ethnozentrismus* verringert und →*Ethnorelativismus* fördert.

Die Beachtung der Meta-Ebene ist nicht nur in persönlich erlebten interkulturellen Situationen hilfreich, sondern dient auch als Ansatz im

Rahmen interkultureller Beratung oder *interkulturellen →Coachings.* Die Meta-Ebene wird ebenso bei *interkulturellem →Lernen* genutzt: etwa durch die Methode des *→Kultur-Assimilators* oder in Fallstudien. Ebenso spielt sie auch im Rahmen *interkultureller →Mediation* eine zentrale Rolle, da sie erlaubt, Konflikte nicht aus einer sach- oder personenbezogenen Perspektive, sondern von neutraler Warte aus zu analysieren.

Luhmann, N. (2004): Einführung in die Systemtheorie. Heidelberg, Carl Auer.
Metzger, W. (1999): Gestalt-Psychologie. Ausgewählte Werke aus den Jahren 1950 bis 1982. Frankfurt/Main, Waldemar Kramer.

**Metakommunikation**

Aus der Gestalt-Psychologie stammende Ansatz, der die Kommunikation *über* Kommunikation betrifft (Metzger 1999). Durch die Einnahme einer übergeordneten *→Meta-Ebene* richten die Interaktionspartner ihre Aufmerksamkeit darauf, wie sie miteinander umgehen und tauschen sich daüber aus. Watzlawick, Beavens und Jackson (2007, 55 ff.) unterscheiden bei der Betrachtung von Kommunikation zwischen dem Inhalts- und Beziehungsaspekt. Der Inhaltsaspekt übermittelt Daten, der Beziehungsaspekt übermittelt, wie diese zu verstehen sind. Somit umfasst vor allem der Beziehungsaspekt von Kommunikation die Ebene der Metakommunikation und bestimmt dabei den Inhaltsaspekt. Das bedeutet, dass bei Metakommunikation der Fokus nicht darauf liegt, Inhalte auszutauschen, sondern es geht vielmehr darum, die Beziehung zu analysieren, in der Sender und Empfänger zueinander stehen (Watzlawick et al. 2007, 56).

Somit kann Metakommunikation auch in *interkulturellen →Trainings* eingesetzt werden, um beispielsweise anhand eines Fallbeispiels (*→Critical Incident*) eine Situation zu analysieren und somit dazu beizutragen, dass die Teilnehmenden einen *→Perspektivwechsel* vornehmen, der ihnen hilft, andere Sichtweisen zu verstehen. Hierbei sind auch Konzepte wie die *→Kulturstandards*, *→Kulturdimensionen* oder der *→Kultur-Assimilator* hilfreich, da sie es ermöglichen, auf der Meta-Ebene über kulturelle Eigenschaften zu sprechen, wobei beachtet werden muss, dass die Diskussion der Teilnehmenden hierbei nicht in zu starke *→Stereotypisierungen* abdriftet. Eine andere Einsatzmöglichkeit stellen interkulturelle Konfliktsituationen dar, die mit Hilfe von *interkultureller →Mediation* oder *interkulturellen →Coachings* gelöst werden sollen. Auch hier kann Metakommunikation eingesetzt werden, um den beteiligten Parteien zu ermöglichen, ihre unterschiedlichen Ansichten zu verdeutlichen und Missverständnisse bestenfalls aufzulösen. Somit eignet sich Metakommunikation sowohl für den Einsatz in linguistisch orientierten Trainings und

Situationsanalysen (Müller-Jacquier 2000), da dort versucht wird, unterschiedliche Kommunikationsregeln zu konkretisieren und die Fähigkeit zu erlangen, diese auf einer Metaebene zu analysieren, um so ein Verständnis für fremde Kommunikationsmuster zu entwickeln. Da sich Metakommunikation jedoch auch für den Einsatz in psychologisch ausgerichteten Trainings eignet, ist sie eine vielfach anwendbare Methode zur Vorbeugung, Analyse und Milderung interkultureller Konfliktsituationen (*interkulturelle →Mediation*). Metakommunikation verlangt jedoch von den Interaktionspartnern ein hohes Maß an (Selbst-)Wahrnehmungsfähigkeit, sowie den Mut, darüber zu kommunizieren. Außerdem ist in vielen interkulturellen Situationen eine Thematisierung nicht angemessen oder nicht möglich, weil diese als befremdend und/oder verunsichernd verstanden werden kann.

Metzger, W. (1999): Gestalt-Psychologie. Ausgewählte Werke aus den Jahren 1950 bis 1982. Frankfurt/Main, Waldemar Kramer.
Müller-Jacquier, B. (2000): Linguistic Awareness of Cultures. Grundlagen eines Trainingsmoduls. In: Bolten, J. (Hg.): Studien zur internationalen Unternehmenskommunikation. Leipzig, Popp, 20–49.
Watzlawick, P./Beavens, J./Jackson, D. (2007): Menschliche Kommunikation. Formen, Störungen, Paradoxien. Bern, Hans Huber.

B.A.

**Modernisierung, kulturelle** *→Dynamik, interkulturelle, →Kulturtransfer, →Nationalkultur, →Wertewandel*

**Monochronie**

*→Kulturdimension* nach Hall (1983). Gegenteil von *→Polychronie.* Individuums- und/oder kulturspezifisches Zeitverständnis. *Monochrones* Zeitverständnis (= eins nach dem anderen) versteht Zeit als linear und zukunftsorientiert. Zeit wird eingeteilt in kleine, oft unabhängige *Einheiten.* Risiko wird durch Planung, Organisation und Formalisierung begegnet. Der Arbeitsrhythmus eines monochron veranlagten Individuums ist gleichmäßig, weswegen Stress-Situationen selten auftreten. Tritt eine Unregelmäßigkeit oder Ungewissheit ein, wirkt diese störend, bringt den Ablauf durcheinander und kann leicht Orientierungslosigkeit bewirken (*→Handlungsketten*). Nach Hall findet sich Monochronie häufig in westlichen Gesellschaften. Organisationale Prozesse und Arbeitsaktivitäten, wie sie in Projekten oder Führungssituationen manifest werden, sind von unterschiedlichen Zeitverständnissen beinflußt, wie es Davoine (2002) für Deutschland und Frankreich zeigt.

Um keine monokausalen oder stereotypen Rückschlüsse auf bestimmte Gesellschaften oder deren Angehörige zu ziehen, darf eine Kulturdimension nicht isoliert betrachtet werden, sondern immer in Verbindung mit weiteren.

Davoine, E. (2002): Zeitmanagement deutscher und französischer Führungskräfte. Wiesbaden, DUV.
Hall, E.T. (1981): The Silent Language. New York, Anchor Books.
Hall, E.T. (1983): The Dance of Life. The Other Dimension of Time. New York, Anchor Books.

**Multikulturalismus** →*Multikulturalität*

**Multikulturalität**
Begriff zur Umschreibung →kulturell heterogen geprägter Gesellschaften, in denen Gruppen relativer kultureller Homogenität innerhalb einer Gesellschaft nebeneinander existieren. Zwar sind Gesellschaften seit jeher von kultureller Pluralität geprägt, doch ist der moderne Multikulturalitätsbegriff auch eine Konsequenz zunehmender Migration und →*Internationalisierung* (u.a. Großbritannien, USA, Kanada etc.); andererseits kann Multikulturalität auch die Folge staatlicher Grenzziehung und der Herausbildung politisch definierter staatlicher Einheiten sein. Dabei unterscheiden sich Gesellschaften sehr stark in vergangenen wie aktuellen Erfahrungen mit Multikulturalisierung und in der Folge auch in ihrem (politisch-strategischen) Umgang mit ihr (→*Akkulturation*).

Während mit Multikulturalität oft ein loses Nebeneinander kulturell unterschiedlicher Gruppen innerhalb einer Gesellschaft bezeichnet wird, versteht Berry (2005) darunter eine bewusste Akkulturationsstrategie der Mehrheitsgesellschaft, die der Bereitschaft zur →*Integration* seitens der Minderheitsgruppe entspricht. Entgegen der Wahrnehmung im öffentlichen Diskurs unterscheidet sich Multikulturalität demnach fundamental von der (Sorge um) Separation oder Segregation kultureller Gruppen. Im Gegensatz zum neutralen Begriff Multikulturalität ist Multikulturalismus normativ besetzt und meint den ideologisch, politisch und pädagogisch wertschätzenden und positiven Umgang mit Multikulturalität (→*Diversity Management*) (u.a. Taylor 1992).

Aus Sicht der →*Interkulturalitäts*forschung ist Multikulturalität deshalb von Relevanz, weil mit der Heterogenisierung und Pluralisierung der Gesellschaften auch die Anzahl der interkulturellen Kontakte innerhalb einer Gesellschaft zunimmt bzw. sich die Frage nach dem gesellschaftlichen Umgang mit der de facto Multikulturalität vermehrt stellt. Auch stellt diese Diversifizierung die Kohärenz bisheriger Kulturbegriffe (→*Nationalkultur*) in Frage und betont dagegen die Möglichkeit polyvalenter *kultureller →Identitäten* (*→Hybridität*) (Sackmann/Phillips 2004, Welsch 2005). Zugleich jedoch wird der Begriff der Multikulturalität als solcher bzw. die ihm inhärente Vorstellung von zwar vielfältigen, in sich aber als kohärent verstandenen kulturellen Gruppen in einer Gesellschaft kritisiert (*→Transkulturalität*) (Welsch 2005). Ohne die *kulturelle →Dynamik* und Vielseitigkeit *sozialer →Systeme* aus den Augen zu verlieren, ist der Multikulturalitätsbegriff jedoch – jenseits der Frage um identitäre Selbst- und Fremddefinition – geeignet, die mit der Diversifizierung von Gesellschaften verbundenen Schwierigkeiten (*→Assimilation, →Fremdheit, →Marginalisierung* etc.) und Chancen (*interkulturelle →Kreativität, kulturelle →Synergie* etc.) zu thematisieren (Meyer 1997). Auch die Bedeutung *interkultureller →Kompetenzentwicklung* im Sinne einer gemeinsam-konstruktiven gesellschaftlichen Entwicklung und Gestaltung wird dabei deutlich.

Berry, J. (2005): Acculturation: Living successfully in two cultures. In: International Journal of Intercultural Relations, 29, 697–712.

Meyer, T. (1997): Identitäts-Wahn. Die Politisierung des kulturellen Unterschieds. Berlin, Aufbau.

Sackmann, S./Phillips, M. (2004): Contextual Influences on Culture Research. Shifting Assumptions for New Workplace Realities. In: International Journal of Cross Cultural Management, 4 (3), 370–390.

Taylor, C. (1992): Multiculturalism and the politics of recognition. Princeton, Princeton University Press.

Welsch, W. (2005): Auf dem Weg zu transkulturellen Gesellschaften. In: Allolio-Näcke, L./Kalscheuer, B./Manzeschke, A. (Hg.): Differenzen anders denken. Frankfurt/Main, Campus, 314–341.

K.J., S.Ö.

**Nationalkultur**

Konzept von Kultur, dessen bevorzugter sozialer bzw. kollektiver Referenzrahmen der moderne Nationalstaat ist und das häufig die Ausgangsbasis bildet für kulturvergleichende und interkulturelle Forschung (*interkultureller →Dreischritt, →Interkulturalität, →Kulturvergleich*). Nationalkultur steht häufig synonym für Landeskultur. Ausschlaggebend für diesen Kulturbegriff ist die ihm zugrunde liegende Annahme, der moderne Nationalstaat bilde einen politischen Rahmen, innerhalb dessen sich die Mitglieder hinsichtlich ihrer standardisierten, kulturellen Merkmale (*→Werte, kulturelle →Praktiken, →Institutionen*) durch relative Homogenität – vor allem im Vergleich zu Mitgliedern anderer Nationalkulturen – auszeichnen (Inkeles/Levinson 1969, Hofstede 2001). Auf diese Weise integriert der Begriff der Nationalkultur sowohl die Idee der Kulturnation als auch die der Staatsnation unter der Vorstellung empirisch greifbarer relativer Unterschiede.

Kritiker des Konzepts der Nationalkultur sehen darin eine auf übermäßiger Homogenisierung moderner Gesellschaften basierende, eindimensionale Analyse kultureller Phänomene, die der Diversität größerer gesellschaftlicher Kollektive (→*Kulturkollektiv*) nicht Rechnung trage (u.a. Haas 2009, Hansen 2009, Moosmüller 2004, Sackmann/Phillips 2004) – umso weniger, je weiter Prozesse globaler Vernetzung und Durchdringung (→*Akkulturation*, →*Kulturtransfer*, →*Multikulturalität*) voranschreiten. Ein unreflektierter Gebrauch des Konzepts der Nationalkultur reduziert folglich die Komplexität moderner, heterogener Gesellschaften durch Bezug zu und Abgrenzung von politisch-monolithischen Einheiten und führt zwangsläufig zu unzulässiger Vereinfachung und nicht zutreffender Generalisierung. Stattdessen müssen Gesellschaften als dynamische, polykulturelle *soziale* →*Systeme* begriffen werden, in denen subkulturelle Merkmale (regionale und ethnische Besonderheiten, Sprache, Religion, Geschlecht, Beruf, Generation, soziale Klasse, Bildungsniveau etc.) ebenso zur adäquaten Analyse heranzuziehen sind – auch wenn bzw. gerade weil sie der Vorstellung kohärenter *kultureller* →*Identitäten* widersprechen (Sackmann/Phillips 2004). Zugleich sind es jedoch nationale →*Institutionen* des Rechts-, Bildungs- und Mediensystems sowie des politischen Systems, die als Ausdruck und zugleich als strukturelle Verstetigung nationaler kultureller Spezifika verstanden werden können.

Moderne kulturvergleichende und interkulturelle Forschung kann folglich nicht die soziokulturelle Relevanz von Nationalstaaten als konstruktivistische, kulturelle Realität schaffende Instanz vernachlässigen. Ebenso wenig jedoch darf die Betrachtung von Nationalkulturen mit einem essentialistischen Kulturbegriff verknüpft werden; dies würde der Heterogenität, dem kulturellen Pluralismus und der Veränderlichkeit (*kulturelle* →*Dynamik*) moderner sozialer Systeme nicht gerecht.

Haas, H. (2009): Das interkulturelle Paradigma. Passau, Stutz.

Hansen, K. (2009): Kultur, Kollektiv, Nation. Passau, Stutz.

Hofstede, G. (2001): Culture's Consequences. Comparing Values, Behaviors, Institutions and Organizations Across Nations. Thousand Oaks, Sage.

Inkeles, A./Levinson, D. (1969): National character: The study of modal personality and sociocultural systems. In: Lindzey, G./Aronson, E. (Hg.): The handbook of social psychology. Reading, Addison-Wesley, 418–506.

Moosmüller, A. (2004): Das Kulturkonzept in der Interkulturellen Kommunikation aus ethnologischer Sicht. In: Lüsebrink, H.-J. (Hg.): Konzepte Interkultureller Kommunikation. St. Ingbert, Röhrig, 45–68.

Sackmann, S./Phillips, M. (2004): Contextual Influences on Culture Research. Shifting Assumptions for New Workplace Realities. In: International Journal of Cross Cultural Management, 4 (3), 370–390.

Mit S.Ö.

**Negotiated Culture** →*Interkultur, kulturelle* →*Identität, interkulturelle* →*Synergie*

**Neoinstitutionalismus**

Organisationssoziologischer Ansatz, der versucht, die Wechselwirkungen zwischen institutionellem Umfeld und Organisationen sowie Kontinuität und Wandel bei der Herausbildung von sozial legitimierten und persistenten Aktivitäten (→*Institutionen*) zu erklären. Entgegen einem rein rational-funktionalistischen Verständnis von Organisationen, sieht der Neoinstitutionalismus Organisationen als aufs Engste mit dem sie umgebenden Kontext verwoben. Organisationen sind demnach nicht allein zweckrationale Gebilde, sondern komplexe *soziale* →*Systeme*, die auch institutionalisierte externe Erwartungsstrukturen integrieren müssen (Walgenbach/Meyer 2008, 17). Diese haben nicht zwangsläufig funktionalen Charakter. Damit verschmilzt die Organisationsanalyse automatisch mit der gesellschaftlicher Rahmenbedingungen des Organisierens (Bonazzi 2008); sowohl die Meso- als auch die Makroebene (→*Drei-Ebenen-Modell*) werden damit einer integrierten organisationstheoretischen Betrachtung zugänglich gemacht.

Im Neoinstitutionalismus werden grundsätzlich zwei Denkrichtungen unterschieden: zum einen makrosoziologische Ansätze (Meyer/Rowan 1977; DiMaggio/Powell 1983, 1991), die Organisationen als eingebettet in ein dichtes Netz von Institutionen sehen und ihre Funktionsweisen damit vor allem als Reaktion auf den Anpassungsdruck der institutionellen Umwelt (institutionelle Isomorphie); zum anderen mikrosoziologische Ansätze, die in Organisationen tätige Akteure bzw. wirksame Diskurse und Prozesse selbst als primäre Quellen von Institutionalisierungsprozessen sehen (Zucker 1977) und damit auch die Veränderlichkeit von institutionellen Strukturen betonen (Czarniawska/Sevón 1996). Beide Ansätze haben gemein, dass sie Organisationen und organisationale Praktiken kontextualisiert (→*Kontext*) betrachten.

Aus Sicht der Interkulturalitätsforschung ist der neoinstitutionalistische Zugang zu Organisationen unerlässlich für das Verständnis des Durchwirkens des institutionell-kulturellen Umfeldes auf die organisationale Ebene. Auch trägt das Wissen um Rationalitätsfassaden (Meyer/Rowand 1977) und strukturelle Angleichung (Isomorphie) (DiMaggio/Powell 1983) zu einem besseren Verständnis von Konvergenzerscheinungen (→*Konvergenzthese*) bei, die im Rahmen von →*Internationalisierung*sprozessen vermehrt auftreten. Zugleich erlauben der akteurszentrierte Ansatz und seine Betonung von Prozessen kultureller Anpassung und Translation (Czarniawaska/Sevón 1996) eine kritische Überprüfung dieser vermeintlichen Konvergenzerscheinungen (→*Kulturtransfer*). Diese doppelte Perspektive institutioneller Einbettung und Vorstrukturierung einerseits sowie akteursgeleiteter, aber kulturell gerahmter Interpretationsleistungen (*negotiated* →*culture*) andererseits verhindert eine einseitig kulturalistische Interpretation organisationaler Strukturen und Praktiken.

Eng verbunden mit der Denkrichtung des Neoinstitutionalismus ist auch der →*Business-System*-Ansatz. Im Gegensatz zur Vorstellung isomorpher Angleichung organisationaler Praktiken betont dieser jedoch die Kontinuität differnter institutioneller Settings sowie fortdauernde Diversität organisationaler Praktiken (Tempel/Walgenbach 2007).

Bonazzi, G. (2008): Der Neoinstitutionalismus. In: Tacke, V. (Hg.): Geschichte des organisatorischen Denkens. Wiesbaden, VS, 368–388.

Carniawska, B./Sevón, G. (Hg.) (1996): Translating Organizational Change. Berlin/New York, de Gruyter.

Meyer, J./Rowan, B. (1977): Institutionalized Organizations: Formal Structure as Myth and Ceremony. In: American Journal of Sociology, 2, 340–363.

Powell, W./DiMaggio, P. (1983): The Iron Cage Revisted: Insitutional Isomorphism and Collective Rationality in Organizational Fields. In: American Sociological Review, 48, Nr. 2, 147–160.

Powell, W./DiMaggio, P. (1991): The New Institutionalism in Organizational Analysis. Chicago: The University of Chicago Press.

Tempel, A./Walgenbach, P. (2007): Global Standardization of Organizational Forms and Management Practices? What New Insitutionalism and the Business-Systems Approach Can Learn from Each Other. In: Journal of Management Studies, 44 (1), 1–24.

Walgenbach, P. (2006): Neoinstitutionalistische Ansätze in der Organisationstheorie. In: Kieser, A./Ebers, M. (Hg.): Organisationstheorien. Stuttgart, Kohlhammer, 353–401.

Walgenbach, P./Meyer, R. (2008): Neoinstitutionalistische Organisationstheorie. Stuttgart, Kohlhammer.

Zucker, L. (1977): The Role of Institutionalization in Cultural Persistence. In: American Sociological Review, 5, 42, 726–743.

S.Ö.

**Neutralität/Emotionalität**

→*Kulturdimension* nach Parsons (1951, 1952), die von Hampden-Turner und Trompenaars (2000) aufgegriffen und sowohl theoretisch-konzeptuell weiterentwickelt als auch kulturvergleichend (→*Kulturvergleich*) empirisch angewandt wurde. Es geht darum, wie Personen in zwischenmenschlichen Beziehungen Emotionen zeigen und einsetzen.

In eher neutralen Gesellschaften werden Emotionen nach Möglichkeit kontrolliert. Ein selbstbeherrschtes Auftreten gilt als erstrebenswert, kühl-sachliches Auftreten und wenig Körperkontakte kennzeichnen diese Dimension. Zugleich haben berufliche Rolle, Ziele und Aufgaben Priorität und werden unabhängig von persönlichen Beziehungen erfüllt. Nach Trompenaars (1993) zeigen Menschen aus Ländern wie Äthiopien, Japan und Polen am wenigsten Emotionen.

Bei Emotionalität werden Gefühle gezeigt und ausgelebt, hierzu gehört auch Gestikulation (*interkulturelle →Kommunikation*) und Körperkontakt (*→Proxemik*). Die Beschäftigung mit Personen ist wichtiger als die mit Sachverhalten. Sympathie, Bekanntheit und Status zu Menschen sind bedeutend und prägen die Qualität der Beziehungen. Nach Trompenaars (1993) zeigen Menschen aus Ländern wie Kuwait, Ägypten, Oman und Spanien am stärksten Emotionen.

Hampden-Turner, C./Trompenaars, A. (2000): Bulding Cross-Cultural Competence. Chichester, Wiley.
Parsons, T./Schils, E. (1951): Towards a General Theory of Action. Cambridge, Cambridge University Press.
Parsons, T. (1952): The Social System. Glencoe, Free Press.
Trompenaars, F. (1993): Handbuch globales Managen. München, Econ.

**Normalitätserwartung** *→Ähnlichkeitsannahme*

**Organisationsentwicklung, interkulturelle**
Kontinuierlicher und nachhaltiger Veränderungs- und Entwicklungsprozess, der die Gesamtheit der Organisation, also ihre Strategien, Strukturen, Prozesse und Ressourcen mit dem Ziel des effektiven interkulturellen Verhaltens der Organisation optimiert (Barmeyer 2010). Interkulturelle Organisationsentwicklung soll gleichzeitig zur wertschöpfenden Entwicklung der Organisation und zur wertschätzenden Zusammenarbeit von Mitarbeitern unterschiedlicher Kulturen beitragen. Für die internationale Organisationsentwicklung heißt das mindestens, dass eine kultursensible, behutsame Anpassung oder Integration der *→Werte* und Praktiken der Muttergesellschaft unter Beachtung der Eigenarten und Bedürfnisse der Auslandsgesellschaften stattfindet (*→Kulturstrategien*). Eine „gleichberechtigte" Organisationsentwicklung zielt sogar darauf ab, eine *→Interkultur* entwickeln, die von allen beteiligten Akteuren unterschiedlicher kultureller Zugehörigkeit geprägt wird. Die *→Organisationskultur* ist dabei so zu gestalten, dass sie in unterschiedlichen kulturellen Kontexten und Zugehörigkeiten (wie *→Landes*-, Regional-, *→Berufs*-, Abteilungskulturen) realisierbar ist. Erst dann kann sie von Organisationsmitgliedern, die diesen unterschiedlichen kulturellen Kontexten angehören, akzeptiert werden. Schließlich soll sie eine wirksame, konfliktfreie und produktive interkulturelle Zusammenarbeit ermöglichen.

Jedoch ist das Konzept der Organisationsentwicklung, dessen Ursprünge in den USA der 1950er Jahren liegen, nicht universell: Es geht implizit von der Lernwilligkeit und -fähigkeit einzelner Personen und der Entwicklungsfähigkeit von Organisationen aus. Hierzu gehört auch die hohe Eigenverantwortlichkeit und Selbstregulation von Personen, deren Interessen und Ziele deckungsgleich mit denen der Organisation sind. Menschen anderer Gesellschaften können allerdings diesbezüglich andere Auffassungen aufweisen, wie es die kulturkontrastive Gegenüberstellung am Beispiel der USA und Frankreich zeigt (Tabelle).

| **Organisationsentwicklung kann in der US-amerikanischen Kultur „funktionieren", denn:** | **Organisationsentwicklung kann in der französischen Kultur „nicht funktionieren", denn:** |
|---|---|
| Eine Organisation besteht aus freiwilligen Anstrengungen ihrer sich frei zusammenschließenden Mitglieder. | Eine Organisation ist eine lose Ansammlung ungleicher und miteinander ringender Gruppeninteressen. |
| Die Entwicklung der Individuen und die Organisations-Instrumente sind kompatibel. | Die Entwicklung der Individuen ist unvereinbar mit den Zielen der Organisation. |
| Durch Thematisierung von Kommunikationsproblemen und Missverständnissen zwischen Einzelpersonen wird ein besseres Verständnis geschaffen. | Durch Thematisierung von Kommunikationsproblemen und Missverständnissen werden grundsätzliche Widersprüche zwischen sozio-politischen Zielen aufgedeckt. |
| Wenn der Einzelne authentisch, offen und vertrauenswürdig ist, werden gemeinsame Bedürfnisse erkannt. | Wenn der Einzelne aufrichtig und offen ist, werden soziale Gründe für Konflikte erkannt. |

**Tab. 2:** Organisationsentwicklung und kulturelle Realitäten (Amado et al. 1990, 650, Auszug. In Anlehnung an Hampden-Turner/Trompenaars 1993, 363, Übersetzung).

Interessanterweise scheint Organisationsentwicklung im Rahmen der Internationalisierung und „Interkulturalisierung" dieselben Entwicklungsschritte zu durchschreiten wie Management, Marketing oder Kompetenzentwicklungsmaßnahmen wie *interkulturelles →Coaching*, Beratung oder *interkulturelle →Mediation*. Der monokulturellen, eigentlich ethnozentrisch geprägten Ausrichtung folgt eine internationale Ausrichtung, die aber eher Konzepte und Methoden grenzüberschreitend verbreitet. Sie stellt Unterschiede zwar fest, ohne sie jedoch zu berücksichtigen und zu integrieren (Haupt 2010). Erst langsam setzt in der Organisationsentwicklung ein Bewusstsein für *→Interkulturalität* als reziproke Austauschbeziehungen ein, wie es im *interkulturellen* →*Management* oder interkulturellen Coaching schon besteht.

Amado, G./Faucheux, C./Laurent, A. (1990): Changement organisationnel et réalités culturelles. In: Chanlat, J.-F. (Hg.): L'individu dans l'organisation. Québec, Les Presses de l'Université Laval, 629–661.

Barmeyer, C. (2010): Das Passauer 3-Ebenen-Modell. Von Ethnozentrismus zu Ethnorelativismus durch kontextualisierte interkulturelle Organisationsentwicklung. In: Barmeyer, C./Bolten, J. (Hg.): Interkulturelle Personal- und Organisationsentwicklung. Sternenfels, Wissenschaft & Praxis, 31–55.

Hampden-Turner, C./Trompenaars, A. (1993): The Seven Cultures of Capitalism. New York, Doubleday.

Haupt, U. (2010): Systemische Organisationsentwicklung aus der Beraterperspektive: Internationale, interkulturelle und kulturangepasste Organisationsentwicklung. In: Barmeyer, C./Bolten, J. (Hg.): Interkulturelle Personal- und Organisationsentwicklung. Sternenfels/Berlin, Wissenschaft & Praxis, 235–254.

## Organisationskultur

Von Organisationsmitgliedern geteilte Denkfiguren, Hintergrundüberzeugungen (→*Grundannahmen*), Wertvorstellungen (→*Werte*, →*Wertorientierung*) und Praktiken, die zielführende Kommunikation und Kooperation innerhalb von Organisationen ermöglichen und neben der Anpassung an das Organisationsumfeld vor allem der internen Integration dienen (Barmeyer 2010, Scholz 2000, Schreyögg 2003, Sorge 2004). Dabei sind nicht allein Widerspruchsfreiheit und Einheitlichkeit organisationskultureller Merkmale und Praktiken (Kohärenz) wichtig für die Orientierung und als Entscheidungshilfen, sondern auch die Fähigkeit, bis zu einem gewissen Grad differierende Werte und Praktiken zu integrieren (Kohäsion) und damit eine gemeinsame →Identität der Organisationsmitglieder zu fördern (Rathje 2010).

Insbesondere im Rahmen der →*Internationalisierung* großer und damit heterogener Unternehmen spielt dies eine große Rolle. Einerseits besteht der Wunsch, alle Standorte und Sektionen der Organisation unter einer einheitlichen, globalen Organisationskultur zusammenzufassen. Andererseits ist dieses Integrationsbestreben nicht immer erfolgreich und stößt bisweilen sogar auf offene Ablehnung (→*Kulturtransfer*, →*Resistenz*) seitens unterschiedlich sozialisierter Organisationsmitglieder (→*Sozialisation*). Dies liegt nicht allein an der internen Heterogenität von Organisationen, sondern auch daran, dass Organisationen kontextgebunden agieren (→*Business System*, →*Neoinstitutionalismus*) und Organisationskultur somit selbst auf spezifischen kulturellen Werten und Praktiken basiert (Barmeyer 2010). Daran schließt sich die Frage an, inwiefern Organisationen selbst kulturell geprägte *soziale* →*Systeme* sind oder inwiefern ihre Organisationskultur eine veränder- und gestaltbare Variable ist. Diese Debatte wird insbesondere in Hinblick auf die Gestaltbarkeit „erfolgreicher“ →*Unternehmenskulturen* geführt.

Barmeyer, C. (2010): Das Passauer 3-Ebenen-Modell. Von Ethnozentrismus zu Ethnorelativismus durch kontextualisierte interkulturelle Organisationsentwicklung. In: Barmeyer, C./Bolten, J. (Hg.): Interkulturelle Personal- und Organisationsentwicklung. Methoden, Instrumente und Anwendungsfälle. Sternenfels, Wissenschaft & Praxis, 31–55.
Rathje, S. (2010): Gestaltung von Organisationskultur – Ein Paradigmenwechsel. In: Barmeyer, C./Bolten, J. (Hg.): Interkulturelle Personal- und Organisationsentwicklung. Methoden, Instrumente und Anwendungsfälle. Sternenfels, Wissenschaft & Praxis, 15–30.
Scholz, C. (2000): Personalmanagement. München, Franz Vahlen.
Schreyögg, G. (2003): Organisation. Grundlagen moderner Organisationsgestaltung. Wiesbaden, Gabler.
Sorge, A. (2004): Kulturvergleichende Organisationsforschung. In: Schreyögg, G./ Werder, A. v. (Hg.): Handwörterbuch Unternehmensführung und Organisation. Stuttgart, Schäffer-Poeschel, 716–723.

S.Ö.

**Out-Group**

Gegenteil von →*In-Group*: Gruppen, die nicht über die von der →*In-Group* geschätzten Attribute verfügen (Triandis 1995). Obwohl die eigene Familie häufig zu den In-Groups zählt, können deren Angehörige in den Status einer Out-Group gelangen.

Triandis, H.C. (1995): Individualism and Collectivism. Boulder, Westview Press.

**Pädagogik, interkulturelle**

Aufgabe interkultureller Pädagogik ist, in Theorie und Praxis differenziert auf verschiedene kulturelle Orientierungssysteme der Lernenden einzugehen und dazu beizutragen, dass Interkulturalität nicht nur problematisiert, sondern als kreative, konstruktive und motivierende Ressource im Unterricht verstanden wird (Barmeyer 2010, Demorgon 1999). Interkulturelle Pädagogik kann zu Toleranz und Verständnis gegenüber kultureller Andersartigkeit und zu einer friedvollen →*Interkultur* beitragen und übernimmt somit die gesellschaftliche Aufgabe, die Integration von Menschen mit Migrationshintergrund zu fördern (Auernheimer 2005, Gogolin/Krüger-Potratz 2006, Herzog/Makarova 2007).

Interkulturelle Pädagogik hat zentrale Elemente und Beziehungen von Lernsystemen zu berücksichtigen (Barmeyer 2010): Lernenden werden durch Lehrende mithilfe bestimmter Lernmethoden Lerninhalte vermittelt.

Lernende weisen spezifische, teils kulturell geprägte →*Lernstile* auf, die es zu berücksichtigen gilt. Auch bestehen kulturspezifische Erwartungen an Lernkonstellationen und -konfigurationen (z.B. Rollenerwartungen an Lehrende: demokratisch-neutrale Wissensvermittler versus autoritär-personalisierte Wissensvermittler).

Lehrende sollten *interkulturelle* →*Kompetenz* aufweisen, die sie befähigt, mit anderskulturellen Lernenden erfolgreich zu interagieren. Interkulturelle Pädagogik hat also die Rolle und das Qualifikationsprofil von Lehrenden zu berücksichtigen: Sie sollten bereits interkulturelle Erfahrungen gemacht und reflektiert haben, um mit interkulturellen Gruppen arbeiten zu können. Weisen Lehrende selbst einen bikulturellen oder Migrationshintergrund auf? Verfügen Lehrende über ein Grundwissen an *interkultureller* →*Kommunikation*? Dies wirft die Frage auf, ob erziehungswissenschaftliche Studiengänge auf interkulturelle Bildung vorbereiten.

Lernmethoden: Im englischsprachigen und deutschsprachigen Raum existiert ein großer Fundus verschiedener Methoden, Modelle und Erfahrungen jahrzehntelanger internationaler interkultureller Forschung. Lernplattformen, interkulturelle Foren und Blogs über interkulturelle Planspiele, die über moderne Medien wie das Internet angeboten werden, eignen sich, um ein jüngeres Publikum anzusprechen (Bolten 2009).

Lerninhalte: Nach einigen Jahrzehnten interkultureller Forschung und Praxis finden sich zahlreiche Theorien, Konzepte und Studienergebnisse, die einen großen Fundus interkulturellen Wissens darstellen und in den Unterricht einfließen können. Zu nennen sind hier z.B. →*Kulturdimensionen* und →*Kulturstandards*, *interkulturelle* →*Kompetenz* und *kommunikative* →*Stile*.

Institutionell sind alternative Schulformen, wie etwa interkulturelle Waldorfschulen (Brater et al. 2008) inspirierend und richtungsweisend für eine interkulturelle Pädagogik, denn eine gemischtkulturelle Klassengemeinschaft weist nicht nur divergierende, oft kulturell geprägte →*Lernstile* auf, sondern auch besondere Rollenerwartungen (*soziale* →*Rolle*) an Lehrende und Mitschüler. Durch besondere soziale und pädagogische Anstrengungen und ein internationales Lehrerkollegium hat die interkulturelle Waldorfschule zum Ziel in der Entwicklung junger Menschen die Kräfte zum interkulturellen Dialog zu fördern (*interkulturelle* →*Kompetenz*), strebt also einen konstruktiven und interaktiven Umgang mit kultureller Vielfalt (→*Diversity Management*) an.

Auernheimer, G. (2005): Einführung in die interkulturelle Pädagogik. Darmstadt, Wissenschaftliche Buchgesellschaft.

Barmeyer, C. (2010): Blick und Horizont weiten: Von Asymmetrien zu Symmetrien interkultureller Pädagogik. In: Erwägen, Wissen, Ethik, 21 (2), 131–134.

Bolten, J. (2009): Intercultural Campus: Ein Praxisbeispiel für Möglichkeiten internetbasierten interkulturellen Lernens an Hochschulen. In: Bauer, U. (Hg): Standpunkte und Sichtwechsel. Festschrift für Bernd Müller-Jacquier zum 60. Geburtstag. München: IUDICIUM, 281–299.

Brater, M./Hemmer-Schanze, C./Schmelzer, A. (2008): Interkulturelle Waldorfschule: Evaluation zur schulischen Integration von Migrantenkindern. Stuttgart, VS.

Demorgon, J. (1999): Interkulturelle Erkundungen. Möglichkeiten und Grenzen einer internationalen Pädagogik. Frankfurt/Main, Campus.

Gogolin, I./Krüger-Potratz, M. (2006): Einführung in die Interkulturelle Pädagogik. Opladen, UTB.

Herzog, W./Makarova, E. (2007): Interkulturelle Pädagogik. In: Straub, J./Weidemann, A./Weidemann, D. (Hg.): Handbuch interkulturelle Kommunikation und Kompetenz. Grundbegriffe, Theorien, Anwendungsfelder. Stuttgart/Weimar: Metzler, 261–272.

www.interkulturelle-waldorfschule.de

**Partikularismus** →*Universalismus/Partikularismus*

**Perzepta** →*Kulturmodelle*

**Perspektivwechsel**

Intellektuelle Fähigkeit, neben der eigenkulturellen auch anderskulturelle Perspektiven einnehmen und in der Folge den eigenen Standpunkt kritisch hinterfragen zu können. Der Perspektivwechsel reduziert die Gefahr der →*Ähnlichkeitsannahme* und kann somit ein erster Schritt zur Vermeidung von →*Critical Incidents* sein. Perspektivwechsel können auf verschiedenen Ebenen vollzogen werden (→*Meta-Ebene*): auf Ebene des Interaktionsgegenstandes (gegenständliche Perspektivenübernahme), auf Ebene der interpersonalen Beziehung (emotionale Perspektivenübernahme) sowie auf Ebene des soziokulturellen Kontexts der Interaktion (konzeptionelle Perspektivenübernahme). Dieses Bewusstsein der Subjektivität der Erfahrungswelten (→*Konstruktivismus*) ist grundlegende Voraussetzung für das Erreichen ethnorelativistischer Stadien (→*DMIS*, →*Ethnozentrismus*) und dadurch sowohl Etappenziel als auch Methode *interkultureller* →*Kompetenzentwicklung*. Angestoßen werden kann der Perspektivwechsel jedoch auch durch interkulturelle Alltagserfahrungen (→*Erfahrungslernen*, →*Interkulturalität*) sowie durch das Gefühl von →*Fremdheit* (→*Marginalisierung*).

S.Ö.

**Polychronie**

→*Kulturdimension* nach Hall (1983). Gegenteil von →*Monochronie*. Individuums- und/oder kulturspezifisches Zeitverständnis. Polychrones

Zeitverständnis (= vieles gleichzeitig) versteht Zeit nicht als Linie, sondern als Kreis mit zirkularer Bewegung. Weder Anfang noch Ende sind klar definiert. Der Arbeitsrhythmus weist häufige Unterbrechungen auf, weshalb Improvisation gefragt ist. Individuen polychroner Gesellschaften messen beispielsweise Pünktlichkeit weniger Bedeutung zu als Individuen monochroner Gesellschaften. Dafür haben zwischenmenschliche Beziehungen höhere Priorität als feste Arbeitsabläufe. Polychrones Zeit- und Arbeitsverhalten begünstigt folglich schnelles Reagieren auf Veränderungen. Nach Hall findet sich Polychronie häufig in traditionellen südlichen Gesellschaften. Organisationale Prozesse aber auch Arbeits- und Führungssituationen sind von unterschiedlichen Zeitverständnissen beinflußt, wie es Davoine (2002) für Deutschland und Frankreich zeigt.

Um keine monokausalen oder stereotypen Rückschlüsse auf bestimmte Gesellschaften oder deren Angehörige zu ziehen, darf eine →*Kulturdimension* nicht isoliert betrachtet werden, sondern immer nur in Verbindung mit weiteren.

Davoine, E. (2002): Zeitmanagement deutscher und französischer Führungskräfte. Wiesbaden. DUV.

Hall, E.T. (1983): The Dance of Life. The Other Dimension of Time. New York: Anchor Books.

**Positivismus**

Ursprünglich auf Auguste Comte zurückgehende philosophische und epistemologische Grundhaltung (*interkulturelle* →*Epistemologie*), wonach Aussagen über die Welt nur solange als (wissenschaftlich) gesichert und wahr gelten können, wie sie durch empirische Untersuchung nicht falsifiziert werden (Della Porta/Keating 2008). Anders als der Interpretivismus, der sich, einer konstruktivistischen Weltsicht folgend (→*Konstruktivismus*), durch situatives Verstehen oft fallbezogenes Wissen aneignet (→*emic*), sucht der Positivismus nach beobachtbaren Gesetzmäßigkeiten und kausalen Zusammenhängen jenseits des Einzelfalls (Mottier 1999). Dieses Verständnis einer objektiv greifbaren, extern real existierenden und damit nachweisbaren Welt resultiert folglich auch in der Wahl *tendenziell* naturwissenschaftlich-quantitativer Methoden zu ihrer Beschreibung und Handhabung, die sich meist kulturübergreifender →*etic*-Kategorien bedienen. Bei hermeneutischen Verstehenszugängen (→*Hermeneutik*) zur Beschreibung der Wirklichkeit, wie sie die deutende und meist qualitative Sozialforschung (→*qualitative Forschungsmethode*) für sich geltend macht, bestimmt die Interpretation die Erkenntnis; dies wird von Positivisten als subjektivistisch-verzerrte Einzelmeinung abgelehnt (Della Porta/Keating 2008).

Auch wenn der Großteil der Kultur- und Interkulturalitätsforschung (→*Interkulturalität*) →*Kultur* als intersubjektives Bedeutungs- und Sinnkonstrukt konzeptionalisiert, dem sich die Forschung nur interpretativ-verstehend nähern kann (D'Iribarne 2009; Geertz 1994; Otten/Geppert 2009, Sackmann/Phillips 2004), gibt es auch hier positivistische Tendenzen. Insbesondere das objektivistische Kulturverständnis der strukturfunktionalistischen Systemtheorie in der Tradition Parsons' (1952) und institutionalistischer Ansätze (u.a. →*Neoinstitutionalismus*, *effet sociétal*-Ansatz) folgt einer Vorstellung von Kultur, in der primär das Regelhafte und Gesetzmäßige von Interaktion begründet ist. Auch in der psychologisch orientierten →*kulturvergleichenden* Management- und Werteforschung (Hofstede, Schwartz, Thomas, Triandis etc.) wird versucht, mithilfe von etic-Kategorien und →*Kulturdimensionen* das Gesetzmäßige in Kultur und kultureller Interaktion (→*Interkultur*) zu bestimmen. Gerade aber diese positivistische Tendenz ruft seitens interpretativer Nicht-Positivisten Kritik an der Stereotypisierung von Kultur und der Überbetonung kohärenter → *Nationalkultur* (u.a. Bolten 2001, Sackmann/Phillips 2004), der Ahistorizität dieser Ansätze sowie des →*Ethnozentrismus* hervor. Demgegenüber kritisieren Positivisten an subjektivistisch orientierten, interpretativ-hermeneutischen Ansätzen in der →*Interkulturellen Kommunikation* die oft implizite Normativität der Vorstellung von Kultur und Kulturkontakt.

Sofern Interkulturalitätsforschung →*kontextualisierte* Aussagen über Einzelfälle machen und als wissenschaftliche Disziplin nicht allein diagnostizierende, sondern zudem prognostizierende Funktion haben soll, bedarf es eines integrativen Ansatzes. Dieser sollte auf Grundlage der hermeneutischen Interpretation subjektiv gemeinten Sinns auch objektivistische Aspekte (Strukturen, Institutionen etc.) berücksichtigen. Damit können auch bisher eher vernachlässigte positivistische Ansätze eingeschränkt nutzbar gemacht werden.

Bolten, J. (2001): Kann man Kulturen beschreiben oder erklären, ohne Stereotypen zu verwenden? Einige programmatische Überlegungen zur kulturellen Stilforschung. In: Bolten, J./Schröter, D. (Hg.): Im Netzwerk interkulturellen Handelns. Theoretische und praktische Perspektiven interkultureller Kommunikationsforschung. Sternenfels, Wissenschaft & Praxis, 128–142.

Della Porta, D./Keating, M. (2008): Approaches and Methodologies in the Social Sciences. A Pluralist Perspective. New York, Cambridge University Press.

D'Iribarne, P. (2009): National Cultures and Organisations in Search of a Theory: An Interpretative Approach. In: International Journal of Cross Cultural Management, 9 (3), 309–321.

Geertz, C. (1994): Dichte Beschreibung. Beiträge zum Verstehen kultureller Systeme. Frankfurt/Main, Suhrkamp.

Mottier, V. (1999): Praxis, Macht, Interpretation. In: Reckwitz, A./Sievert, H. (Hg.): Interpretation, Konstruktion, Kultur. Ein Paradigmenwechsel in den Sozialwissenschaften. Opladen/Wiesbaden, Westdeutscher Verlag, 126–157.
Otten, M./Geppert, J. (2009): Mapping the Landscape of Qualitative Research on Intercultural Communication. A Hitchhiker's Guide to the Methodological Galaxy. In: Forum Qualitative Sozialforschung, 10 (1).
Parsons, T. (1952): The Social System. London, Collier-MacMillan.

S.Ö.

**Praktiken, kulturelle**

Kulturelle Ausdrucksformen, die auf unsichtbaren →*Werten*, Normen, →*Grundannahmen* und kulturellen Konventionen aufbauen und somit als Materialisierung dieser verstanden werden können. Hofstede (2001) zählt hierunter beispielsweise *Symbole, Helden* und *Rituale*, die von einer Gemeinschaft kollektiv geteilt werden und eine Kultur konkretisieren (→*Kulturmodelle*), während unsichtbare Elemente die immateriellen Aspekte von Kultur betreffen (Dodd 1995, Hall 1983). Zusammen konstituieren sie im Laufe der →*Sozialisation* das erlernte kulturelle System (→*Kultur, soziales* →*System*) und konkretisieren dieses.

Dabei sind kulturelle Praktiken jedoch nicht misszuverstehen als die Ausführungen kultureller Skripte (→*Handlungskette*) durch übersozialisierte Individuen. Vielmehr handelt es sich um die praktische Gestaltung konkreter Situationen mittels kollektiv-kulturell vorstrukturierter Handlungsoptionen und deren Neuinterpretation durch handelnde Akteure. Damit nimmt das Konzept kultureller Praktiken eine Position zwischen einer strukturalistischen und einer handlungsorientierten Vorstellung von Kultur ein – ähnlich dem →*Habitus*-Konzept. Das Individuum orientiert sich an kollektiven Wissensordnungen und verändert diese durch seine eigenständige Lösungsdefinition. Dieser Strukturierungsaspekt findet sich u.a. auch bei Archer (1988) und Giddens (1984).

Aus interkultureller Sicht haben kulturelle Praktiken eine doppelte Relevanz: Zum einen sind sie als das Ergebnis von Sozialisation →*kulturspezifisch*. Zwar sind sie von Außenstehenden wahrnehmbar, doch erschließt sich ihr Sinn erst durch →*Kontextualisierung*. Insofern sind es auch Praktiken, die als wahrnehmbare →*Artefakte* in Situationen *interkultureller* →*Kommunikation* zu Irritationen führen können (→*Critical Incident*). Zum anderen verstehen sich kulturelle Praktiken durch ihre interpretative Umsetzung auch als veränderbar (*kulturelle* →*Dynamik*) und bieten somit Ansatzpunkte für gemeinsame interkulturelle Gestaltung (z.B. *interkulturelle* →*Organisationsentwicklung*).

Archer, M. (1988): Culture and Agency. The Place of Culture in Social Theory. Cambridge, Cambridge University Press.

Dodd, C. (1995): Dynamics of Intercultural Communication. Madison, Brown & Benchmark.
Giddens, A. (1984): The Constitution of Society. Outline of the Theory of Structuration. Berkley, University of California Press.
Hall, E. (1983): The Dance of Life. New York, Anchor Books.
Hofstede, G. (2001): Culture's Consequences. Thousand Oaks, Sage.

S.Ö.

**Proxemik**

→*Kulturdimension* nach Hall (1966). Kulturspezifisches Raumverständnis und -verhalten: die Strukturierung und Nutzung des Raums durch Ordnungs- und Leitungssysteme. Proxemik betrifft den physischen Abstand (Nähe und Distanz) zwischen Personen oder die Aufteilung, Ordnung und Nutzung des Raumes im Privatleben (Wohnung, Haus), im öffentlichen Leben (infrastrukturelle Maßnahmen) und in Unternehmen (Größe, Anordnung und Gestaltung von Gebäuden und Büros nach Zugehörigkeit, Funktionen, Hierarchien etc.). Proxemik bildet ein eigenes menschliches und zugleich kulturspezifisches Kommunikationssystem, dessen Basiseinheiten – wie Körperhaltung oder Körperberührung – über die verschiedenen Kommunikationskanäle übermittelt werden und gemeinsam jeweils ein komplexes Muster des Raumverhaltens bilden.

Hall geht davon aus, dass jedes Individuum von einer „unsichtbaren Blase" umgeben ist: Diese stellt einen Sicherheitsabstand dar, der entsprechend der Beziehung zu anderen Menschen klein oder groß gehalten wird. Hall unterscheidet vier Distanzzonen, die allerdings die US-amerikanische Gesellschaft betreffen (Hall 1966, 113–129):

1. *intime* (bis 0,5 m)
2. *persönliche* (0,5 bis 1,5 m)
3. *sozial-konsultative* (1,5 bis 4 m)
4. *öffentliche* (ab 4 m)

Eine Person kann sich unwohl fühlen, wenn in ihren variablen persönlichen Raum eingedrungen wird, also eine andere Person sich in einer „kritischen Distanz" zu ihr befindet. Raum wird folglich nicht nur visuell (mit den Augen) wahrgenommen, sondern auch mit anderen Sinnesorganen. Das Individuum nimmt ihn über Geräusche, Gerüche, den Tastsinn oder auch die Temperatur wahr.

Räumliche Signale werden im Rahmen der Sozialisation (→*Enkulturation*) erlernt und gedeutet. So entwickelt sich ein kulturtypisches – meist unbewusstes – Raumverständnis, das sich in Bewegungsabläufen, Gesprächsabstand und Geräuschpegel niederschlägt. Es gibt kontaktreiche Kulturen, für die viel körperliche Nähe und Kontakt „normal“ sind, aber auch kontaktschwache Kulturen, die mehr körperliche Distanz wahren.

In interkulturellen Begegnungssituationen, wenn verschiedene kulturtypische Raumverständnisse aufeinander stoßen, etwa wenn eine Person ‚einem zu nahe tritt‘, kann es zum Missverstehen räumlicher Signale kommen: Der erträgliche Abstand ist so minimiert worden, dass die betroffene Person eventuell zurückweicht. Unterschiedliches Raumverständnis kann also Ursache für interkulturelle Fehlinterpretationen und Missverständnisse (→*Critical Incidents*) sein, denn gleiches Verhalten kann in verschiedenen Kontexten eine unterschiedliche Bedeutung haben.

Um keine monokausalen oder stereotypen Rückschlüsse auf bestimmte Gesellschaften oder deren Angehörige zu ziehen, darf eine →*Kulturdimension* nicht isoliert betrachtet werden, sondern immer in Verbindung mit weiteren.

Hall, E. (1966): The Hidden Dimension. New York, Anchor Books.

**Qualitative Forschungsmethode**

Gegenteil von *quantitativer →Forschungsmethode*. Bei der eher induktiv qualitativen Methode stehen einzelne Situationen, die anhand strukturierter Interviews, teilnehmender Beobachtung, Literaturinterpretation, Sprach- und historischer Analysen und Berücksichtigung des Kontexts erarbeitet werden, im Vordergrund der Untersuchung. Persönliche Erfahrungen des Forschers mit der anderen Kultur sind ebenfalls eine wichtige Voraussetzung für die Validität der Ergebnisse. Mit dieser „weichen“ Vorgehensweise werden ausgehend von einzelnen kulturspezifischen Situationen (→*Kulturspezifika*) subtile Bedeutungsunterschiede erfasst und durch Kombinationen mit anderen Einzelfällen Rückschlüsse auf die Gesamtheit einer Kultur gezogen, ohne zufallsgesteuert vorgehen zu müssen. Diese Methode wird häufig in Kulturanthropologie und Kulturwissenschaften angewandt (→*emic*) (Barmeyer et al. 2011).

Holzmüller (1995) schlägt vor, im interkulturellen Kontext eine qualitative Methodik zu wählen, da vergleichende Fallstudien, explorative Deskriptionen, reichhaltige und einfühlsame Deskriptionen etc. einen höher zu bewertenden Beitrag zum Erkenntnisstand böten, als eng angelegte Forschungsbemühungen, die der komplexen konzeptionellen und methodischen Problemlage in der interkulturellen Forschung nicht gerecht werden. Letztendlich bleibt die Wahl der Forschungsmethode aber eine Frage der epistemologischen Grundhaltung (*interkulturelle →Epistemologie*).

Barmeyer, C./Genkova, P./Scheffer, J. (2011): Methodologische Probleme interkultureller und kulturvergleichender Forschung. In: Barmeyer, C. /Genkova, P./Scheffer, J. (Hg.): Interkulturelle Kommunikation und Kulturwissenschaft. Grundbegriffe, Wissenschaftsdisziplinen, Kulturräume. Passau, Stutz, 129–154.
Holzmüller, H. (1995): Konzeptionelle und methodische Probleme in der interkulturellen Management- und Marketingforschung. Stuttgart, Schäffer-Poeschel.

**Quantitative Forschungsmethode**

Gegenteil von *qualitativer →Forschungsmethode.* Bei der quantitativen Methode wird in der Regel ein deduktives Vorgehen gewählt: Hypothesen werden aufgestellt, auf ihre Allgemeingültigkeit hin überprüft und damit „Wenn-dann"-Zusammenhänge geschaffen. Die deduktiv orientierte quantitative Forschung (*→Positivismus*), die auf dem naturwissenschaftlichen Forschungsideal objektiv nachprüfbarer Ergebnisse beruht, macht universell gültige Aussagen anhand von Momentaufnahmen. Aufgrund ‚harter' Erhebungs- und Analysemethoden werden quantitative Daten durch schriftliche Befragung, vorstrukturierte Interviews, standardisierte Tests und Experimente erhoben. Diese Methode wird häufig in der Wirtschaftswissenschaft und Psychologie angewandt (*→Etic*). Letztendlich bleibt die Wahl der Forschungsmethode aber eine Frage der epistemologischen Grundhaltung (*interkulturelle →Epistemologie*).

Barmeyer, C./Genkova, P./Scheffer, J. (2011): Methodologische Probleme interkultureller und kulturvergleichender Forschung. In: Barmeyer, C./Genkova, P./Scheffer, J. (Hg.): Interkulturelle Kommunikation und Kulturwissenschaft. Grundbegriffe, Wissenschaftsdisziplinen, Kulturräume. Passau, Stutz, 129–154.

**Reintegration**

Wiedereingliederung von Fach- und Führungskräften bzw. *→Expatriates* in das heimatliche Arbeits- und Lebensumfeld im Anschluss an eine Auslandsentsendung; im englischen Sprachraum als „reentry" oder „repatriation" bezeichnet. Von der Reintegration betroffen sind z.B. Auslandsentsandte einer Organisation. Dabei treten nicht selten spezielle „Rückkehrprobleme" auf (Sievert/Yan 1998). Diese Rückkehrprobleme können mit Veränderungen im persönlichen Umfeld zu tun haben, vor allem aber mit Veränderungen innerhalb der (wieder-)aufnehmenden Organisation. Hierunter fallen Umstrukturierungen und Stellenkürzungen ebenso wie monetäre und hierarchische Neueinstufungen. Der heimkehrende Mitarbeiter muss sich mit z.T. tiefgreifenden Veränderungen auseinandersetzen und nach der eigentlichen Umstellung im Entsendekontext (*→Kulturschock, →Transition, interkulturelle*) bei der Rückkehr erneut einen Anpassungsprozess durchlaufen. Dies kann zu einem Reintegrationsschock führen, der einem „umgekehrten →*Kulturschock*" ähnelt. Häufig ist sich die Personalabteilung der entsendenden Organisation dieser Rückkehrprobleme nicht bewusst und mit deren Bewältigung überfordert. Es existieren jedoch Instrumente und Maßnahmen zur Wiedereingliederung, wie beispielsweise die kontinuierliche Durchführung von Weiterbildungen (bereits während des Auslandsaufenthalts, z.B. bei Heimaturlauben) oder die Betreuung durch einen Mentor, der die Interessen des Auslandsentsandten in der Muttergesellschaft vertritt und ihn mit relevanten Information versorgt (Peltonen/Ladwig 2005). Nach dem Auslandsaufenthalt bietet sich der Besuch von Wiedereingliederungsseminaren („Re-Entry-Training") an.

Von zunehmender Bedeutung für das Personalmanagement ist der Wissenstransfer und der Austausch internationaler Erfahrungen der Auslandsentsandten und deren sinnvolle Nutzung innerhalb der Organisation im Sinne eines systemischen *interkulturellen* →*Wissensmanagements.*

Peltonen, T./Ladwig, D. (2005): Repatriierung und Identitätsbildung. Eine neue Betrachtungsweise der Reintegration nach einem Auslandseinsatz. In: Stahl, G./Mayrhofer, W./Kühlmann, T. (Hg.): Internationales Personalmanagement. Neue Aufgaben, neue Lösungen. München/Mering, Hampp, 325–346.

Sievert, H.-W./Yan, S. (1998): Die Reintegration im internationalen Personalmanagement. In: Barmeyer, C./Bolten, J. (Hg.): Interkulturelle Personalorganisation. Sternenfels/Berlin, 241–273.

Mit B.A.

**Relocation** →*Auslandsentsendung*

**Repatriate** →*Auslandsentsendung*

**Resistenz**

Oftmals erste Reaktion auf den Kontakt mit fremdkulturellen Elementen und die Konfrontation mit →*Fremdheit*, die sich in Skepsis, Ignoranz, Ablehnung oder aktivem Widerstand äußert. Resistenz kann sich ebenso gegenüber Praktiken und →*Werten* ausdrücken, die als fremd und unpassend empfunden werden, wie gegenüber den Akteuren und Individuen, die diese repräsentieren. Mit zunehmender Diversifizierung *sozialer* →*Systeme* durch Migration und →*Kulturtransfer* vervielfachen sich auch die Berührungspunkte (→*Akkulturation*) zwischen Repräsentanten dieser Systeme und ihrer kulturellen →*Artefakte* (→*Internationalisierung*). Dadurch kann Resistenz häufiger und intensiver als erste Reaktion hervorgerufen werden.

Aus Sicht der Kulturtransferforschung sind Resistenz und Widerstand neben →*Integration* und kultureller Anpassung nur eine Form der Rezeption importierter →*Artefakte* und Praktiken (Evans et al. 2002, Lüsebrink 2008). Auf Ebene der Alltagskulturen kann Resistenz eine Folge gefühlter Überfremdung sein (Stichwort: Antiamerikanismus). Insbesondere der Versuch der unilateralen Übertragung von Praktiken des (Personal-)Managements innerhalb transnationaler Mutter-Tochter-Beziehungen scheint kulturelle Resistenzen zu fördern. Hierbei jedoch kann Resistenz auch eine erste Reaktion auf allgemeine Veränderungsprozesse sein, die im Diskurs kulturell aufgeladen wird.

Zentral ist allerdings, dass Widerstand dabei nicht der Schlusspunkt sein muss, sondern als Übergangsstadium auch Ausgangspunkt sein kann für begleitende Maßnahmen zu seiner Überwindung (Barmeyer/Davoine 2007, Barmeyer 2010). An diese Idee knüpfen auch die →*Critical-Incident*-Forschung sowie die Entwicklung *interkultureller* →*Kompetenz* an. In beiden Fällen wird Resistenz gegenüber Erfahrungen mit einer Fremdkultur als erste Reaktion anerkannt, zugleich aber auch der Versuch unternommen, diese zu überwinden und zu einem höheren Niveau von →*Ambiguitätstoleranz* und →*Ethnorelativismus* im Verhalten der Interagierenden zu gelangen.

Barmeyer, C./Davoine, E. (2007): Internationaler Transfer von Unternehmenskulturen zwischen Nordamerika und Europa. Empirische Ergebnisse der Rezeption US-amerikanischer und kanadischer Unternehmenswerte und Verhaltenskodizes in deutschen und französischen Tochtergesellschaften. In: Oesterle, M. (Hg.): Internationales Management im Umbruch – Globalisierungsbedingte Einwirkungen auf Theorie und Praxis Internationaler Unternehmensführung. Wiesbaden, Gabler, 257–289.

Barmeyer, C. (2010): Das Passauer 3-Ebenen-Modell. Von Ethnozentrismus zu Ethnorelativismus durch kontextualisierte interkulturelle Organisationsentwicklung. In: Barmeyer, C./Bolten, J. (Hg.): Interkulturelle Personal- und Organisationsentwicklung. Sternenfels, Wissenschaft & Praxis, 31–55.

Evans, P./Pucik, V./Barsoux, J. (2002): The Global Challenge. Frameworks for International Human Resource Management. Boston, McGraw-Hill.

Lüsebrink, H.-J. (2008): Interkulturelle Kommunikation. Interaktion, Fremdwahrnehmung, Kulturtransfer. Stuttgart/Weimar, Metzler.

S.Ö.

**Rezeption, interkulturelle** →*Kulturtransfer*

**Reziprozität**

Bezeichnung für individuelle oder kollektive Prozesse von Wechselseitigkeit (Sahlins 2005). Da →*Kultur* ein dynamisches Konstrukt ist und – wie auch die →*Interkultur* – wechselseitigen Aushandlungsprozessen zwischen Individuen und Kollektiven unterliegt, spielt Reziprozität bei der Bildung und Aufrechterhaltung eben dieser eine wichtige Rolle. Doch nicht nur im interkulturellen Kontext nimmt Reziprozität eine wichtige Rolle bei Beziehungsaufbau und -pflege ein, sondern sie ist gerade auch in wirtschaftlicher Hinsicht relevant (Fehr/Gächter 2000).

Theoretische Fundierung zu Reziprozitätsbeziehungen findet sich beispielsweise in der Kulturanthropologie (Lévi-Strauss 1944, Mauss 1984) sowie der Soziologie (Bourdieu 1980), wobei gerade in der Soziologie Reziprozität teilweise als derart grundlegend und omnipräsent angesehen wird, dass eine nähere Betrachtung zuweilen nicht lohnenswert erscheint (Adloff/Mau 2005, 9). Dies ist zwar in kulturellen Prozessen ebenfalls der Fall, jedoch kann ein Bewusstsein über reziproke Handlungsweisen hier zu mehr kultureller Sensibilität beitragen, gerade wenn man die Handlungen vor dem Hintergrund kultureller →*Artefakte* und Spezifika sowie zwischenmenschlicher Unterschiede in beispielsweise Macht- und Statusverhältnissen analysiert.

Vor allem in interkulturellen Kontexten birgt das Konzept der Reziprozität jedoch auch ethische Herausforderungen (Evanoff 2004), da – je nach kultureller Prägung und ethischen Wertvorstellungen (→*Werte*) – Reziprozitätsprozesse auch als Bestechung oder Korruption wahrgenommen werden können (Su/Littlefield 2001). Dies kann beispielsweise zu Herausforderungen im Arbeitsalltag von →*Expatriates* führen.

Adloff, F./Mau, S. (2005) (Hg.): Vom Geben und Nehmen. Zur Soziologie der Reziprozität. Frankfurt/Main, Campus.

Bourdieu, P. (1980): Sozialer Sinn. Kritik der theoretischen Vernunft. Frankfurt/Main, Suhrkamp.

Evanoff, R. J. (2004): Universalist, relativist, and constructivist approaches to intercultural ethics. In: International Journal of Intercultural Relations, 28, 439–458.

Fehr, E./Gächter, S. (2000): Fairness and Retaliation: The Economics of Reciprocity. Journal of Economic Perspectives 14, 159–181.

Lévi-Strauss, C. (1944): Reciprocity and Hierarchy. In: American Anthropologist, 46 (2.1), 266–268.

Mauss, M. (1984): Die Gabe. Form und Funktion des Austauschs in archaischen Gesellschaften. Frankfurt/Main, Suhrkamp.

Sahlins, M.D. (2005): Zur Soziologie des primitiven Tauschs. In: Adloff, F./Mau, S. (Hg.): Vom Geben und Nehmen. Zur Soziologie der Reziprozität. Frankfurt/Main, Campus, 73–91.

Su, C./Littlefield, J. (2001): Entering Guanxi: A Business Ethical Dilemma in Mainland China? Journal of Business Ethics, 33, 199–210.

B.A.

**Rolle, soziale**

Merkmalsbündel aus Funktion, Eigenschaften, Tätigkeiten, Aufgaben, Verhalten, aber auch das Ansehen eines Individuums in sozialen Systemen, das den Interagierenden Orientierung und Sicherheit gibt (Goffmann 1973). Rollen werden erlernt, verinnerlicht, ausgefüllt und eventuell entwickelt (→*Sozialisation*). Sie strukturieren – auch durch Statuts- und

Funktionszuschreibungen – (→*Habitus*) die Bedingungen und Beziehungen regelmäßigen sozialen Verhaltens und konstituieren somit kulturelle Modelle (Linton 1936), die sich in spezifischen Erwartungen, →*Werten* und Verhaltensweisen widerspiegeln, denen Akteure gerecht werden sollten. Individuen können – je nach kulturellem Kontext – verschiedene Rollen einnehmen, diese basieren auch auf sozialen Konstruktionen von Wirklichkeit (→*Konstruktivismus*).

Im interkulturellen Kontext divergieren diese Rollenerwartungen, was zu beiderseitigen Unsicherheiten und möglicherweise zu Irritationen und Missverständnissen führen kann (→*Critical Incidents*), vor allem, wenn Rollenerwartungen nicht erfüllt oder als widersprüchlich verstanden werden. Unterschiedliche Rollenerwartungen können sowohl gleichartige Beziehungen (Freunde, Kollegen, Kinder, Erwachsene) betreffen, als auch hierarchische Beziehungen (Kind-Eltern, Schüler-Lehrer, Studierender-Professor, Mitarbeiter-Führungskraft, Arzt-Patient). Herrscht eine klare Trennung von Individuum und Rolle, beziehungsweise ein Bewusstsein über diese Trennung, so handelt es sich um Rollendistanz (→*Meta-Ebene*).

Goffman, E. (1959): The Presentation of Self in Everyday Life. Garden City u.a., Doubleday.
Linton, R. (1945): The Cultural Background of Personality. New York/London: Appleton-Century.

**Selbstwahrnehmung** →*Ethnorelativismus*, →*Ethnozentrismus*, →*Awareness*, →*Meta-Ebene*

**Selektive Kulturräume**

Konzept, um die komplexe Kulturwirklichkeit für Vergleiche räumlich differenzierbar zu machen (→*Kulturvergleich*). In Opposition zu den national homogenisierenden Ländervergleichen einerseits (→*Nationalkultur*), und der Dekonstruktion jeder kulturellen Homogenität im Globalisierungszeitalter andererseits *(kulturelle*→*Dynamik*), geht der Ansatz vermittelnd von räumlichen Konzentrationen kultureller Einzelmerkmale aus. Die Verbreitung bestimmter Merkmale in Bevölkerungen kann prinzipiell unabhängig von nationalen Grenzen lokal, regional oder auch überregional festgestellt werden. Je nach Forschungsinteresse und den damit verbundenen Homogenitäts- und Häufigkeitskriterien (→*Generalisierung*) des Merkmals, lassen sich räumlich unterschiedlichste Kulturformationen ausweisen, spezifisch beschreiben und vergleichen.

Konzeptionell wird damit eine flexible Kategorisierungsmöglichkeit geschaffen, die das vorherrschende Denken in vordefinierten Einteilungen wie Ländern aufbrechen soll. Kultur folgt nicht vorab feststehenden

Kategorien oder Räumen, sondern Räume entstehen auf Grundlage kultureller Befunde. Das Bild der kulturellen Vielfalt, das so erzeugt wird, gleicht unzähligen, sich überlagernden Schichten an kulturellen Einzelmerkmalen, die jeweils von ganz unterschiedlicher Größe sein können. Kulturelle Zugehörigkeit und Nichtzugehörigkeit ist danach nicht a priori festgelegt, sondern resultiert stets aus dem jeweiligen Forschungsinteresse des Betrachters.

Scheffer, J. (2007): Den Kulturen Raum geben. Das Konzept selektiver Kulturräume am Beispiel des deutsch-tschechisch-österreichischen Dreiländerecks. Passau, Universität Passau Lehrstuhl für Anthropogeographie.
Scheffer, J. (2009): Entgrenzung durch neue Grenzen – Zur Pluralisierung von Kultur. In: Interculture Journal, 8, 19–33.

## SIETAR

*Society for Intercultural Education, Training and Research* ist die weltweit erste und größte Vereinigung von Wissenschaftlern, Trainern und Personalentwicklern sowie anderen international arbeitenden Berufsgruppen, die ein gemeinsames Interesse an der Verbesserung interkultureller Kommunikation und Kooperation verbindet. SIETAR wurde 1974 in den USA als ein internationales Netzwerk ins Leben gerufen und weist heute mehr als 30 Regional- und Ländergruppen auf: u.a. SIETAR Europe (seit 1991), SIETAR Japan (seit 1985) oder SIETAR Deutschland (seit 1994) mit über 700 Mitgliedern. Zu den Aktivitäten von SIETAR gehört die Herausgabe von Journals und Sammelbänden sowie die Organisation von Weiterbildungsveranstaltungen für Theorie und Praxis z.B. in Form von Kongressen, Workshops, Arbeitsgruppen etc.

http://www.sietar-deutschland.de

## Simulation, interkulturelle

Interaktive Methode *interkulturellen →Trainings*, die es Teilnehmern ermöglicht durch →*Erfahrungslernen*, durch kommunikative und kooperative Aktivitäten →*Interkulturalität* praktisch zu erfahren und zu reflektieren. Teilnehmer werden sich möglicher Probleme bewusst, neue Fähigkeiten werden trainiert, eventuell entscheidende, langfristige Konsequenzen können in einem kurzfristigen Zeitraum analysiert sowie Kommunikation und Kooperation stimuliert werden. Im Folgenden kann das Erlernte direkt in die Realität eingebunden werden. Somit ist diese Erfahrung nicht nur kognitiv, sondern auch emotional und interaktiv (*interkulturelle →Kompetenz*). Die Interaktionspartner können entweder tatsächlich unterschiedlichen Kulturen angehören oder sie bekommen Rollenvorgaben und „Spielregeln“ für die Interaktion (Fowler/Blohm 2004), wie beispielweise bei der deutschen Simulation „KulturRallye“ von Metalog.

Bekannte Simulationen sind:

- *BaFá BaFá*: simuliert Kulturschocks zwischen Angehörigen verschiedener fiktiver „synthetischer Kulturen“ durch Vorgabe bestimmter Verhaltensregeln.
- *Ecotonos*: Simulation, die bisher hauptsächlich in den USA und Japan weiterentwickelt wurde und ebenso wie BaFá BaFá Verhaltensregeln, die auf Werteorientierungen beruhen, vorgibt.
- *Albatros*: Simulation, bei der Teilnehmer anderskulturellen Einheimischen auf der Insel „Albatros“ begegnen. Die Teilnehmer nehmen an einer Alltagszeremonie teil. Dort werden fremde Riten und Gewohnheiten beobachtet, die von den Teilnehmern in der Regel fehlinterpretiert werden.
- *Barnga*: In dieser Simulation, die mit Spielkarten durchgeführt wird, bewegt sich jeder Teilnehmer nach einer Spielrunde von einer Gruppe zur nächsten. Es herrscht die Annahme vor, dass alle die gleichen Regeln haben und obwohl dies nicht der Fall ist, müssen sie miteinander kommunizieren und agieren.

Mittels solcher Simulationen – von denen die obigen nur eine Auswahl darstellen, da es noch zahlreiche mehr gibt (Fowler/Mumford 1999, Pedersen 2004) – wird die Realität kultureller Unterschiede im menschlichen Handeln und die Entstehung von Missverständnissen und Konflikten dargestellt (Hofstede et al. 2002). Zentrales Element ist neben der Simulation das anschließende Debriefing, das eine geführte Analyse und Verarbeitung des Erlebten bei den Teilnehmern ermöglicht. Zunehmend finden interkulturelle Simulationen auch im Hochschulbereich Anwendung (Bosse 2011, Bosse et al. 2011, Hiller/Vogler-Lipp 2010).

Bosse, E. (2011): Qualifizierung für interkulturelle Kommunikation: Trainingskonzeption und -evaluation. München, Iudicium.

Bosse, E./Kreß, B./Schlickau, S. (2011) (Hg.): Methodische Vielfalt in der Erforschung interkultureller Kommunikation an deutschen Hochschulen. Hildesheimer Schriften zur Interkulturellen Kommunikation. Frankfurt/Main, Peter Lang.

Fowler, S./Mumford, M. (1999): Intercultural sourcebook: Cross-Cultural training methods (Volume II). Yarmouth, Intercultural Press.

Fowler, S./Blohm, J. (2004): An Analysis of methods for intercultural training. In: Landis, D./Bennett, J./Bennett, M. (Hg.): Handbook of intercultural training. London, Sage, 37–84.

Hiller, G./Vogler-Lipp, S. (2010) (Hg.): Schlüsselqualifikation Interkulturelle Kompetenz an Hochschulen. Grundlagen, Konzepte, Methoden. Wiesbaden, VS.

Hofstede, G./Hofstede, J./Pedersen, P. (2002): Exploring Culture. Exercises, stories and synthetic cultures. Yarmouth, Intercultural Press.
Pedersen, P. (2004): 110 Experiences for Multicultural Learning. Washington, APA.
www.metalog.de

**Skript, kulturelles** →*Handlungskette,* →*Sozialisation*

**Sozialisation**

Prozess des individuellen Erwerbs kollektiver Muster des Wahrnehmens, Denkens, Fühlens und Handelns. Im Rahmen der Sozialisation verinnerlicht das Individuum Wahrnehmungsmuster, Verhaltensregeln (→*Werte* und Normen), Praktiken und (kognitive) Fertigkeiten, durch die es in die Gesellschaft hineinwächst und die in der Auseinandersetzung mit der sozialen Umwelt sich stellenden Aufgaben zu lösen vermag (Elias 1979, Thomas 2005). Hofstede (2001, 2) spricht auch von „mental programing" bzw. „software of the mind". Auf diese Weise ist es dem Individuum möglich, sich im *sozialen* →*System* zurechtzufinden und mit anderen Mitgliedern relativ konfliktfrei zu interagieren (Dubar 1991). Zugleich stellt die gesellschaftliche Gruppe (→*Kulturkollektiv*) sicher, dass bewährte Lösungen zur Bewältigung umweltbedingter Probleme tradiert werden und somit ihr Fortbestand gewährleistet ist. Diese Orientierungsfunktion der Sozialisation schlägt sich folglich auch in konkreten Praktiken und Verhaltensweisen nieder (→*Habitus,* →*Kultur,* →*Nationalkultur, kultureller* →*Stil*); allerdings lässt sich daraus kein Determinismus ableiten, bleibt doch die kollektive Komponente immer nur ein Aspekt der Persönlichkeitsstruktur (Hofstede 2001, Thomas 2005).

Sozialisation steht in engem Zusammenhang mit →*Enkulturation,* versteht sich selbst jedoch als fortdauernden Prozess (Thomas 2005), der notwendig ist, damit im Rahmen sozialer Lernprozesse auch auf veränderte Umweltbedingungen (→*Akkulturation*) angepasste Lösungen gefunden werden können. Allerdings muss hier unterschieden werden zwischen veränderbaren Praktiken und grundlegenden Strukturen der Wahrnehmungs- und Informationsverarbeitung.

Dubar, C. (1991): La Socialisation. Construction des identités sociales et professionnelles. Paris, Armand Colin.
Elias, N. (1979): Über den Prozeß der Zivilisation. Soziogenetische und psychogenetische Untersuchungen. Frankfurt/Main, Suhrkamp.
Hofstede, G. (2001): Culture's Consequences. Comparing Values, Behaviors, Institutions and Organizations Across Nations. Thousand Oaks, Sage.
Thomas, A. (2005): Grundlagen der interkulturellen Psychologie. Nordhausen, Traugott Bautz.

S.Ö.

**Spezifität/Diffusität**

→*Kulturdimension* nach Parsons (1951, 1952), die von Hampden-Turner und Trompenaars (2000) aufgegriffen und sowohl theoretisch-konzeptuell weiterentwickelt als auch kulturvergleichend (→*Kulturvergleich*) empirisch angewandt wurde. Es geht einerseits um die gedankliche Ordnung und Strukturierung von *sozialen* →*Systemen* und andererseits darum, wie zwischenmenschliche Beziehungen verstanden und gestaltet werden. Insbesondere auch der Grad der Trennung zwischen Öffentlichem/Beruflichem und Privatem sowie die dadurch bestimmten Rollen und Funktionen einer Person hängen davon ab, wie stark getrennt die einzelnen Lebensbereiche voneinander betrachtet werden.

Spezifität ist dadurch charakterisiert, dass sie Systeme und Probleme im Einzelnen kontextunabhängig analysiert werden. Es existiert eine klare Trennung zwischen konkretem Wissen und abstrakter Vermutung und Schlussfolgerung. Individuen mit spezifischer Orientierung konzentrieren sich eher auf Objekte und Ziele als auf Menschen. Probleme werden analysiert, indem sie zergliedert und die Frage der Verantwortlichkeit spezifisch bestimmtem Menschen zugewiesen werden. Rollen einer Person sowie Lebensbereiche, etwa im Privat- und Berufsleben, werden klar getrennt. Als am stärksten spezifisch sind nach Trompenaars (1993) Menschen aus Schweden, den Niederlanden und der Schweiz.

Diffusität erfasst Systeme und Probleme in ihrer Gesamtheit und in ihren jeweiligen Relationen und Abhängigkeiten. Alle Elemente eines Systems sind miteinander verbunden und hängen voneinander ab. Verantwortlichkeiten werden weniger klar definiert und von der Gemeinschaft geteilt. In zwischenmenschlichen Beziehungen überschneiden sich Rollen, Funktionen und Lebensbereiche, so dass zum Beispiel eine bestimmte berufliche Stellung Begegnungen in allen Lebenssituationen beeinflusst. Als am stärksten diffus sind nach Trompenaars (1993) Menschen aus China, Nepal, Burkina Faso und Nigeria.

Hampden-Turner, C./Trompenaars, A. (2000): Bulding Cross-Cultural Competence. Chichester, Wiley.
Parsons, T./Schils, E. (1951): Towards a General Theory of Action. Cambridge, Cambridge University Press.
Parsons, T. (1952): The Social System. Glencoe, Free Press.
Trompenaars, F. (1993): Handbuch globales Managen. München, Econ.

**Standardisierung** →*Kulturkonvergenz*

**Stereotypen**

Kognitive Schemata und Fremdbilder, die auf einem Minimum persönlicher Erfahrung basieren und reduzierte und starre Annahmen über Eigenschaften oder Verhaltensweisen von Personen anderskultureller sozialer Gruppen machen (Lippmann 1997). Das Erzeugen von Stereotypen hängt von der eigenen Wahrnehmung und der jeweiligen Situation ab. Die andere Kultur wird zwangsläufig immer als Fremdwahrnehmung aus der Ich-Perspektive betrachtet und fremde Verhaltensweisen werden mit den eigenen verglichen.

Stereotypen entstehen durch Kategorisierung, die die Erfahrung organisiert und das Verhalten lenkt. Sie beinhalten vereinfachende und schematisierende Aussagen und dienen somit der Einordnung und Abgrenzung, auch der Wertung. Sie beschreiben jedoch nicht das Verhalten eines Individuums; sie beschreiben lediglich das erwartete Verhalten, das man allen Mitgliedern einer Gruppe zuschreibt. Stereotypen sind selektiv, erlernt, kulturell determiniert, konstant und unpräzise. Zu unterscheiden sind Autostereotypen (Beschreibung der eigenen kulturellen Gruppe) und Heterostereotypen (Beschreibung der anderskultureller Individuen und Gruppen).

Stereotypen sind von →*Generalisierungen* und Vorurteilen abzugrenzen: Vorurteile sind vorgefertigte, meist negative Wertungen, die ohne die Kenntnis von Fakten gebildet wurden. Dabei neigen Menschen dazu, fremden Personen und Gruppen negative Eigenschaften zuzuschreiben, um die eigene Identität positiv zu empfinden. Stereotypen können, wenn kein Bewusstsein über ihre Undifferenziertheit und Starrheit herrscht, durch einseitige oder negative Bewertungen zu Vorurteilen werden (Barmeyer/Genkova 2011).

Im Gegensatz zu Vorurteilen sind Stereotypen nicht grundsätzlich verwerflich (Nazarkiewicz 2000), da sie entsprechend des →*D.I.E.* der Bewertung von fremdkulturellen Ereignissen oder Handlugen eine wertfreie Bewusstmachung vorangeht. Sie erfüllen nach Adler (2002) auch eine Ordnungsfunktion: Sie geben Orientierung, um sich in einer fremden Kultur besser zurechtzufinden und um handlungsfähig zu bleiben, insbesondere wenn sie

- bewusst und differenziert verwendet werden: Das Verhalten eines einzelnen Individuums darf nicht als das Verhalten einer ganzen Gesellschaft interpretiert werden,
- zur Beschreibung und nicht zur Interpretation dienen, d.h. sie sollen wertfrei sein,
- durch neu gemachte Erfahrungen modifiziert werden.

Adler, N. (2002): International Dimensions of Organizational Behavior. Cincinnati, South Western.

Barmeyer, C./Genkova, P. (2011): Wahrnehmung, Stereotypen und Vorurteile. In: Barmeyer, C./Genkova, P./Scheffer, J. (Hg.): Interkulturelle Kommunikation und Kulturwissenschaft. Grundbegriffe, Wissenschaftsdisziplinen, Kulturräume. Passau, Stutz, 173–190.
Lippmann, W. (1997): Public Opinion. New York, Free Press.
Nazarkiewicz, K. (2000): Keine Angst vor Stereotypen! Hilfestellungen zum Umgang mit ethnischen Stereotypisierungen in interkulturellen Trainings. In: Rösch, O. (Hg.): Stereotypisierung des Fremden: Auswirkungen in der Kommunikation. Berlin, News & Media, 179–206.

## Stil, kommunikativer

Beschreibung der in einem einem Kulturraum vorherrschenden Arten kommunikativer Stilmittel, d.h. Ausdrucks-, Darstellungs- und Handlungsweisen von Personen eines kulturellen Systems (*soziales →System*), die durch charakteristische Merkmale geprägt sind (Barmeyer 2000, 140). Dabei umfasst Stil sowohl strukturelle als auch semantische Merkmale und übt eine Ordnungsfunktion in Kommunikations- und Interaktionsprozessen aus (Soeffner 1986). Um eine Analyse kommunikativer Stile vorzunehmen, kann bei der mündlichen und schriftlichen Kommunikation auf verschiedene Merkmale geachtet werden, die in Tabelle 3 dargestellt sind:

| Kommunikationsebene | Schriftliche Kommunikation | Mündliche Kommunikation |
|---|---|---|
| **Verbal** | • Lexikalische, syntaktische, rhetorisch-stilistische Vertextungsmittel<br>• Direktheit/Indirektheit | • Lexikalische, syntaktische, rhetorisch-stilistische Vertextungsmittel<br>• Direktheit/Indirektheit |
| **Non-verbal** | • Bilder, Zeichnungen, Diagramme<br>• Form(at), Farbe, Layout, Faltweise, Materialqualität | • Mimik, Gestik, Körperhaltung, Blickkontakt<br>• Zuwendung (intentional vs. nicht-intentional) |
| **Paraverbal** | • Typographie, Interpunktion<br>• Schreibweise, Zwischenräume (z.B. Anordnung von Bildelementen)<br>• Satzspiegel | • Lautstärke, Stimmlage, Sprechrhythmus<br>• Lachen, Hüsteln, Pausen, Akzent |
| **Extraverbal** | • Zeit (z.B. Erscheinungsweise)<br>• Raum (Ort und Modi der Textübermittlung; Medium)<br>• Zielgruppenorientierung | • Zeit, Ort, Kommunikationsbeziehung (symmetrisch, asymmetrisch)<br>• Kontexte, taktile (fühlbar), olfaktorische (riechbar) Aspekte |

**Tab. 3:** Vier Ebenen mündlicher und schriftlicher Kommunikation (Bolten 1999, 114).

Wie die Kommunikation bei der Darlegung eines Sachverhalts gestaltet wird, hängt davon ab, in welchen Verweisungszusammenhang diese verschiedenen Merkmale treten bzw. welchen kommunikativen Stil sie wählen und vice versa. Dabei ist der kommunikative Stil immer auch ein *kultureller*

→*Stil*: Gerade bei Textübertragungen von einer Ausgangs- in eine Zielkultur ist es wichtig, die kulturellen Wissensbestände beider Kulturen – besonders jedoch der Zielkultur – zu kennen, um die Textübertragung erfolgreich leisten zu können. Das Gleiche gilt für die Text*produktion* (Bolten 1999). Dies spielt für die *interkulturelle* →*Kommunikation* eine besondere Rolle, denn wenn die Unterschiede nicht bedacht oder wahrgenommen werden, können divergierende Stile in interkulturellen Interaktionssituationen zu Missverständnissen oder →*Critical Incidents* führen.

Barmeyer, C. (2000): Interkulturelles Management und Lernstile. Frankfurt/Main, Campus.
Bolten, J. (1999): Kommunikativer Stil, kulturelles Gedächtnis und Kommunikationsmonopole. In: Geißner, H./Herbig, A./Wessela, E. (Hg.): Wirtschaftskommunikation in Europa. Tostedt, Attikon, 113–131.
Soeffner, H.-G. (1986): Stil und Stilisierung. In: Gumbrecht, H. U./Pfeiffer, K.L. (Hg.): Stil. Geschichten und Funktionen eines kulturwissenschaftlichen Diskurselements. Frankfurt/Main, Suhrkamp, 317–341.

B.A.

**Stil, kultureller**

Konkrete Manifestation bestimmter konstanter oder regelmäßig wiederkehrender Ausdrucks-, Darstellungs- und Handlungsweisen von Individuen eines kulturellen Systems, die auf einem umfassenden System von Zeichen, Symbolen und Verweisungen sozialer Orientierung basiert (Elias 1969, Soeffner 1986), sowie von charakteristischen Merkmalen geprägt ist (Barmeyer 2001). Kultureller Stil wird in den verschiedenen Bereichen des Daseins jedoch nicht unbedingt bewusst hervorgebracht, sondern ist für die Interagierenden selbstverständlich.

Stil manifestiert sich somit in kulturellen Präferenzen (→*Wertorientierungen*): Bestimmtes Verhalten wird von einer (kulturellen) Gruppe vorgezogen und findet sich in dieser Ausprägung und in dieser Häufigkeit in anderen Kulturen nicht (→*Kultur*). Somit verweist Stil als Ausdruck von Kultur auf kollektiv Geteiltes, zu dem sich bestimmte Gruppen oder Gemeinschaften zugehörig fühlen.

Dabei handelt es sich weniger um funktionale als um expressive Verhaltensweisen. Das heißt, es geht weniger darum, *dass* eine Handlung vollzogen wird, sondern darum, *wie* sie vollzogen wird. Im Stil werden also bestimmte expressive Haltungen sichtbar, die durch →*Sozialisation* erlernt und internalisiert sind. Das rein Funktionale und Instrumentelle, etwa dass Menschen essen, arbeiten oder anderen Aktivitäten nachgehen, ist noch kein Indiz für Stil. Das Wie spiegelt die Expressivität der Haltungen und Handlungen wider, das Wie ist kulturell geprägt, das Wie zeigt den jeweiligen Stil.

| Allgemeine Praktiken und Verhaltensweisen | Kultureller Stil | Wertorientierungen |
|---|---|---|
| Universell: Notwendigkeiten | Relativ: Konventionen | Normativ: Präferenzen |
| Funktional: *Was* getan wird | Expressiv: *Wie* etwas getan wird | Arbiträr: *Warum* Dinge getan werden |

**Tab. 4:** Praktiken, kultureller Stil und Wertorientierungen (Barmeyer 2001, 157).

Funktional eignet sich Stil als Strukturierungshilfe zur Analyse kulturspezifischen Verhaltens innerhalb sozialer Systeme und zur kulturtypologischen Differenzierung, da er als Konstitutions- und Deskriptionskategorie einen bestimmten Wirklichkeitsbereich beschreibt und charakterisiert. Dabei steht die Identifizierbarkeit des Typischen im Vordergrund, die durch das klar Unterscheidbare, das Differenzierbare erst ermöglicht wird (Galtung 1983). Ammon (1989) nutzt hier das Konzept „kultureller Schlüsselwörter", die auf inhärente Besonderheiten und Wertorientierungen einer Gesellschaft verweisen.

Einschränkend ist anzumerken, dass das Konzept des kulturellen Stils von der Annahme der Existenz einer Lebenswelt (Bolten 2007) und eines (national)kulturellen Kontexts mit kollektiv geteiltem Bedeutungssystem, die wiederum auf bestimmten Wertorientierungen beruhen, geprägt ist. Insofern kann dem Konzept dieselbe Kritik entgegengebracht werden wie dem der →*Nationalkultur*. Insofern sollten *kulturelle* →*Dynamik*, die Relativität von Spezifika (→*Kulturdimensionen*), spezifische →*Kontexte* und die Einzigartigkeit von Individuen berücksichtigt werden.

Ammon, G. (1989): Der französische Wirtschaftsstil. München, Eberhard Verlag.
Barmeyer, C. (2001): Kulturelle Lernstile. Erfahrungslernen und Bildungssysteme in Frankreich und Deutschland. In: Bolten, J./Schröter, D. (Hg.): Im Netzwerk interkulturellen Handelns. Theoretische und praktische Perspektiven interkultureller Kommunikationsforschung. Sternenfels/Berlin, Wissenschaft & Praxis, 155–173.
Bolten, J. (2007): Einführung in die Interkulturelle Wirtschaftskommunikation. Göttingen, UTB.
Elias, N. (1969): Die höfische Gesellschaft. Frankfurt/Main, Suhrkamp.
Galtung, J. (1983): Struktur, Kultur und intellektueller Stil. In: Leviathan. Zeitschrift für Sozialwissenschaft, 2, 303–337.
Soeffner, H.-G. (1986): Stil und Stilisierung. In: Gumbrecht, H./Pfeiffer, K. (Hg.): Stil. Geschichten und Funktionen eines kulturwissenschaftlichen Diskurselements. Frankfurt/Main, Suhrkamp, 317–341.

## Synergie, interkulturelle

Kombination und komplementäres Zusammenwirken verschiedenkultureller Elemente (z.B. Personen) mit unterschiedlichen Einstellungen,

Werten, Denk- und Verhaltensweisen innerhalb eines Systems, die durch gegenseitige zielgerichtete Verstärkung bewirken, dass die hervorgebrachten Leistungen von höherer Qualität sind als die Summe ihrer Einzelelemente (Maslow 1964). Dabei dient die Unterschiedlichkeit, deren Potenziale und Stärken genutzt werden, als Basis für Perspektivenvielfalt und Kreativität und ermöglicht somit neue unerwartete Lösungen und ein besseres Ergebnis (Moran/Harris 1933) (→*Dilemma-Theorie*). Interkulturelle Synergie fasst kulturelle Eigenarten und Unterschiede nicht als problematisch und als Ursache für Missverständnisse und Konflikte (→*Critical Incidents*) auf, sondern als Ressource und Bereicherung. Sie ist die positive Seite von *kultureller* →*Vielfalt* und →*Kultur-Divergenz*. Für die interkulturell-synergetische Lösung eines Problems wird versucht, kulturelle Vielfalt als Vorteil in *soziale* →*Systeme* zu integrieren.

Voraussetzung für die Entstehung von interkultureller Synergie ist die Bereitschaft der beteiligten Akteure, kulturelle Vielfalt zu akzeptieren und sie als produktiv nutzbares Potenzial anzusehen.

Adler (2002) schlägt als Prozess zur Förderung interkultureller Synergien drei Schritte vor:

1. Situationsbeschreibung: Beschreibung des Problems aus der kulturspezifischen Sicht der Interagierenden.
2. Kulturelle Interpretation der Situation: Analyse der kulturellen Gemeinsamkeiten und Unterschiede zwischen den Annahmen und Handlungen der jeweiligen betroffenen Kulturen.
3. Kulturelle Kreativität: Synergetische Alternativen kreieren, um Probleme zu lösen. Dies erfordert die Fähigkeit zur →*Metakommunikation*.

Außerdem stellt sie anhand des Spannungsverhältnisses von Eigenkultur und Fremdkultur fünf grundlegende Verhaltensstrategien in interkulturellen Situationen vor, die mit unterschiedlichen Graden interkultureller Kompetenz verbunden sind.

In der Praxis ist interkulturelle Synergie schwer zu verwirklichen. Gründe hierfür sind zum einen die problematische Übertragung auf komplexe soziale Systeme (Selbstorganisation der Elemente und begrenzte Prognostizierbarkeit über Prozessverläufe) und zum anderen der Mangel an systemischen und interkulturellen Kenntnissen und Methoden. Ebenso hängt die Ermöglichung interkultureller Synergien nicht nur entscheidend von spezifischen Kontexten (kollektive Strukturen und Prozesse), individuellen Vorerfahrungen, Interessen, Motivationen und Kompetenzen ab, sondern auch vom Zusammenspiel der kulturellen Akteure.

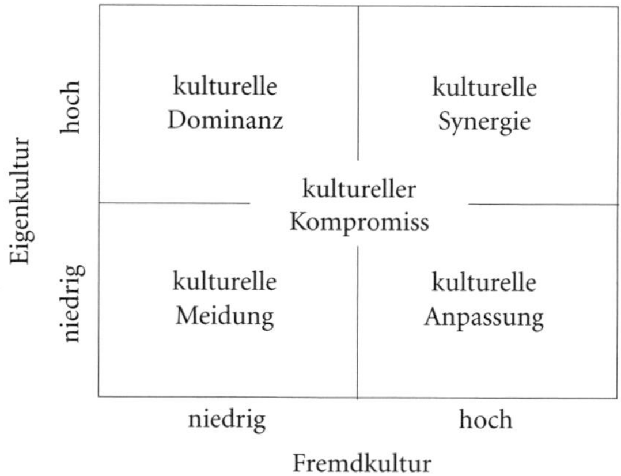


**Abb. 13:** Strategien interkulturellen Handelns (Adler 2002, 125)

Interkulturelle Synergie entsteht selten emergent und spontan, sondern bedarf der Unterstützung und Entwicklung, etwa durch *interkulturelles →Lernen.* Hier ist es Aufgabe der *interkulturellen →Kompetenzentwicklung*, kulturelle Unterschiede ins Bewusstsein zu rücken und durch die komplementäre Kombination der jeweiligen kulturimmanenten Merkmale wirkungsvoll zu erschließen. Auch eine grundlegende Prozessorientierung, die *→Interkulturalität* vor allem als Prozess des Austauschs und der Entwicklung versteht und nicht als bloße Konfrontation kulturspezifischer Strukturen, kann ein Weg zur Verwirklichung kultureller Synergie sein.

Adler, N. (2002): International Dimensions of Organizational Behavior. Cincinnati, South Western.
Maslow, A. (1964): Synergy in the society and the individual. In: Journal of Individual Psychology, 20 (2), 153–164.
Moran, R./Harris, P. (1983): Managing Cultural Synergy. Houston, Gulf Publishing.

**Synkretismus →Hybridität**

**System, soziales**

Zentraler Begriff der soziologischen Systemtheorie, wonach individuelle Handlungen und Interaktionen zwischen Individuen eingebettet sind in ein komplexes System sozial ausgehandelter und tradierter *→Grundannahmen*, *→Werte* und *→Institutionen* (*→Neoinstitutionalismus*). Soziale Systeme bestehen aus einer Vielzahl von analytisch und funktional zwar separierbaren, strukturell und funktional aber zusammenhängenden

Subsystemen, deren spezifisches Zusammenwirken ihnen erst gewisse Stabilität verleiht (Parsons 1951, Parsons/Shils 1951).

Die Rolle von →*Kultur* in sozialen Systemen ist umstritten und hängt davon ab, welche Definition und Manifestation ihr zugeschrieben wird. Versteht man Kultur als →*Kommunikation* und Handlungen, die in ein normatives Gewebe von Werten und Normen eingebettet sind (→*Kontextualisierung*), so wird Kultur gewissermaßen zum ultimativen Bezugspunkt hermeneutischer Aufschlüsselung dieser Systeme (*interkulturelle* →*Hermeneutik*). Alle anderen Subsysteme (Politik, Recht, Medien etc.) entstehen demnach vor kulturellem Hintergrund und ihre Funktionsweisen können nur aus dieser Perspektive erschlossen werden (→*Kulturalismus*).

Die spezifische Struktur sozialer Systeme erklärt sich durch ihre Funktion als Lösung von spezifischen Problemen, mit denen sich Gesellschaften konfrontiert sehen. Bewähren sich diese gesellschaftlichen Lösungsansätze, etablieren sie sich in Form von institutionalisierten Praktiken und bilden auf diese Weise spezifische soziale Systeme aus, die wiederum ihre Stabilität genau daraus ziehen, dass sie zur gesellschaftlichen Problemlösung beitragen (Parsons 1951).

Von Parsons (1951) übernimmt die interkulturelle Perspektive dabei die systemische und strukturfunktionalistische Sichtweise und damit den Gedanken der „Interpenetration“ (Münch 1981, 709) der verschiedenen Systemkomponenten. Mehr als bei Parsons, der Kultur- und soziales System jeweils als Subsystem des Handlungssystems versteht, kommt jedoch bei der interkulturellen Analyse der Bedeutung des Kultursystems und seiner Auswirkung auf die jeweils anderen gesellschaftlichen Subsysteme eine größere Rolle zu – ganz im Sinne eines Durchwirkens der Konzepta auf die Perzepta einer Gesellschaft. Zugleich jedoch scheint die Überbetonung von Stabilität und struktureller Determniertheit individuellen Verhaltens bei Parsons dem Individuum als Kultur gestaltendes Wesen (→*Habitus*) zu wenig Handlungsspielraum einzuräumen; nur dadurch erklärt sich aber die kontinuierliche Entwicklung kultureller Systeme (*kulturelle* →*Dynamik*).

Neben der Handlungs- und Praxisorientierung von Parsons geht aber auch Luhmanns (1987) Vorstellung von Systemen als kommunikativ entstehende, sich verändernde bzw. selbst verstetigende Einheiten in das systemische Verständnis der *interkulturellen* →*Kommunikation* mit ein. Erst durch den kommunikativen Selbstbezug eines Systems wird dies zur eigenständigen, von anderen Systemen differenten Einheit und zum sinnspezifischen Interaktionssystem (Luhmann 1987). Dies schließt auch eine konstruktivistische Sichtweise (→*Konstruktivismus*) von Differenz mit ein, die wiederum für das Verständnis von →*Nationalkulturen* und anderen kulturellen Referenzrahmen (→*Berufskultur*, →*Organisationskultur*) ebenso eine Rolle spielt wie für →*Ethnozentrismus*, →*Fremdheit, kulturelle* →*Identität* und →*Stereotypisierung*, bei denen jeweils die Abgrenzung des Selbst vom Anderen im Zentrum steht.

Luhmann, N. (1987): Soziale Systeme. Grundriss einer allgemeinen Theorie. Frankfurt/Main, Suhrkamp.
Münch, R. (1981): Talcott Parsons and the Theory of Action. The Structure of the Kantian Core. In: American Journal of Sociology, 86, 709–739.
Parsons, T. (1951): The Social System. Glencoe, Free Press.
Parsons, T./Shils, E. (1951): Values, Motives, and Systems of Action. In: Pasons, T./Shils, E. (Hg.): Toward a General Theory of Action. Theoretical foundations for the social sciences. New Brunswick, Transaction Publishers, 47–276.

S.Ö.

**Teamentwicklung, interkulturelle**

Systematische Entwicklungsmaßnahme, die die *interkulturelle* →*Kompetenz*, Leistungsfähigkeit und Zufriedenheit der beteiligten anderskulturellen Teammitglieder fördert, um Qualität und Effizienz der Teamarbeit zu optimieren. Je nachdem kann interkulturelle Teamentwicklung als Gruppenstart stattfinden (Teambuilding) oder während des Teamprozesses begleitend, um bei laufenden, neu auftretenden interkulturellen Schwierigkeiten Hilfestellungen zu geben.

Wie bei monokultureller Teamentwicklung auch, sollten sich die Teammitglieder über ihre jeweiligen – meist divergierenden aber nicht bewussten oder thematisierten – Erwartungen und Vorstellungen bezüglich der Teamarbeit austauschen (Barmeyer/Haupt 2010). Hierzu gehört auch die Kenntnis klassischer Teamentwicklungsphasen von Tuckman und Jensen (1977): Forming, Storming, Norming, Performing, Adjourning. Auch sollte ein Bewusstsein über individuelle Rollen (Experte, Kommunikator, Entscheider, Ausgleicher etc.) und gemeinsam akzeptierte Regeln bestehen.

Um Teamprozesse interkulturell zu gestalten, unterschieden Maznevski und DiStefano (2000) folgende drei Phasen der Teamentwicklung:

1. Mapping: In der ersten Phase des „Teamlebenslaufs" ermitteln die verschiedenkulturellen Teammitglieder bestehende Gemeinsamkeiten und Unterschiede, die den Teamprozess und damit den Teamerfolg beeinflussen. Dieser Bewusstseinsprozess kann mithilfe von verschiedenen Kulturdimensionen wie z.B. →*Machtdistanz*, →*Individualismus* strukturiert werden. Auf diese Weise werden Gemeinsamkeiten und Unterschiede bewusst gemacht und anerkannt; nationalen →*Stereotypen* kann entgegengewirkt werden.

2. Bridging: Wurde in der Phase des Mappings ein Bewusstsein für Unterschiede geweckt, so versuchen die Teammitglieder in der zweiten Phase, diese Unterschiede durch eine gelingende Kommunikation zu überbrücken. Dies setzt allgemein Kenntnis über *interkulturelle →Kommunikation* (Wortbedeutungen, Kommunikationsstile) und die Beherrschung von Fremdsprachen, in denen das Team kommuniziert, voraus.
3. Integrating: In der letzten Phase wird versucht, die unterschiedlichen Sichtweisen und Präferenzen, →*Wertorientierungen* und Praktiken der Teammitglieder derart zu integrieren, dass sich neue, der Gruppe angepasste Handlungsweisen zur Zielerreichung entwickeln (→*Interkultur*). Dabei geht es nicht um die Nivellierung der Unterschiede, sondern ihre integrierende Akzeptanz (→*Dilemma-Theorie, Interkulturelle →Synergie*).

Weil Teammitglieder i.d.R. stark auf ihre Aufgaben und das Projektziel konzentriert sind und deshalb zwischenmenschliche interkulturelle Prozesse oft in den Hintergrund treten, werden diese drei Phasen in Teams nicht automatisch durchlaufen. Vielmehr bedürfen sie einer bewussten Steuerung, etwa durch einen Moderator oder Berater (Stumpf 2005). Zur interkulturellen Teamentwicklung können neben formellen Teambildungsmaßnahmen *on the job* auch informelle *off the job* Maßnahmen wie Freizeitaktivitäten beitragen. Dadurch können Vertrauensverhältnisse aufgebaut und das Zusammengehörigkeitsgefühl gestärkt werden.

Barmeyer, C./Haupt, U. (2010): Internationale Projektteams interkulturell managen. Ein deutsch-französisches Fallbeispiel. In: Wirtschaftspsychologie aktuell, 4, 48–50.
Maznevski, M./DiStefano, J. (2000): Global leaders are team players: Developing global leaders through membership on global teams. In: Human Resource Management, 39, 195–208.
Stumpf, S. (2005): Synergie in multikulturellen Arbeitsgruppen. In: Stahl, G./Mayrhofer, W./Kühlmann, T. (Hg.): Internationales Personalmanagement. Neue Aufgaben, neue Lösungen. München/Mering, Hampp, 115–144.
Tuckman, B./Jensen M. (1977): Stages of small group development revisited. In: Group and Organization Studies, 2, 419–427.

**Team, interkulturell-virtuelles**

Temporäre Gruppe von Personen, deren Mitglieder sich durch unterschiedliche kulturelle Hintergründe und Arbeitsweisen auszeichnen, räumlich und zeitlich voneinander getrennt sind, in gegenseitiger Abhängigkeit zueinander stehen und zugleich durch den Einsatz von organisatorischen und IT-Ressourcen an einem gemeinsamen Ziel arbeiten (Jarvenpaa/Leidner 1999, Herrmann et al. 2006, Stein 2006).

Gerade in multinationalen Unternehmen werden virtuelle Teams häufig eingesetzt (Duarte/Snyder 2001), da sie doch eine gute Möglichkeit internationaler Zusammenarbeit darstellen, bei der darauf verzichtet werden kann, Mitarbeiter für eine längeren Zeitraum zu entsenden. Jedoch gehen mit virtueller Teamarbeit auch diverse Problematiken einher, gerade, wenn diese mit Mitgliedern unterschiedlicher Kulturen stattfindet: Hierbei kann die Virtualität interkulturelle Problematiken verstärken.

Um diese Problematiken zu minimieren, kommt Kommunikation und auch →*Metakommunikation* eine große Bedeutung zu, doch effektive Kommunikation hängt davon ab, wie gut die zwischenmenschlichen Beziehungen und das Vertrauen (Maznevski et al. 2005, 96) unter den Teammitgliedern sind. Um dieses auszuprägen, muss ein besonderer Fokus auf den Aufbau zwischenmenschlicher Beziehungen gelegt werden (Walther/Burgoon 1992, Warkentin et al. 1997, Kimball 2000, Stein 2006). Da die Zusammenarbeit über Distanzen hinweg erfolgen muss, ist der direkte zwischenmenschliche Kontakt stark begrenzt und vertrauensbildende Maßnahmen müssen hauptsächlich auf elektronische Weise erfolgen (Kimball 2000). Die Problematik dabei ist, dass diesen teambildenden Aktivitäten in verschiedenen Kulturräumen eine unterschiedliche Wichtigkeit beigemessen wird, was zu interkulturellen Problematiken innerhalb des Teams beitragen kann. Dies gilt vor allem für Personen aus *High-Context*-Kulturen (→*Kulturdimension,* →*Kommunikation*), für die zwischenmenschlicher Austausch und Nähe von großer Bedeutung sind. Das Arbeiten in sowie die Steuerung von interkulturellen virtuellen Teams erfordert folglich nicht nur einen guten Umgang mit Medien, sondern auch die Anwendung kreativer Problemlösungen, den Einsatz innovativer Fähigkeiten und ein hohes Maß an *interkultureller* →*Kompetenz.*

Duarte, D./Snyder, N. (2001): Mastering Virtual Teams. San Francisco, Jossey-Bass.

Herrmann, D./Hüneke, K./Rohrberg, A. (2006): Führung auf Distanz - mit virtuellen Teams zum Erfolg. Wiesbaden: Gabler.

Jarvenpaa, S./Leidner D. (1999): Communication and trust in global virtual teams. Organizational Science, 10 (6), 761–815.

Maznevski, M./Canney Davison, S./Barmeyer, C. (2005): Management von virtuellen Teams. In: Stahl, G./Mayrhofer, W./Kühlmann, T. (Hg.): Internationales Personalmanagement. Neue Aufgaben, neue Lösungen. München, Hampp, 91–114.

Stein, V. (2006): European (Virtual) Team-Building: From Optimism to Efficiency. In: Scholz, C./Zentes, J. (Hg.): Strategic Management – New Rules for Old Europe. Gabler, Wiesbaden, 203-225.

Walther, J./Burgoon, J. (1992): Relational Communication in computer-mediated interaction. In: Human communication Research, 19, 50–88.

Warkentin M./Sayeed, L./Hightower, R. (1997): Virtual teams versus face-to-face teams: an exploratory study of a web-based conference system. In: Decision Sciences Journal, 28, 975–996.

B.A.

**Team, multikulturelles**
Personengruppe, die unterschiedliche kulturelle Zugehörigkeit und Erfahrungen aufweist, gemeinsam an einer Aufgabe arbeitet und zur Zielerreichung komplementäre Sichtweisen und Kompetenzen einbringt. Zu unterscheiden sind bikulturelle (Teilnehmer aus zwei Kulturen) von multikulturellen Arbeitsgruppen: In bikulturellen Teams kann aufgrund einer finanziellen oder rechtlichen Dominanz einer Kultur ein einseitiges Durchsetzen von Arbeitssprache, Regeln oder Arbeitsmethoden stattfinden. In multikulturellen Teams dagegen lässt sich seltener eine Kulturdominanz antreffen; vielfältige Sprachen, Umgangsregeln und Arbeitsmethoden führen zu höherer Flexibilität, Toleranz und Kompromissbereitschaft (Davison/Ward 1999).

Hinter der Bildung multikultureller Teams verbirgt sich – neben pragmatischen Sachzwängen der Internationalisierung – die Überzeugung, dass gemischt-kulturell zusammengesetzte Gruppen aufgrund verschiedener, stimulierend wirkender Sichtweisen und Arbeitsstile mannigfaltige Problemlösungen finden und damit produktiver arbeiten als monokulturelle Gruppen (*interkulturelle →Synergie*) (Stumpf 2005). Allerdings ist in multikulturellen Gruppen auch der gemeinsame Wissensvorrat und Konsensbereich über Vorstellungen und Arbeitsweisen kleiner als in monokulturellen Gruppen, so dass kulturelle Unterschiede der Teammitglieder auch zu Spannungen und Konflikte führen können, die wiederum die Produktivität verringern (Adler 2002). Um dieser Gefahr entgegenzuwirken bedarf es u.a. *interkultureller →Teamentwicklung.*

Zentrale Elemente, die zu dysfunktionalen Zuständen in multikultureller Teamarbeit führen können, sind *→Stereotypen*, *interkulturelle →Kommunikation* und Fremdsprachen sowie divergierende *→Wertorientierungen* und Arbeitsstile (Umgang mit Führung, Eigenverantwortung, Problemlösestrategien, Kritik, Rolle im Team).

Als Erfolgsfaktoren multikultureller Teamarbeit werden häufig genannt: klar definierte Ziele, Rollenverteilung aufgrund fachlicher und interkultureller Kompetenzen, gemeinsame (Spiel-)Regeln, symmetrische Weitergabe von Informationen, Anerkennung von Akzeptanz kultureller Unterschiedlichkeit. Der Team-Leiter nimmt eine tragende Rolle ein und muss über *interkulturelle →Kompetenz* verfügen, um auf die Produktivität der Gruppe positiv Einfluss nehmen zu können.

Im Rahmen multikultureller Gruppenarbeit kann sich innerhalb des interkulturellen Interaktionsprozesses eine dritte Kultur, eine *→Interkultur*, entwickeln. Diese fordert von den Interaktionspartnern eine gegenseitige Anpassung und Synchronisation divergierender Arbeitsstile: Aushandeln von Zielen und Interessen, das Verstehen von Standpunkten und Überzeugungen und die Veränderung bestimmter Verhaltensweisen. Alle involvierten Personen sind gefordert, Adaptationsprozesse vorzunehmen. Gesetzte Ziele müssen eventuell verändert werden, eigene Verhaltensweisen angepasst und gewohnte Vorstellungen über Arbeitsabläufe in Frage gestellt und revidiert werden.

Adler, N. (2002): International Dimensions of Organizational Behavior. Cincinnati, South Western.
Davison, S.C./Ward, K. (1999): Leading International Teams. London, McGraw-Hill.
Stumpf, S. (2005): Synergie in multikulturellen Arbeitsgruppen. In: Stahl, G./Mayrhofer, W./Kühlmann, T. (Hg.): Internationales Personalmanagement. Neue Aufgaben, neue Lösungen. München, Hampp, 115–144.

**Third Culture Kids**

Jugendliche, die in der Phase des Heranwachsens ständig interkulturellen Lernprozessen ausgesetzt waren – etwa aufgrund häufiger Wohnortwechsel und dem Besuch von Schulen in unterschiedlichen Ländern, der Erziehung durch Elternteile, die aus unterschiedlichen Gesellschaften stammen oder aufgrund von Aufenthalten in multikulturellen Kontexten – und somit verschiedenkulturelle, teils konträre Werte, Überzeugungen und Praktiken verinnerlicht haben (→*Enkulturation*). Häufig handelt es sich bei Third Culture Kids, „Drittkultur-Kindern", um Kinder von Missionaren, Diplomaten, Entwicklungshelfern (→*Expatriate*) (Pollock et al. 2003).

Die Stärke von Third Culture Kids ist, dass sie interkulturellen Herausforderungen durch den Rückgriff auf verschiedene kulturelle Orientierungssysteme begegnen und sich in unterschiedliche Lebenswelten hineinversetzen können. Third Culture Kids weisen meist eine ausgeprägte *interkulturelle →Kompetenz* auf durch Eigenschaften wie →*Ambiguitätstoleranz*, Anpassungsfähigkeit, →*Empathie*, →*Ethnorelativismus*, Flexibilität und Offenheit, die ihnen hilft, in interkulturellen Interaktionen handlungssicher zu agieren oder integrativ in unterschiedlichsten Handlungskontexten zu wirken (*interkulturelles →Interface*).

Allerdings erfahren Third Culture Kids – begründet durch wechselnde feste Bindungen und ständige Veränderungen – die Problematik der kulturellen →*Marginalisierung* (→*DMIS*), die Fragen der kulturellen Entwurzelung und der Identitätssuche betrifft. Aufgrund ihrer biografischen interkulturellen Erfahrungen werden sie in monokulturellen Kontexten zwar als interessiert und kosmopolitisch wahrgenommen, aber auch als arrogant und besserwisserisch.

Pollock, D./Reken, R. van/Pfüger, G. (2003): Third Culture Kids: Aufwachsen in mehreren Kulturen. Marburg, Francke.

**Third Space** →*Dritter Raum*

**Training, interkulturelles**

Methodische, systematische Aus- und Weiterbildungsmaßnahme der *interkulturellen →Kompetenzentwicklung*, die zum Ziel hat, bei Personen ein Bewusstsein für kulturelle Unterschiede zu schaffen und gleichzeitig Fertigkeiten zur konstruktiven Anpassung und zum wirkungsvollen Handeln unter anderskulturellen Bedingungen zu fördern (Barmeyer 2000). Hauptziel ist die Entwicklung *interkultureller →Kompetenz*, die es ermöglicht, mit Personen aus unterschiedlichen Kulturen mehrseitig empfundene effektive Kommunikation und Kooperation zu erreichen.

Die ersten interkulturellen Trainings wurden in den 1950er Jahren in den USA konzipiert, weil Personengruppen wie Diplomaten, Entwicklungshelfer, Manager und Studierende während ihrer Auslandsaufenthalte Irritationen und Probleme (→*Kulturschock*) aufgrund unvorbereiteter Erfahrungen mit kultureller →*Fremdheit* und Unterschiedlichkeit erfuhren (Pusch 2004). Diese Trainings werden zunehmend in veränderter und angepasster Form in Europa, vor allem in Deutschland eingesetzt (O'Reilly/Arnold 2005). Seit den 1990er Jahren wächst in Forschung und Praxis das Interesse an interkulturellen Trainings, die sich in der deutschen Weiterbildungslandschaft als Bildungs- und Qualifizierungsmaßnahme fest etabliert und zu einer Vielzahl von theoretisch und empirisch ausgerichteten Publikationen geführt haben (Leenen 2007, Kinast 2003). Viele international agierende deutsche Unternehmen nutzen interkulturelle Trainings im Rahmen der →*Auslandsvorbereitung* von Fach- und Führungskräften oder der Bildung und Begleitung von *multikulturellen* →*Teams*. Interkulturelle Trainings sind die am häufigsten genutzte Maßnahme, um interkulturelle Kompetenz zu fördern.

Zentrale Elemente interkultureller Trainings sind folgende Ziele, Inhalte und Methoden:

Trainingsziele orientieren sich allgemein an den Merkmalen interkultureller Kompetenz (Kulturbewusstheit, Wissensvermittlung und Verhaltensänderung) und betreffen die Vorbereitung von Personen auf interkulturelle (Arbeits-)Situationen, um ihnen mehr Sicherheit zu geben, damit sie diverse Herausforderungen besser bewältigen und um typische →*Critical Incidents* weitestgehend vermeiden oder zumindest besser verstehen und verarbeiten können. Konkrete Trainingsziele können sein, ein Bewusstsein für die eigenkulturelle Prägung zu schaffen und damit eine ethnorelativistische Haltung zu entwickeln; ein Verständnis für anderskulturelle Logiken zu schaffen; eine Wertschätzung bezüglich kultureller

Eigenarten zu erreichen, vertrauensvolle Beziehungen zu anderskulturellen Partnern aufzubauen und zu stabilisieren und respektvoll zu handeln etc.

Trainingsinhalte betreffen allgemeine Merkmale von →*Kultur* (als Werte-, Orientierungs- und Handlungssystem) und →*Interkulturalität* (als gegenseitiger Prozess kommunikativer Handlungen, Wahrnehmungen und Interpretationen) sowie →*Stereotypen* (als gegenseitige, subjektive, übertriebene Darstellung nationaler Merkmale). Neben der Schaffung eines Kulturbewusstseins (→*Ethnorelativismus*) hat die kontrastive Darstellung und Analyse kultureller Unterschiede einen zentralen Stellenwert, häufig unter Einsatz von Critical Incidents. Eine besondere Rolle nehmen dabei →*Wertorientierungen* und →*Kulturdimensionen* ein (Hofstede 2001), etwa zur vergleichenden Darstellung zum Umgang mit Raum (→*Proxemik*), Zeit (→*Monochronie*, →*Polychronie*), Hierarchie (→*Machtdistanz*), Unsicherheit etc. Trainingsinhalte können auch Funktionen oder Prozesse in Organisationen betreffen, wie Teams, Führung, Kommunikation etc. Es empfiehlt sich, die Trainingsinhalte zielgruppenspezifisch (Fachkräfte, Führungskräfte) oder funktions-/aufgabenspezifisch (Vertrieb, Personal, Strategie) anzupassen. Inhalte können kulturallgemein sein, also zum Ziel haben, ein generelles Bewusstsein für kulturelle Unterschiede zu wecken, oder kulturspezifisch, d.h. besondere Merkmale einer Kultur, z.B. USA oder Italien, darzustellen.

Wissensorientierte (kognitive) Trainingsmethoden zielen durch den Einsatz von Vorträgen, Texten (→*Kultur-Assimilator*, →*Kulturstandards*) und Filmen auf eine Vermittlung von Wissen über das anderskulturelle System ab. Erlebnisorientierte (affektive und verhaltensorientierte) Trainingsmethoden (Pedersen 2004), wie →*Cultural Awareness*, z.B. Albatros, Bafá Bafá, und Barnga dagegen basieren auf der Annahme, dass die Trainingsteilnehmer auch emotionale Erfahrungen in laborähnlichen Handlungssituationen machen sollten, um ein anderskulturelles System zu verstehen. Dabei kommen Rollenspiele, →*Simulationen*, Selbsterfahrungsübungen, Diskussionen und auch komplexere interkulturelle Plan- und Verhandlungsspiele zum Einsatz. In der Regel kombinieren interkulturelle Trainings wissens- und erlebnisorientierte Methoden hinsichtlich der Bedürfnisse, Kenntnisse, Erfahrungen und →*Lernstile* der Teilnehmer. In Zukunft werden aufgrund zunehmender Multimedia-Entwicklungen Trainingsmethoden noch vielfältiger und differenzierter.

Inhaltlich und methodisch sind interkulturelle Trainings eine Kombination aus Erkenntnissen der allgemeinen Trainingsforschung und der interkulturellen Forschung (Barmeyer 2000, Landis et al. 2004). Die Tabelle präsentiert anhand des Komponentenmodells interkultureller Kompetenz Ziele und Methoden interkultureller Trainings.

| | Bewusstheit<br>Einstellungen,<br>Werte, Sensibilität | Wissen<br>Begriffe,<br>Informationen<br>Verständnis | Verhalten<br>Fähigkeiten,<br>Eignungen,<br>Handeln |
|---|---|---|---|
| Trainingsziel | Trainings-Teilnehmer werden mit anderen Werten und Perspektiven konfrontiert und reflektieren eigenkulturelle „Selbstverständlichkeiten“ | Trainings-Teilnehmer verstehen Zusammenhänge und Bedeutungen anderskultureller sozialer Systeme und Akteure | Trainings-Teilnehmer erreichen gesetzte Ziele und verhalten sich kulturadäquat und respektvoll gegenüber anderskulturellen Interaktionspartnern |
| Trainingsmethoden | Kultursimulationen<br>Selbsterfahrungsübungen<br>Diskussionen über Werte<br>Critical Incidents | Publikationen<br>Vorträge<br>Filme/Videos<br>Erfahrungsberichte<br>Fallstudien<br>Länderstudien | Kommunikationsübungen<br>Rollenspiele<br>Planspiele<br>Interaktionen in multikulturellen Gruppen |

**Tab. 5:** Interkulturelle Trainingsmethoden und interkulturelle Kompetenz (Barmeyer 2000, 327, Fowler/Blohm 2004, 46).

Die Trainingsdauer beträgt einen oder optimalerweise mehrere Tage, wobei davon auszugehen ist, dass die Dauer des Trainings einen Einfluss auf dessen Wirksamkeit hat. Ein einzelner Tag – wie er aus Zeitgründen häufig von den Fach- und Führungskräften gewünscht wird – ist in der Regel zu kurz, wenn wenig Vorwissen und Vorerfahrung über die Zielkultur vorhanden ist.

Die Teilnehmer können entweder aus einem Land stammen (monokulturell), aus zwei Ländern (bikulturell) oder aus mehreren Ländern (multikulturell). Auch der oder die Trainer können entweder aus dem eigenen Land, also Deutschland, dem Zielland oder einem Drittland stammen. Für ein kontrast-, abwechslungsreiches und authentisches Verstehen und Erleben kultureller Unterschiedlichkeit für interkulturelle Lernprozesse kann mit einem Trainer-Tandem gearbeitet werden: je ein Trainer stammt aus der Zielkultur und der Entsendekultur.

Auch wenn das Interesse und der Bedarf an →*Interkulturalität* und *interkultureller* →*Kompetenzentwicklung* wächst, existieren für Forschung und Praxis mehrere Herausforderungen:

1. Akzeptanzbarrieren: Interkulturelle Trainings treffen häufig – wie die Kulturthematik allgemein – auf Akzeptanzbarrieren, da sie eventuell aufdecken, dass sich die betroffenen Personen in interkulturellen Situationen nicht adäquat zu verhalten wissen. Dieses ‚Fehlverhalten' kann als Kompetenzschwäche beurteilt werden. Hier eignen sich andere Formen der Kompetenzentwicklung wie *interkulturelles →Coaching*.
2. Stereotypisierung: Darstellung und Analyse bestimmter Kulturmerkmale führt zwangsläufig zu normativen Aussagen, die Über- und Unterlegenheitsgefühle bei den Teilnehmern und damit stark emotionale Reaktionen auslösen können oder gar *→Stereotypen* verstärken.
3. Trainerqualifizierung: Die qualitative Bandbreite der Trainerkompetenzen (Wissen, Methodik, Erfahrung) ist groß: Trainer mit unterschiedlichsten Ausbildungen agieren auf dem Markt. Sie erfüllen nur selten die hohen und umfassenden Anforderungen: profunde Kenntnisse der Kultur, der Gesellschaft, der Sprache, des sozialen Kontextes, sowie idealerweise Arbeitserfahrungen in der Zielkultur. Versuche, Qualitätsstandards auf dem unüberschaubaren Markt interkultureller Trainings zu erarbeiten und durchzusetzen, blieben bisher erfolglos. Es existiert keine einheitliche berufliche Ausbildung zum interkulturellen Trainer, auch wenn öffentliche oder private Bildungsanbieter Weiterbildungen zum interkulturellen Training anbieten.
4. Evaluation: Forschung und Praxis sowie die Betroffenen selbst sind daran interessiert zu erfahren, ob interkulturelles Training effektiv ist, also dazu beiträgt, durch interkulturelle Kompetenz Missverständnissen und Konflikten, welche die Kooperation blockieren, vorzubeugen. Die Evaluationsforschung versucht deshalb herauszufinden, in wieweit interkulturelle Kompetenz entwickelt werden kann und wie nachhaltig interkulturelle Trainings sind (Ehnert 2004, Kinast 1998). Orientierung geben hierbei Kirkpatricks (1998) vier Evaluationsebenen: 1. Reaktion (Akzeptanz des Trainings bei den Teilnehmern), 2. Lernfortschritt (tatsächliche Lernerfolge), 3. Verhalten (Transfer der erworbenen Kompetenzen in die Praxis), 4. Ergebnisse (Wirkungen des Trainings auf organisationaler Ebene). Allerdings ist die Effektivität interkultureller Kompetenzentwicklungsmaßnahmen schwer zu evaluieren, da zahlreiche Einflussgrößen persönlichkeits- und umweltbezogener Art über Erfolg oder Misserfolg der interkulturellen Interaktionen entscheiden. Insofern müssen Evaluationen multiperspektivisch sein, Selbst- und Fremdeinschätzungen berücksichtigen sowie Erhebungsergebnisse zu unterschiedlichen Zeitpunkten vergleichen (Leenen 2007).

Einige Wissenschaftler, wie Dahlén (1997), üben Kritik an interkulturellen Trainings: Es wird moniert, dass sie mit veralteten, hermetisch wirkenden Kulturkonzepten, übertriebenen Dichotomien, teilweise auch Stereotypen arbeiten und sich insgesamt eklektisch zusammengefügter Konzepte und Methoden aus unterschiedlichen Disziplinen und Epochen bedienen. Ebenso, so Dahlén, zeigen sie wenig kritische Distanz und berücksichtigen nicht genügend neuere Entwicklungen.

Barmeyer, C. (2000): Interkulturelles Management und Lernstile. Frankfurt/Main, Campus.
Dahlén, T. (1997): Among the Interculturalists. An Emergent Profession and its Packaging of Knowledge. Stockholm, Almqvist & Wiksell.
Ehnert, I. (2004): Die Effektivität von interkulturellen Trainings. Hamburg, Dr. Kovac Verlag.
Fowler, S./Blohm, J. (2004): An analysis of methods for intercultural training. In: Landis, D./ Bennett, J./Bennett, M. (Hg.): Handbook of intercultural training. London, Sage, 37–84.
Kinast, U.-E. (2003): Interkulturelles Training: In: Thomas, A./Kinast, E.-U./Schroll-Machl, S. (Hg.): Handbuch Interkulturelle Kommunikation und Kooperation, Band 1. Göttingen, Vandenhoeck & Ruprecht, 181–203.
Kinast, E. (1998): Evaluation Interkultureller Trainings. Lengerich, Pabst.
Kirkpatrick, D. (1998): Evaluating Training Programs: The Four Levels. San Francisco, Berrett-Koehler Publishers.
Landis, D./Bennett, J./Bennett, M. (Hg.) (2004): Handbook of intercultural training. London, Sage.
Leenen, R. (2007): Interkulturelle Trainings: Psychologische und pädagogische Ansätze. In: Straub, J./Weidemann, A./Weidemann, D. (Hg.): Handbuch Interkulturelle Kommunikation und Kompetenz. Stuttgart, Metzler, 773–784.
O'Reilly, C./Arnold, M. (2005): Interkulturelles Training in Deutschland. Theoretische Grundlagen, Zukunftsperspektiven und eine annotierte Literaturauswahl. Frankfurt/Main, IKO.
Pedersen, P. (2004): 110 Experiences for Multicultural Learning. Washington, APA.
Pusch, M. (2004): Intercultural Training in historical perspective. In: Landis, D./Bennett, J./Bennet, M. (Hg.): Handbook of intercultural training. London, Sage, 13–36.

**Transition, interkulturelle**

Innere Veränderungs- und Entwicklungsprozesse einer Person, die bei einschneidenden Wechseln oder Veränderungen im Leben – wie beispielsweise Migration, Umzug, Übergang vom Studium ins Berufsleben oder allgemein Krisen – stattfinden (Schwämmle 2003, 6).

Dabei unterscheidet Bridges (2009) zwischen Wandel („Change") als äußerem und situationalem Prozess und Transition („Transition") als innerem, psychologischem Prozess. Äußerer (geplanter) Wandel, etwa die Anpassung an eine andere Gesellschaft oder eine neue Organisationskultur kann nur konstruktiv gelingen, wenn diesem ein innerer vorausgeht. Bridges bezieht Transitionen sowohl auf individuelle (Mikro-Ebene), jedoch vor allem auf organisationale (Meso-Ebene) Veränderungen. Weiterhin splittet er die Transitionsstadien in drei Schritte auf, die er als *en-*

*ding, losing, letting go, the neutral zone* sowie *the new beginning* bezeichnet. Diese Phasen dienen als Struktur, um z.B. einen →*Kulturschock* besser zu verarbeiten, aber auch als Orientierung für einen persönlichen Entwicklungsprozess. Sie dienen als Prozessmodell in Therapie und Beratung.

Auch Adler (1975) spricht den Transitions-Begriff als Alternative zum →*Kulturschock* an. Er unterscheidet zwischen den Phasen *contact, disintegration, reintegration, autonomy* und *independence*, schreibt jedoch den einzelnen Phasen weder eine bestimmte Dauer noch einen sequentiellen Ablauf zu, sondern betont das individuelle Erleben und die unterschiedliche Ausprägung eines solchen Transitionsprozesses.

Der Bezug zum Kulturschock ist gerade auch deswegen sinnvoll, da interkulturelle Transition weitaus weniger negativ konnotiert ist und somit mehr Möglichkeiten offen lässt, den Veränderungsprozess als Chance zur Weiterentwicklung und somit positiven interkulturellen Lernprozess wahrzunehmen.

Adler, P.S. (1975): The transitional experience: An alternative view of culture shock. In: Journal of Humanistic Psychology 15/4, 13–23.
Bridges, W. (2009): Managing Transitions: Making the Most of Change. Cambridge, Da Capo Press.
Bridges, W. (2004): Transitions: Making Sense of Life's Changes. Cambridge, Da Capo Press.
Schwämmle, U. (2003): Transitionen – Reisen in neue Welten. In: Sietar Journal Bd. 9, 2, 6–9.

Mit B.A.

**Transkulturalität**

Verwischung oder Aufhebung kultureller Grenzen durch Vernetzung und Verflechtung vieler Einzelkulturen und eigen- sowie fremdkultureller Elemente innerhalb von Gesellschaften oder Gemeinschaften (Welsch 1992). Transkulturalität beschreibt insofern eine Struktur von →*Kultur*, die davon ausgeht, dass moderne Gesellschaften von Elementen anderer Kulturen durchdrungen sind, pluralistische *kulturelle* →*Identitäten* in sich tragen und somit Kulturen nicht separat voneinander als abgegrenzte Gebilde existieren können (→*Multikulturalität*). Diese Idee kultureller Heterogenität, nach welcher das Eigene immer auch das Fremde beinhaltet und Organisationen, Ideen oder Institutionen keine klaren nationalen Identitäten haben (Thelen 1992, 436), fordert die Vorstellung homogener →*Nationalkulturen* heraus. Vielmehr ist das Konzept der Transkulturalität ein integratives, nicht separierendes Kulturkonzept, das über das Bewusstsein fremder Elemente in der Eigenkultur auch die Ähnlichkeiten zu als fremd wahrgenommenen Kulturen verstärkt hervortreten lässt (Welsch 1992). Damit ist das Transkulturalitätskonzept geeignet, Vereinheitlichungsphänomene heutiger Gesellschaften darzustellen und gleichzeitig auf die Bildung neuer kultureller Unterschiede aufmerksam zu machen, womit sowohl die Erklärung lokaler als auch globaler Entwicklungen gemeint ist (Welsch 2005, 336). Dabei steht der Begriff der Transkulturalität in enger Beziehung zur →*Hybridität*, fokussiert aber weniger Aspekte der *kulturellen* →*Identität.*

Ursprünglich kritisiert der Begriff der Transkulturalität auch die zwar vermittelnde, letztlich aber auf Differenz zielende Logik der →*Interkulturalität* als unzeitgemäß und realitätsfern, da sie laut Welsch (2005, 321) von einer insel- oder kugelartige Verfassung von Kulturen ausgeht. Abhängig jedoch vom sozialen Referenzrahmen, der einer kulturellen Analyse zugeschrieben wird und in Anbetracht der Integration eines dynamischen Verständnisses in der Interkulturalitätsforschung (→*Kulturtransfer*, →*Nationalkultur*, →*Wertewandel*) ist diese Konfliktlinie jedoch nahezu aufgehoben. Auch teilen beide Ansätze ein konstruktivistisches (→*Konstruktivismus*) Verständnis von kultureller Eigen- und Fremdheit (→*Fremder*, →*Fremdheit*).

Thelen, D. (1992): Of Audiences, Borderlands, and Comparisons: Toward the Internationalization of American History. In: Journal of American History, 79, 432–459.
Welsch, W. (1992): Transkulturalität – Lebensformen nach der Auflösung der Kulturen. In: Information Philosophie, 2, 5–20.
Welsch, W. (2005): Auf dem Weg zu transkulturellen Gesellschaften. In: Allolio-Näcke, L./Kalscheuer, B./Manzeschke, A. (Hg.): Differenzen anders denken. Frankfurt/Main, Campus, 314–341.

B.A.

**U-Kurve** →*Kulturschock*

**Universalismus/Partikularismus**

→*Kulturdimension* nach Parsons (1951, 1952), die von Hampden-Turner und Trompenaars (2000) aufgegriffen und sowohl theoretisch-konzeptuell weiterentwickelt als auch kulturvergleichend (→*Kulturvergleich*) empirisch angewandt wurde. Diese Dimension beschreibt das Verhältnis von Gesellschaften und Personen zu Regeln und deren Anwendung sowie die Rolle von Beziehungen.

Universalismus besagt, dass für das Verhalten gegenüber anderen Menschen Normen und Regeln für alle gleich gelten. Gesellschaften mit einer universalistischen Orientierung zeichnen sich dadurch aus, dass diese Normen und Regeln von den Mitgliedern aufgrund innerer Verpflichtung eingehalten und als universell übereinstimmend angenommen werden. Regeln wird folglich ein höherer Wert beigemessen als Beziehungen, was dazu beiträgt, dass Gerechtigkeit hergestellt wird und Ausnahmen nicht toleriert werden. Vorteil des Universalismus sind Klarheit, Vorhersehbarkeit; Nachteile dagegen Inflexibilität, Formalismus etc.. Universalismus findet sich häufig in individualistischen Gesellschaften (→*Individualismus/Kollektivismus*), wie angelsächsischen Ländern und Deutschland, Österreich, Schweiz.

Das Gegenteil von Universalismus ist Partikularismus; dieser betrifft das Verhältnis von Regeln zu Beziehungen und besagt, dass Verpflichtungen gegenüber einzelnen Mitgliedern einer →*In-Group* wichtiger sind als das Befolgen allgemeinverbindlicher Normen und Regeln. Die partikularistische Orientierung bezieht sich auf die besonderen Umstände bestimmter Situationen und Menschen. Folglich wird zwischenmenschlichen Beziehungen mehr Wert beigemessen als Regeln. Da die Auffassung herrscht, dass Regeln und Vorschriften nicht unumstößlich und für alle gleich gelten, können sie vom Individuum interpretiert – und umgangen – werden. Vorteil des Partikularismus sind Flexibilität, Mündigkeit, Zielorientierung; Nachteile dagegen Willkür, Chaos etc.. Partikularismus ist in Gesellschaften mit kollektivistischer Wertorientierung anzutreffen (→*Individualismus/ Kollektivismus*), wie in China, Russland, Südkorea oder Venezuela.

Um keine monokausalen oder stereotypen Rückschlüsse auf bestimmte Gesellschaften oder deren Angehörige zu ziehen, darf eine Kulturdimension nicht isoliert betrachtet werden, sondern immer in Verbindung mit weiteren.

Hampden-Turner, C./Trompenaars, F. (2000): Building Cross-Cultural Competence. Chichester, Wiley.

Parsons, T./ Schils, E. (1952): Towards a General Theory of Action. Cambridge, Cambridge University Press.

Parsons, T. (1951): The Social System. Glencoe, Free Press.

Trompenaars, F. (1993): Handbuch globales Managen. München, Econ.

**Unsicherheitsvermeidung**

→*Kulturdimension* (→*Wertorientierung*) nach Hofstede (2001). Ausmaß, bis zu dem die Mitglieder einer Gesellschaft Unsicherheit tolerieren und wie sie auf unbekannte Situationen reagieren und sich ihnen anpassen. Unsicherheitsvermeidung manifestiert sich in der Art und Weise, Uneindeutigkeiten zu reduzieren, Risiken zu vermeiden und die Zukunft zu gestalten. Es geht vor allem um die Reduktion von Uneindeutigkeit durch Planung und Organisation.

Als Regulatoren für Unsicherheit nutzen Gesellschaften Technik, Recht und Religion; jedoch unterscheiden sich Gesellschaften durch das Maß, in dem sie versuchen, Sicherheit zu gewinnen, um Angst zu mindern. Gesellschaften mit einer starken Unsicherheitsvermeidung weisen strikte, komplexe Regelsysteme zur Regulierung des privaten und öffentlichen Lebens auf. Zu ihnen gehören Griechenland und Portugal sowie Teile Mittel- und Südamerikas (Guatemala, Uruguay, El Salvador). Eine schwache Unsicherheitsvermeidung dagegen, mit flexiblen gesellschaftlichen Regelsystemen, findet sich in viele westeuropäischen Gesellschaften, wie Dänemark, Schweden, Irland und Großbritannien.

Um keine monokausalen oder stereotypen Rückschlüsse auf bestimmte Gesellschaften oder deren Angehörige zu ziehen, darf eine →*Kulturdimension* nicht isoliert betrachtet werden, sondern immer in Verbindung mit weiteren.

Hofstede, G. (2001): Culture's Consequences: Comparing Values, Behaviors, Institutions and Organizations Across Nations. Thousand Oaks, Sage.

**Unternehmenskultur**

Analog zum allgemeiner gefassten Begriff der →*Organisationskultur* beschreibt Unternehmenskultur die Gesamtheit und das spezifische Muster unternehmensweit gültiger →*Grundannahmen*, Wertvorstellungen und Normen (→*Werte*) sowie deren Ausprägung in unternehmenskulturellen →*Artefakten* (Kleidung, Umgangsformen, Rituale etc.). Damit werden Unternehmen als in gewisser Weise eigenständige *soziale* →*Systeme* verstanden. Den ersten großen Aufschwung erlebte die Unternehmenskulturdebatte und -forschung in den 1980er Jahren – u.a. mit der Veröffentlichung von Peters/Waterman (1982).

Vertreter des Variablenansatzes sehen in der Unternehmenskultur vor allem eine wichtige Determinante für den Unternehmenserfolg, die es (neben Prozessen, Technologie etc.) zu optimieren gilt (Behrends 2003). Unternehmenswerte/*Corporate Values*, Verhaltenskodizes/*Codes of Conduct* oder ähnliche Instrumente werden so im Sinne von *Corporate Identity* zur ihrer Optimierung eingesetzt. Das Verständnis der Interkulturalitätsforschung dagegen teilt nur eingeschränkt diese funktionalistische Perspektive und widmet sich besonders den jenseits dieser (unternehmens-)kulturellen Artefakte liegenden Grundannahmen und Werte, die diese erst hervorbringen. Demnach können Unternehmenskulturen zwar anhand ihrer Artefakte identifiziert werden, ihre Ausprägung jedoch ist abhängig von der kulturellen Prägung ihrer Mitglieder bzw. Mitarbeiter sowie vom kulturellen Kontext und erschließen sich erst über einen kognitiv-interpretativen Zugang (*interkulturelle* →*Hermeneutik*) (Schreyögg 2003). Daraus wird deutlich, dass über die Mitarbeiter für die Unternehmenskultur auch Prozesse der →*Enkulturation* und →*Sozialisation* indirekt eine Rolle spielen; zugleich zeigen diese auch die Grenzen der Veränderbarkeit von Unternehmenskultur auf.

Zugleich jedoch ist die Unternehmenskultur bzw. sind unternehmenskulturelle Praktiken Ausdruck bewährter Lösungen für Herausforderungen, der sich die Unternehmung gegenübersieht. Insofern lässt sich Unternehmenskultur nur integrativ verstehen (Strähle 2010), also als Kombination von kultureller Prägung seitens der Mitarbeiter und des Kontexts einerseits und bewusster Entwicklung und Veränderung im Rahmen unternehmerischer Problembewältigung andererseits. Besondere Herausforderungen erfahren etablierte bzw. zu entwickelnde Unternehmenskulturen im Rahmen von Transnationalisierungsprozessen (Joint Ventures, M&A-Prozesse etc.) und der unternehmenskulturellen Ausgestaltung von Mutter-Tochter-Beziehungen (Barmeyer/Davoine 2007) (→*Kulturstrategie*).

Wichtige Modelle zur Erfassung und Beschreibung von Unternehmenskultur stammen u.a. von Dülfer (2001), Sackmann (1983), Schein (2004). Eine sehr praxisorientierte Typologie von Unternehmenskultur, die zugleich aber stark im funktionalistischen Verständnis verankert ist, stammt von Deal/Kennedy (1982).

Barmeyer, C./Davoine, E. (2007): Internationaler Transfer von Unternehmenskulturen zwischen Nordamerika und Europa. Empirische Ergebnisse der Rezeption US-amerikanischer und kanadischer Unternehmenswerte und Verhaltenskodizes in deutschen und französischen Tochtergesellschaften. In: Oesterle, M. (Hg.): Internationales Management im Umbruch – Globalisierungsbedingte Einwirkungen auf Theorie und Praxis Internationaler Unternehmensführung. Wiesbaden, Gabler, 257–289.

Behrends, T. (2003): Organisationkultur. In: Martin, A. (Hg.): Organizational Behaviour. Verhalten in Organisationen. Suttgart, Kohlhammer, 241–261.

Deal, T./Kennedy, A. (1982): Corporate Cultures. The Rites and Rituals of Corporate Life. Reading, Addison Wesley.

Dülfer, E. (2001): Internationales Management in unterschiedlichen Kulturbereichen. München, Oldenbourg.

Peters, T./Waterman, R. (1982): In Search of Excellence: Lessons from America's best run companies. New York, Harper & Row.

Sackmann, S. (1983): Organisationskultur: Die unsichtbare Einflußgröße. In: Gruppendynamik: Zeitschrift für angewandte Sozialpsychologie, 4, 393–406.

Schein, E. (2004): Organizational Culture and Leadership. San Francisco, Jossey-Bass.

Schreyögg, G. (2003): Organisation. Grundlagen moderner Organisationsgestaltung. Wiesbaden, Gabler, 448–494.

Stähle, J. (2010): Was ist Unternehmenskultur? In: Barmeyer, C./Bolten, J. (Hg.): Interkulturelle Personal- und Organisationsentwicklung. Methoden, Instrumente, Anwendungsfälle. Sternenfels, Wissenschaft & Praxis, 54–64.

S.Ö.

**Vielfalt, kulturelle** → *Diversity Management*, →*Multikulturalität*

**Vorurteile** →*Generalisierung*, →*Stereotypen*

**Werte**

Historisch entstandene, kulturrelative, wünschenswerte Leitvorstellungen und verhaltenssteuernde Entscheidungsregeln einer Gruppe oder Gesellschaft, die sich auf Objekte und Zustände (wie Arbeit oder Freizeit) beziehen (Hofstede 2001). Sie sind unbewusst im Rahmen der →*Sozialisation*/ →*Enkulturation* erlernt und beeinflussen und organisieren als Maßstäbe und Präferenzen das Denken, Fühlen und Verhalten (→*Kultur*). Werte sind eher emotional als rational, eher subjektiv als objektiv geprägt und zeigen sich deshalb in nicht diskutierbaren Meinungen und Gefühlen, etwa was als schön oder hässlich, gut oder schlecht, anständig oder unanständig empfunden wird. Werte schreiben bestimmten Objekten oder Verhaltensweisen Bedeutung und Wertigkeit zu und werden somit in sozialen Interaktionen sichtbar. Sie bringen Vorstellungen über ‚richtige' bzw. wünschenswerte Formen des Zusammenlebens zum Ausdruck. Ein *soziales* →*System* ist relativ stabil und konfliktfrei, wenn eine hohe Kohärenz von Werten vorherrscht und diese zur Entwicklung einer Gesellschaft beitragen (Parsons 1951) – und somit der *kulturellen* →*Dynamik* Rechnung tragen (Esmer/Pettersson 2007).

Verschiedene internationale Studien erheben vergleichend Werte und Wertewandel, wie die →*World Values Survey*, Eurobarometer, die Shell Jugendstudie, oder arbeitsbezogene Werte wie die →*GLOBE Studie* oder die Studie von Hofstede. Die interkulturelle Forschung arbeitet zur Operationalisierung von Werten mit →*Wertorientierungen* (*kulturelle* →*Dimensionen*).

Esmer, Y./Pettersson, T. (2007): Measuring and Mapping Cultures: 25 Years of Comparative Values Surveys. Leiden/Boston, Brill Academic Publishers.
Hofstede, G. (2001): Culture's Consequences: Comparing Values, Behaviors, Institutions and Organizations Across Nations. Thousand Oaks, Sage.
Parsons, T. (1951): The Social System. Glencoe, Free Press.

## Wertorientierung

Die für eine Gesellschaft typische, von →*Werten* geleitete Antwort auf allgemein menschliche und somit grundlegende bzw. situations- und gesellschaftsübergreifende Herausforderungen. Der Begriff der Wertorientierung folgt der Idee von Kultur als Problemlösungssystem und von Werten als deren gesellschaftlich akzeptierten und wünschenswerten Lösungsansätzen (Kluckhohn/Strodtbeck 1961). Er steht somit in engem Zusammenhang mit den →*Grundannahmen* einer Gesellschaft bzw. ihrer modellhaft-schematischen Darstellung in →*Kulturdimensionen.* Diese Verzahnung spiegelt sich auch in den in der englischsprachigen Literatur verwendeten Begriffen wider: Hier werden Wertorientierungen häufig als *value orientation* (Parsons/Shils 1951), *cultural orientation* (Kluckhohn/Strodtbeck 1961) oder gar als *cultural value orientation* (z.B. Schwartz 2006) bezeichnet und diese Begriffe synonym gebraucht.

Die Wertorientierung gibt die Grundeinstellung einer Gesellschaft bezüglich eines Sachverhalts an und stellt somit die sozial verankerte, tendenzielle Entscheidung (→*Generalisierung*) für eine Position auf einem bipolar orientierten Wertkontinuum dar. Welche Wertorientierungen einer Gesellschaft zugeschrieben werden, hängt zugleich von Art und Anzahl der Dimensionen ab, die eine Studie identifiziert. Komparative Untersuchungen von gesellschaftsspezifischen Wertorientierungen finden sich beispielsweise bei der *GLOBE Studie* (House et al. 2004) sowie der →*World Value Survey* (Inglehart 1990, Minkow 2007), die auch deren Entwicklung über einen längeren Zeitraum hinweg untersucht. Wertorierentierungen werden auch als Instrument im Rahmen *interkultureller* →*Kompetenzentwicklung* einsesetzt (Spencer-Oatey/Franklin 2009, 178).

House, R./Hanges, P./Javidan, M./Dorfman, P./Gupta, V. (2004) (Hg.): Culture, Leadership, and Organizations. The GLOBE study of 62 societies. Thousand Oaks, Sage.
Inglehart, R. (1990): Culture shift in advanced industrial society. Princeton, Princeton University Press.
Kluckhohn, F./Strodtbeck, F. (1961): Variations in Value Orientations. Row/Peterson, Evanston.
Minkow, M. (2007): What makes us different and similar. A new interpretation of the World Values Survey and other cross-cultural data. Sofia, Klasika.
Parsons, T./Shils, E. (1951): Values, Motives, and Systems of Action. In: Pasons, T./Shils, Edward (Hg.): Toward a General Theory of Action. Theoretical Foundations for the social sciences. New Brunswick: Transaction Publishers, 47–276.
Schwartz, Shalom (2006): A Theory of Cultural Value Orientations: Explication and Applications. In: Comparative Sociology, 5 (2–3), 137–182.
Spencer-Oatey, H./Franklin, P. (2009): Intercultural Interaction. London, Palgrave McMillan.

**Wir-Gruppe** →*In-Group*

**Wissensmanagement, interkulturelles**

Bewusst gesteuerte Kombination der Ressourcen Wissen und →*Kultur* im Rahmen internationaler Arbeits- und Transferprozesse mit dem Ziel, Wissen und Erfahrungen weiterzugeben, zu teilen und zu nutzen. Interkulturelles Wissensmanagement fördert gemeinsames *interkulturelles* →*Lernen* durch die Berücksichtigung kultureller Vielfalt in Organisationen (Holden 2002). Durch interkulturelles Wissensmanagement kann eine Organisation bessere Leistungen bringen, weil durch die Verbreitung internationalen Wissens u.a. auch interkulturelle Missverständnisse (→*Critical Incidents)* verringert werden können (Fink et al. 2005).

Neben internationalen Aktivitäten können bereits auf nationaler Ebene alle Tätigkeiten des Wissensmanagements als interkulturell betrachtet werden, da der Wissenstransfer zwischen den verschiedenen Kulturen von Abteilungen, Berufsgruppen, Netzwerken und Beziehungen erfolgt.

Durch internationale Personaltransfers (→*Auslandsentsendung*), die gleichzeitig mit dem Erwerb von internationalem und -kulturellem Wissen einhergehen, erhält das herkömmliche Wissensmanagement eine neue Orientierung: Neben expliziten und dokumentierbaren Kenntnissen, wie zum Beispiel länder-, markt- und berufsspezifischem Wissen, führt die Auslandsentsendung von →*Expatriates* größtenteils zur Aufnahme von implizitem, schwer artikulierbarem Wissen, wie beispielsweise dem Erwerb von interkulturellen Kenntnissen und Managementkompetenzen im In- und Ausland (Lazarova/Caliguri 2008). Wissensmanagement im klassischen Sinn wandelt sich zu interkulturellem Wissensmanagement (Barmeyer/Laue 2010). Dies wird praktiziert, indem gemeinschaftliches interkulturelles Lernen von und mit internationalen und nationalen Mitarbeitern im Fokus der Organisation steht und das Wissen und die Erfahrungen – anhand spezifischer Instrumente – intern weitergegeben, geteilt und integriert werden.

Barmeyer, C./Laue, J. (2010): Potenzial ausschöpfen. Repatriates als Multiplikatoren interkulturellen Wissens. In: PERSONAL, 6, 18–20.
Fink, G./Meierewert, S./Rohr, U. (2005): The use of repatriate knowledge in organizations. In: Human Resource Planning, 28, 30–36.
Holden, N. (2002): Cross-cultural management. A knowledge management perspective. Pearson Education, Harlow.
Lazarova, M./Caliguri, T. (2008): Repatriation and Knowledge Management. In: Harzing, A.-W.I./Ruysseveldt, J. v. (Hg.): International Human Ressource Management. Los Angeles, Sage, 333–356.

**W-Kurve** (→*Kulturschock*)

**World Values Survey**

Umfangreichste und immer wieder aktualisierte Umfrage zu Werten, die von einem Netzwerk von Sozialwissenschaftlern durchgeführt und in regelmäßigen Abständen veröffentlicht wird. Die World Values Survey (WVS) erhebt Weltanschauungen und Veränderungen, die sich in Überzeugungen, →*Werten* und Motivationen von Menschen auf der ganzen Welt ausdrücken, und analysiert und vergleicht diese. Die Werte betreffen etwa die Vorstellung von Leben, Umwelt, Arbeit, Gesellschaft, Religion und Moral und nationaler Identität. Die Forschergruppe untersucht ebenso, inwiefern wirtschaftliche Entwicklung zu einer kulturellen Modernisierung und Werteverschiebung führt (*kulturelle* →*Dynamik*) (Inglehart/Welzel 2005).

Die WVS hat sich aus der *European Values Survey* (1981) heraus entwickelt und wird seitdem von dem US-amerikanischen Sozialwissenschaftler Ronald Inglehart koordiniert. Die WVS wird in 97 Ländern durchgeführt, die zusammen ca. 90 % der Weltbevölkerung ausmachen. Die Bandbreite reicht von armen bis zu wohlhabenden Gesellschaften sowie von autoritären Systemen bis zu liberalen Demokratien. Die Befragung erfolgt methodisch mittels standardisierter Fragebögen (→*Etic*) (etwa 250 Fragen

# Autoren

Stichworte ohne Vermerk stammen von **Christoph Barmeyer**:

**Christoph Barmeyer** ist Inhaber des Lehrstuhls für Interkulturelle Kommunikation, Vorsitzender des Zentrums für Schlüsselqualifikationen der Universität Passau sowie Gastprofessor für Interkulturelles Management und Mitglied des Forschungszentrums *Humans and Management in Society (EA1347)* an der Ecole de Management Strasbourg/Université Strasbourg.

Beigetragen haben darüber hinaus:

**Barbara Agha-Alikhani (B.A.)** absolvierte den Masterstudiengang *Interkulturelle Personalentwicklung und Kommunikationsmanagement* an der Friedrich-Schiller-Universität Jena. Derzeit ist sie Wissenschaftliche Mitarbeiterin am Lehrstuhl für Interkulturelle Kommunikation der Universität Passau.

**Anna-Victoria Benedikt (A.B.)** absolvierte den Magisterstudiengang der *Pädagogik* und *Psychologie* an der Universität Regensburg. Derzeit ist sie Wissenschaftliche Mitarbeiterin am Zentrum für Schlüsselqualifikationen der Universität Passau.

**Susanne Gather (S.G.)** absolvierte den Diplomstudiengang *Sprachen, Wirtschafts- und Kulturraumstudien* an der Universität Passau.

**Katharina Jochem (K.J.)** absolvierte den Diplomstudiengang *Sprachen, Wirtschafts- und Kulturraumstudien* an der Universität Passau. Derzeit ist sie Mitarbeiterin für *capacity building & education* bei der Internationale Projekt Consult (ipc) GmbH.

**Sebastian Öttl (S.Ö.)** absolvierte den Diplomstudiengang *Sprachen, Wirtschafts- und Kulturraumstudien* an der Universität Passau. Derzeit ist er Wissenschaftlicher Mitarbeiter am Lehrstuhl für Interkulturelle Kommunikation der Universität Passau.

mit 400 bis 800 messbaren Variablen), die pro Land an 1000 bis 3500 Befragte ausgeteilt werden. Bisher liegen 257.000 ausgewertete Fragebögen vor (Stand 2011). Seit 1981 finden regelmäßige Erhebungswellen statt.

Zwei Dimensionen, die mehr als 70% der (übernationalen) Varianz in der Faktorenanalyse mit (insgesamt) 10 Indikatoren erklären, dominieren die Werte und sind in einer Matrix abgebildet, die Länder bestimmten kulturellen Regionen zuordnet:

1. Traditionell vs. säkular-rational und
2. Überleben vs. Selbstentfaltung.

Im Sinne *kultureller →Dynamik* lässt sich in den meisten Gesellschaften dieser Welt eine Werteverschiebung feststellen. Nach Inglehart (1997) wandeln sich die Werte von materialistischen zu postmaterialistischen, sobald ein gewisser Lebensstandard erreicht ist. Materielle Werte beziehen sich auf die ‚Aufrechterhaltung der Ordnung' oder ‚wirtschaftliches Wachstum', während postmaterielle Werte sich in ‚Partizipation in Politik und Arbeit' oder ‚Schutz der freien Meinungsäußerung' ausdrücken. Bestimmen also die Überlebensnöte nicht mehr den Alltag, so wendet sich der Mensch der Selbstverwirklichung zu. Ebenso stellt die WVS einen Wertewandel von traditionellen Werten zu säkular-rationalen weltlichen Werten fest. Dies hat etwa zur Folge, dass in sich modernisierenden Gesellschaften eine größere Toleranz gegenüber Randgruppen, wie Ausländern und Homosexuellen, besteht und ein größeres Bewusstsein für das subjektive Wohlbefinden entsteht, das Vertrauen und politische Mäßigung fördert.

Allerdings lassen sich für diese Entwicklungen große Unterschiede feststellen: Unterschiedliche Zeitverläufe basieren auch auf unterschiedlichen religiösen Traditionen. Die WVS stellt etwa für konfuzianisch-ostasiatische Gesellschaften einen wesentlich rasanteren Modernisierungsschub fest als für islamisch-arabische Gesellschaften (Inglehart/Baker 2000).

Zusammenfassend stellt die WVS nicht nur zwei grundlegende Dimensionen von Werten dar, sie untersucht ebenso die Entwicklungen dieser Werte im Zeitverlauf bezogen auf über 90 Länder und liefert Vergleichsdaten zu Werten, wie z.B. Vertrauen.

http://www.worldvaluessurvey.org/
Esmer, Y./Pettersson, T. (2007): Measuring and Mapping Cultures: 25 Years of Comparative Values Surveys. Leiden, Brill.
Inglehart, R. (1997): Modernization and Postmodernization. Princeton, Princeton University Press.
Inglehart, R./Baker, W.E. (2000): Modernization, cultural change and the persistance of traditional values. In: American Sociological Review, 65, 19–51.
Inglehart, R./Welzel, C. (2005): Modernization, Cultural Change and Democracy. New York, Cambridge University Press.